国家社科基金
GUOJIA SHEKE JIJIN HOUQI ZIZHU XIANGMU
后期资助项目

国家社科基金后期资助项目(15FTY001)研究成果

河洛古都体育文化研究

周明华　著

山东大学出版社
SHANDONG UNIVERSITY PRESS
·济南·

图书在版编目(CIP)数据

河洛古都体育文化研究/周明华著.—济南:山东大学出版社,2021.6
ISBN 978-7-5607-7088-8

Ⅰ.①河… Ⅱ.①周… Ⅲ.①体育文化—文化史—研究—洛阳 Ⅳ.①G80-054

中国版本图书馆 CIP 数据核字(2021)第 144523 号

责任编辑 唐棣
封面设计 牛钧

出版发行 山东大学出版社
社　　址 山东省济南市山大南路 20 号
邮政编码 250100
发行热线 (0531)88363008
经　　销 新华书店
印　　刷 济南巨丰印刷有限公司
规　　格 720 毫米×1000 毫米 1/16
　　　　 16.5 印张 301 千字
版　　次 2021 年 6 月第 1 版
印　　次 2021 年 6 月第 1 次印刷
定　　价 66.00 元

国家社科基金后期资助项目
出版说明

后期资助项目是国家社科基金设立的一类重要项目，旨在鼓励广大社科研究者潜心治学，支持基础研究多出优秀成果。它是经过严格评审，从接近完成的科研成果中遴选立项的。为扩大后期资助项目的影响，更好地推动学术发展，促进成果转化，全国哲学社会科学工作办公室按照“统一设计、统一标识、统一版式、形成系列”的总体要求，组织出版国家社科基金后期资助项目成果。

全国哲学社会科学工作办公室

前 言

河洛文化是华夏文化的源头之一，从地域的角度讲，河洛文化指以洛阳为中心，西至潼关、华阴，东至荥阳、郑州，南越伏牛山，北跨黄河之地域内的中国古代文化。原始社会后期，河洛一带的先民们已运用弓箭进行捕猎活动，这是河洛古都体育文化的萌芽时期。进入奴隶社会以后，河洛地区出现了体育教育的雏形。夏代，洛阳出现了中国最早的学校。偃师二里头夏都遗址发掘出的宗庙建筑遗址，据考证为夏代的教育场所，被称为“庙堂大学”。学校的教育内容以礼、乐、射、御为主。商都西亳，有右学、左学之设，同时承袭夏制，也设有习射的庠、序。周代，周公旦在洛阳制礼作乐，形成了以六艺——礼、乐、射、御、术、数为主的教学体系。秦汉时期建立了我国历史上统一的多民族王朝。东汉定都洛阳，河洛地区成为政治、经济与文化中心，这种无与伦比的政治优越性确立了河洛古都体育文化的先导性特征。

河洛古都体育文化是河洛文化的主要内容之一，其内容丰富，特点突出；体育思想引领性强，影响广泛。体育对促进公众的身心素质健康，完善和净化社会风气以及树立一种健康、和谐、文明的生活方式都起着关键的作用。人们的生活方式以及风俗习惯是社会文化发展赖以生存的土壤，古都体育文化同样与人们生活的原生环境息息相关。

由于河洛古都体育文化在传统历史文献中记载较少，本书运用多学科相结合的研究方法，对河洛古都体育文化进行了研究，在纵向和横向系统分析的同时，更加注重河洛地区的政治、经济、文化与古都体育的关系研究，探索河洛古都体育文化与其他地区体育文化的相互影响，研究内容趋向更加深入。

《河洛古都体育文化研究》一书共分十章，从河洛古都体育文化概述入手，分别对远古时期、夏商周时期、秦汉时期、魏晋南北朝时期、隋唐时期、宋朝时期和元明清时期的体育文化进行了描述，同时对河洛古都体育文化的保护、传承和发展进行了回顾与展望，是一部较系统的体育文化史学研究的学术专著。

本书从人类学、历史学的角度对河洛古都体育文化进行了详细研究和描述，使河洛古都体育文化由零散的、片面的成为逻辑统一的整体，同时深度阐释了河洛地区古代体育文化产生的背景和文化根源，具有理论层面上的创新。不过目前仍存在以下不足：由于时限、区域范畴界定仍有争论，导致体育文化的相关研究不够深入；缺乏把历史时期自然环境、人文环境变迁与社会经济发展结合起来进行综合性研究，尤其是对历史时期人文环境方面研究相对薄弱；古都体育文化的研究文献较少，历史资料资源的理论依据不够充分。在后续的相关研究中，应进一步加强时限、区域范畴的研究，在具体文化的延续性方面要多进行对比研究；多加强历史时期的自然环境、人文环境变迁的研究，让断层的历史资料能更好地复原，为后续的体育史以及体育文化的研究做理论性的参考依据；针对性地进行河洛古都体育人文环境研究，广泛收集古都体育文化资料，着重对历史时期古都体育文化现象现代价值进行研究，让强身健体、竞技性强、文娱性强的体育活动重现在当今的运动场上。

本书在编撰过程中吸收和借鉴了多位专家、学者在体育史学方面的研究成果，在此向他们表示衷心的感谢。因条件所限，无法与本书所选部分材料（包括图片及文字资料）的著作权人取得联系，恳请有关人士与作者接洽相关事宜。本书在编撰过程中得到了河洛体育文化研究团队成员（以姓氏笔画为序：万会珍、王德涛、安献周、任塘珂、张校峰、屈宏强、周靖坤、姚伟华、涂俊彪）的大力支持。本研究团队的相关人员在前期资料收集与后期整理工作中倾注了大量的心血，在此一并表示感谢。由于本人能力和水平有限，书中难免存在疏漏与不妥之处，也期望广大同行专家、读者给予批评指正。希望本书能为关注我国体育史学研究的相关工作者提供一定的借鉴。

周明华

2021 年 5 月

目　录

第一章　河洛古都体育文化概述

一、对体育概念的考究

什么叫体育，抑或说体育的本质是什么？从体育现象中抽象出体育本质的理性思维，如果从柏拉图时期算起，已有 2000 多年的历史。如今，尽管中外学术界对体育本质的认识尚有不同意见，伴随着体育文化实践的发展，还会有新的认识不断产生，但对体育的本质内核已取得基本共识。

对于体育概念的本质，我们一般从广泛和狭义两个不同的角度加以认识。体育，在广义层面可以解释为体育运动，是一种通过强化身体素质，促进全面发展，有意识进行的，具有目的性、组织性的社会活动，练习方式为身体锻炼，目的为促进精神与文化进步与发展。体育，在狭义层面可以称之为体育教育，是指以促进发展身体，强化身体素质，传播身体知识，教导身体技能，磨砺精神品格的一种教育的过程。

体育到底是怎么产生的？这是体育文化研究遇到的一个基本问题。学者主要运用两种不同的研究方法，探究体育的来源：一是根据历史学家所收集的历史文物；二是调查现有的部落和氏族的使用，从他们的文化和习俗的研究中推断出。前者属于考古学研究法，后者属于社会学研究法。①根据已有的资料，人们认为体育诞生于人类茹毛饮血的远古时代，有以下几种来源：第一，体育是模仿的产物。古希腊哲学家柏拉图和亚里士多德认为艺术是仿制品，有些学者在体育运动中参照其理论，认为在原始社会儿童模仿成人狩猎、捕鱼、烹饪和战斗等游戏，是体育的来源。第二，认为体育产生于游戏。一些学者认为，游戏过程中人体的各个器官同时得到训练，由此得出体育萌生于体育游戏的观点。其中，以席勒的“余力论”

① 叶加宝等:《体育概论》,北京,北京体育大学出版社,2012,第 10 页。

和斯宾塞的“精力过剩论”为代表，但后来遭到普列汉诺夫的批判，两种学说的影响越来越小。第三，认为原始的宗教是体育的来源。原始宗教是人意识形态的一种表现形式，是现实社会生活的不实的、被曲解的一种反映，持“体育起源于原始宗教”说的学者认为，原始人由于迷信，进行很多祭祀活动以达到同天的沟通，这些祭祀活动仪式有很多身体动作，这些身体动作即为原始体育的起源。第四，认为体育起源于部落战争。为了赢得战争的胜利，人们经常采取各种手段来训练士兵，以提高士兵身体素质和掌握武器的能力。德国的菲特在《体育百科全书》中首先提出体育起源于战争的说法，他认为在战争中被创造出来的一些新的兵器也对体育的发展起到巨大作用。①

二、河洛古都体育文化概念界定

本书的研究对象是河洛古都体育文化，包括河洛古都体育文化的地理范围，河洛古都体育文化的起源、发展及原因，河洛古都体育文化向周边的传播和渗透，河洛古都体育文化的历史地位和贡献等内容。我们在研究起点上首先涉及以下几个重要概念：文化——河洛地区，河洛文化——河洛地区古都体育文化。

（一）河洛地区地理范围界定

我们在此讨论“河洛地区”这个概念，前提是要掌握一个基本原则，那就是它与河洛文化的密切关联。河洛地区是河洛文化的社会物质存在，河洛文化是河洛地区的社会精神存在，两者相互依存、互相成就；河洛文化发源、孕育、成熟于河洛地区，河洛文化继而又成为河洛地区鲜明的文化符号。因此，我们不能以今人的思想、按照自己的主观意志随意定义“河洛地区”，而应当以上自“三皇五帝”时期的远古先人长期生存的那片土地，以及在那片土地上建立政权的历代劳动人民所创造的灿烂的古代文明为依据来定义“河洛地区”。基于此，我们认同徐金星、郭邵林、扈耕田三位洛阳学者的如下观点：河洛地区的“河”，指的是黄河与洛河两条水系；河洛地区，是黄河与洛河两条水系相交的整片区域的统称。具体地区范围为：洛阳居中，西至潼关、华阴，东至郑州、开封，南至汝州、禹

① 席焕久：《体育人类学》，北京，北京体育大学出版社，2001，第61～65页。

州，北至济源、晋南。大体相当于今天河南省西部、中部、北部和山西省南部。我们认为其理论依据主要有以下几个。

首先，有古籍记载为证。洛阳在古代被称为“天下之中，山河拱戴”，地理位置十分优越，是华夏文明的主要发祥地之一。古籍记载，5000 年前，华夏祖先黄帝就活跃于河洛地区，青要山是黄帝的“密都”。洛阳是中国建都时间最早、都城历史最长、建都朝代最多的都市，历史上先后有十三个朝代定都于此。洛阳斟鄩是中国古代最早的都城。夏商周长达 1800 多年，在河洛地区的历史就有 1000 年之久。《史记・封禅书》记载：“昔三代之居，皆在河洛之间。”① 这个“三代”指的是夏商周三个朝代。洛阳“天下之中”的说法就源自周朝。“中国”一词最早见于西周初年的青铜器“何尊”铭文中的“余其宅兹中国，自之乂民”。当时周成王派召公到洛阳去看风水、选都址。召公后来发现涧水以东、廛水以西这块地方风水最好，最适合建立都城。张衡记录了这件事：“昔先王之经邑也，掩观九隩，靡地不营。土圭测景，不缩不盈。”②

随着洛阳周边持续几十年的考古发掘和深入研究，这个历史说法已经得到了有力的佐证——沿洛河由东向西，在50 千米的范围内，发掘出了五座古代都城遗址，即商都西亳、夏都斟鄩、汉魏故城、隋唐东都城和东周王城。以古洛阳为圆心的河洛地区，正是由于其率先进入文明时代，人文特点突出，在北宋之前的漫长历史中，始终居于中华民族政治、经济、文化、教育和交通的中心地位。

其次，有在这一地区产生的灿烂文化为证。最早的八卦文字产生于洛阳。“河图”“洛书”是中国古代流传下来的两幅神秘图案，历来被认为是河洛文化的滥觞，也是中华民族文化的源泉，大禹据此治水成功。世界上最早有文字可证的大学出自斟鄩（即洛阳），《尚书》最早结集于洛阳，《诗经》最早完成于洛阳，老子的道家学说形成于洛阳，司马迁在洛阳编纂了中国第一部纪传体通史——《史记》，经学集大成于洛阳，中国最早的儒家经典石刻《熹平石经》产生于洛阳……如此灿烂辉煌的中华源流文化，皆与洛阳不可分割。

不可否认，关于河洛地区地理范围的研究还在进行中，并没有取得一致的观点。目前史学界对河洛地区地理范围的研究主要存在两种观点：“模糊说”和“四至说”。在这里作一简介。

第一种观点：“模糊说”。在河洛文化研究的初期阶段，有部分学者提

① 〔汉〕司马迁：《史记・封禅书》，杭州，浙江古籍出版社，2004，第 172 页。
② 〔南朝・梁〕萧统：《昭明文选》，长春，吉林文史出版社，2020，第 169 页。

出河洛地区是一个相对的地理概念，只能作一个大致的界定，无法作出精准的划分。他们认为，河洛地区包括当今河南西部地区以及山西南部地区，只对地理位置进行了大致、粗略的描述和划分，没有提出明确、具体的地理界定。河洛地区“模糊说”出现在河洛文化研究的初期，也就是河洛文化研究的奠基阶段，大体形成于1989年。这种“模糊说”对所研究的对象缺乏相对固定和准确的边界定位，使得理论研究容易陷入随意性、游移性、主题散乱、争议不休的境地，显然有失社会科学研究的基本原则——可靠性、确定性、客观性和科学性。社会科学研究与自然科学研究类似，需要运用严密的逻辑思维建立起一个概念明确、结构分明的研究系统，也可以说这是理论研究的“物质”基石。因此，我们认为“模糊说”在理论研究上不可取。当然，这种“模糊说”的出现是符合事物发展的基本规律的，虽受当时主客观条件的制约，具有历史的局限性（在研究方法、认识水平、搜集整理和挖掘文献资料、考古发现等方面的历史局限性），但反映了当时学者的主要观点和研究成果，同样具有它存在的价值。因此，我们对此报以客观、公正、尊重的态度加以看待，并将其纳入我们的研究视野。现将持这种观点的主要学者的观点简介如下。

赵芝荃的观点为：“河洛地区系指以洛阳为中心的整个豫西地区及其黄河北岸的平原而言，它位于黄河中游，犹如摇篮之心脏，在史前文化的发展过程中，发挥着轴心和主导的作用。”①

韩忠厚的观点为：河洛是一个地域概念，“河洛，指的是黄河、洛水”。广义上的河洛地区，是指黄河中游、洛水流域这一广阔的地域，在古时这一地区统称为河南地，也可以叫作河洛地；狭义上的河洛，则是指洛阳。②

陈昌远说过，黄河的简称是河，洛水的简称是洛，狭义上的河洛地区就是特指洛阳。③

李先登运用地理学中的坐标概念，将河洛地区的经纬坐标明确为“北纬34°～35°，东经110°～114°”，也可表达为河洛地区位于郑州的南部区域，包括黄河中游的潼关，洛河、伊河流域与嵩山附近的地区，以及位于颍水上游流域的登封等众多地区。对照现今的中国地图，其涵盖的范围主

① 赵芝荃：《史前文化多元论与黄河流域文化摇篮说》//《河洛文化论丛》第一辑，开封，河南大学出版社，1990，第1页。

② 韩忠厚：《试论河洛文化在中国文化史上的地位》//《河洛文化论丛》第一辑，开封，河南大学出版社，1990，第22页。

③ 陈昌远：《先秦河洛历史地理与河洛文化历史地位考察》//《河洛文化论丛》第一辑，开封，河南大学出版社，1990，第36页。

要是河南省西部地区，同时将河洛地区东、南、西、北四个方位做了详细的界定：“南为外方山、伏牛山脉，北为黄河，西为秦岭与关中平原，向西就是秦岭与辽阔的关中平原，往东边则是河南东部的豫东大平原，向北则达到古时的幽燕，也就是现今的河北北部地区和辽宁的一部分地区，向南则可远达长江、淮北地区。”①

韩忠厚、陈昌远、李先登三位学者的观点大致相同，一致认为河洛地区泛指黄河以南今天的豫西地区。学者窦志力也描述过河洛文化的定义，通俗地讲，就是指当今陕西商洛市所处的地区、河南漯河、交汇于黄河中下游的黄土平原等方圆200千米左右地区的古代中华文化。② 通过比较可以发现，其所描述的河洛地区主要是特指黄河与洛河交汇处，但在交汇处又增扩了200多千米。

第二种观点是“四至说”。随着研究河洛文化学者队伍不断扩大，学者们的研究角度日趋多元化，研究学科日趋融合。例如，从地理环境、气候学等方面入手进行交叉性、综合性研究，再借鉴既有的研究成果以及考古学的新发现，对河洛地区的地域界定研究获得了进一步的认识，由此产生了“四至说”。持这种观点的专家学者认为：河洛地区的东、南、西、北四个方向各有一个较为具体、明确的地理坐标作为地区的划分界限。③现将主要观点介绍如下。

王新年认为，在中国5000年的历史长河中，河洛文化几乎全部涵容其中。因此，相较于之前对河洛地区的地理范围界定，河洛地区应该有更大的范围，不仅只局限于现今的洛阳地区和河南省西部。河洛地区应该是“以豫西为腹区西起陕西关中的华阴以东，东到河南豫东平原的郑州、中牟一带，北至山西南部及河南的济源、沁阳、温县以南诸县，南达伏牛山北麓及临汝、郏县、禹县以北等地”④。窦志力的观点是：洛阳就是河洛地区的中心，“向北可达黄河边境，向南可至嵩山地域，向北有虎牢关为抵，向西依靠函谷据守”⑤。

孟令俊的观点为：河洛，从字面意思解读，即为指黄河和洛河。“河

① 李先登:《河洛文化与中国古代文明》//《河洛文化论丛》第一辑,开封,河南大学出版社,1990,第53页。

② 窦志力:《河洛文化浅说》//《河洛文化论丛》第一辑,开封,河南大学出版社,1990,第64页。

③ 薛瑞泽等:《关于河洛地区地理范围的界定参考》//《河洛文化研究》,北京,民族出版社,2007,第186页。

④ 王新年:《河洛文化的地域和特点》//《河洛文化论丛》第二辑,开封,河南大学出版社,1991,第67页。

⑤ 窦志力:《河洛文化的内涵与特性述论》//《河洛文化论丛》第二辑,开封,河南大学出版社,1991,第75页。

洛”置于河洛文化之中解读，则为地域概念。从广义层面解读，河洛为黄河从河曲、渭河东折，经过河南境内的孟津、荥阳，直接进入郑州，这段河流以南的地区，包括洛水、伊水流域，颍河上游流域（登封）及嵩山周围等地。古代称该区域为河南地，又称河洛地，今天被称为豫西地区。从狭义上讲，是洛阳河洛。① 史善刚认为：河洛地区，从地理上来看，是指潼关以西，以及郑州以西的黄河流域，包括洛河、伊河以及嵩山附近区域，以及颍河、汝河、禹州和登封等地区，地理坐标为北纬34°～35°，东经110°～114°。② 上述两位先生的观点与1989年学术界的“模糊说”观点没有太大差别。薛瑞泽、许智银认为，洛阳就是河洛地区的中心。③

我们可以发现“四至说”与“模糊说”两种学术观点既各执一词，又具有互相“兼容”的共性之处。共性的地方体现在两个方面：一是都认为河洛文化是一种地域性文化，指的是黄河中游和洛水流域的文化；二是都认为河洛文化在地域上的中心地带是今河南的中西部，或者更明确地倾向于以洛阳为中心。两者的分歧主要体现为：①“模糊说”以豫西地区为中心地带，向西、向北做了有限的延伸，扩大了对河洛地区地理的界定范围，由此决定了在地域范围的具体起止点上各有不同的选取。②“四至说”则将河洛地区中心地带的豫西地区再浓缩为一个中心点——洛阳，使得河洛地区的范围显得“线条精细”，更加具体化。

我们认为，界定河洛地区的地理范围不仅要依靠具体的地名、可察的地理环境因素作为分析判断的基础，更需要一个正确的逻辑思维作为前提。如前所述，对河洛地区范围的考察研究，乃肇始于对河洛文化的研究，两者在哲学上是物质和精神的关系——地理因素是概念界定的物质因素，文化因素则是其精神因素；地理因素为文化因素的产生、多元化发展、地域特色、风土人情、风俗习惯等创造了客观环境和奠定了物质基础，文化因素则是对具体地理环境和条件的某种精神反映，并通过政治法律制度、哲学宗教思想、礼仪风俗习惯、语言文化符号等，为产生它的物质环境打上深厚的人文烙印。因此，考察研究河洛地区的地理范围，离不开河洛文化的研究和印证；而对河洛文化的研究，同样离不开其产生、发展的自然环境和地理因素，两者是密切地联系在一起的，共同孕育了河洛古都体育文化，缺一不可。这就是我们阐释概念的基本原则和思路。因此，我们认为，将河洛地域的范围（黄河中部与洛河交汇的地域）在主观

① 孟令俊：《河洛文化纵横》，郑州，中州古籍出版社，1993，第246页。

② 史善刚：《河洛文化论纲》，郑州，河南人民出版社，1994，第1～2页。

③ 薛瑞泽等：《河洛与河洛地区研究补正》，《中国历史地理论丛》1999年第2期。

意识上加以扩大、延伸，或者缩小到某一个点，都是不可取的。俗话说，一方水土养一方人。一方面，不同地域的文化具有鲜明的特征，可辨识、可比较，在流动变异中又相对固定，这种基本特征的形成与人们在一个相同地域长期的共同生产、生活和社会活动有着必然的联系，是故土产生了故土上的乡民。如果有意扩大河洛地区的地理范围，既不符合已有的人文研究成果的历史印证，也会使目前的研究对象找寻不到较为明确的边界，从而失去方向感，亦容易在文化定性问题上模棱两可，左右摇摆，从而不利于河洛文化研究的深入展开。另一方面，如果缩小河洛地区的地理范围，虽然可以使研究的边界清晰可见，甚至到了触手可及的地步，实则很难使研究获得令人信服的解读，因为文化具有交流性、融合性特征，具有一定的流动性和变异性，文化研究有其自身的特性——交融性、渗透性、迁移性和历史性，其来龙去脉绝不是地理上的一点就能够加以充分证明的。有谁敢说中华文明的发祥地只有洛阳？

本书认为，上述这些学者对河洛地区研究的宝贵成果，是河洛古代体育文化研究需要借鉴的重要内容和方面，也是本书研究的基础。基于本书的研究对象、研究性质和目的，我们倾向于把河洛地区界定在黄河和洛水交汇处这一广大地区，大体相当于今河南省西部、中部、北部及山西省南部。

（二）河洛地区古都体育文化内涵与性质

我们先从文化概念入手，简要揭示河洛文化的内涵，在此基础上再展开对河洛地区古都体育文化内涵、性质与发展阶段的探讨。

文化现象是一个复杂的精神系统，它建立在社会生产力这个物质基础之上，反映着人类从不同角度对物质世界的认识，包括政治法律制度和思想、哲学宗教思想、语言文学艺术、体育卫生观念、社会习俗等，也是人类进行自我管理、自我完善和自我超越的精神成果。文化系统内部结构严谨、层次清晰、核心明确。河洛文化是中华传统文化的源流之一，而河洛古都体育文化是河洛文化的分支，自成一个相对独立的子系统。因此，我们要认识河洛古都体育文化的内涵和性质，必然要搞清楚河洛文化这个母系统的结构和内在本质。

河洛文化的研究起源于 20 世纪 80 年代初，学者众多。在长达近 40 年的学术研究历程中，关于河洛文化范畴、地理范围、产生及发展阶段、文化的独特性、历史地位及现实意义等方面的研究，已经取得了很多重要成果。经过长期的研究探讨和争锋，在一些重要的概念范畴和基本问题上获得了较为一致的看法。但不可否认的是，仍然存在诸多的分歧。对河洛文化范畴的定性，我们仍然认同徐金星、郭邵林、扈耕田三位洛阳学者的如下观点：关于河洛文化的内涵，从广义上讲，包括在河洛地区创造的所有物质财富和精神财富；从狭义上讲，是指河洛地区人类社会的意识形态，以及与之相适应的有关制度等。比如精神文明的成果，包括文字的出现、天文地理医学科学文学体育卫生等，国家制度的产生、教育机构的出现、儒释道思想体系、社会风俗习惯等。根据本书的研究对象，我们侧重在河洛地区古代精神文明方面，立足于古都体育文化现象的考察和研究。

那么，什么是体育文化呢？体育文化是指人类通过体育活动在改造客观世界、调节精神状态、增加审美情趣、协调社会关系的过程中，在体育方面所展现的时代特征、地域风格和民族样式。体育文化广泛渗透在宗教、哲学、文学艺术、风俗习惯、文化娱乐等方面，包括精神文化（体育观念、体育思想、体育学术研究等）和行为文化（体育行为、技术、规范、规则等）两部分。因此，体育文化涉及的具体内容非常广泛，比如武术、艺术体操、体育音乐、体育舞蹈、体育大众传播、体育文学和体育研究等丰富的内容。我们把体育文化之间的关系作如下概括：

精神文化：①体育理论；②哲学思维；③体育知识。

行为文化：①体育行为；②技术规范；③体育规则。

在绵延几千年的人类家庭和社会生活中，出现了种类繁多、喜闻乐见、受众广泛、价值显耀的体育运动和体育作品，如集健身与审美于一体的体育舞蹈、艺术体操、体育音乐等，集教育与娱乐于一体的体育文学、体育摄影、体育大众传播；集历史与哲学思想于一体的体育雕塑、体育建筑，集健身、审美和信仰于一体的中华武术等，当然还包括更高级的体育理论研究。

具体到河洛古都体育文化，同样包括精神文化和行为文化这两个重要方面。底蕴深厚的河洛文化孕育并分化出了河洛古都体育文化，它富有情趣、功能明确、有活动规则。其体育文化精神深受在河洛地区诞生的宗教哲学思想、文学艺术气质和道德的影响和制约，具有历史传承性，形成了独具特色的古代体育文化现象。在长达4000年的发展过程中，体育文化不断完善，制度和组织形式不断健全，体育活动呈现动态不间断的发展，有些项目至今仍为世人所津津乐道，如少林寺武术、中华养生学等。总体来说，在人类文明的历史长河中，河洛古都体育文化之所以能绵延数千年，是与河洛地区的历史地位分不开的。

（三）河洛古都体育文化的发展阶段

河洛古都体育文化历经数千年传承，其形成和发展大体经过了三个历史阶段。

第一阶段，史前文明时期。这是河洛古都体育文化的萌芽时期。河洛地区具有得天独厚的自然条件，它以黄河为骨干河流，包括汾河、涑水河、伊洛河、丹沁河等支流。这些河流冲刷成大大小小的平原，土地肥沃、灌溉便利，非常适宜人类耕种。河洛地区位于北温带，属于大陆性季风气候，一年有四个季节。干燥多风，夏季炎热多雨，秋季明亮，冬季寒冷少雪。1 月气温最低，大多在0 ℃以下，一般不低于－10 ℃。7 月气温最高，大多数在 26～35 ℃。全年平均气温一般在 13～16 ℃，温暖适中。现代河洛地区降水 600～1100 mm，从南向北逐渐降低。夏季降水占全年降水量的一半以上，并多集中在 7 月、8 月，且多暴雨。古代，这里的气候比现在要温暖湿润，仰韶温暖期尤其如此。这表明，河洛地区的地理特征和气候比较适合农耕生产。因此，中华民族的祖先在这里开始创造辉煌的河洛文化。

河洛地区先人的生存环境十分艰苦，生存技能自然、简单、落后，采集、狩猎和农耕是当时主要的生产方式和生存手段。这些每天必须进行的生存活动，既是与大自然各种灾难相处的进化过程，也是保护、争夺和占有更多生存资料的“战斗”过程（原始社会末期私有制出现后），更是付出体力、磨损筋骨和血脉的体力劳动过程。他们弯弓射箭捕获飞禽走兽，高强度地奔跑追逐猎物，下河游泳捉鱼摸虾，使用鱼叉远掷河中的生物，为战胜对手而苦练搏击、摔跤等本领……这些动作逐渐规范，逐渐提炼发展出了各类古老的体育活动，成为河洛体育的最初萌芽。① 河洛古都体育文化就是在这种以采集、渔猎和农耕为特征的文化母体中孕育发展起来的。但这种所谓的体育活动并非有意识、有目的的规范的体育运动，也不具有地域的独特性，因为不同文明的体育文化发展，在其萌芽时期都具有相似性。

第二阶段，原始社会、奴隶制社会和封建社会前期（先秦之前）。这一阶段是河洛古都体育文化的初步成型时期。② 奴隶社会时期，生产力逐

---

① 〔战国〕吕不韦等:《吕氏春秋·恃君览》//国学整理社辑:《诸子集成》第六册,北京,中华书局,2011,第 121 页。

② 河南省洛阳市地方史志编纂委员会编纂:《洛阳市志》第 13 卷,郑州,中州古籍出版社,1998,第 525 页。

渐发展，生产工具也有了相应的创新，社会文明程度、文化教育程度都有了显著的提升，体育教育也在此时的河洛大地应运而生。中国最早的学校于夏朝时期在洛阳建立，教育场所一般是宗庙建筑，也称“庙堂大学”，发掘于现洛阳市偃师区二里头遗址。周朝时期“六艺”被周王官大力推崇，“礼、乐、射、御、书、数”也成为周王朝的贵族教育体系，其中“射”“御”指的就是射箭技术和驾驶马车的技术，究其根本也是早期的军事体育项目之一。悉心观察，“六艺”中的“礼”“乐”也蕴含着一定的体育元素，诸如礼中射礼、乐中舞蹈。舞蹈本身就是艺术的一种表现形式，古代的舞蹈起源于奴隶社会，包含礼仪、娱乐、祭祀、求偶等，可以归属为具有显著独特性的古代体育运动类型。

关于“序”“庠”，古代文献有相关记载，它是学校的另一种说法，还可以特别指代射箭之处。据《礼记·王制》记载：“序者，射也。”直接反映出射箭在夏朝的受重视程度。洛阳在商朝称为“西亳”，彼时曾设立“右学”“左学”，不论二者是一为大学一为小学，还是同为大学，但可以肯定的是两者都秉承夏朝的传统，开设学习射箭的“序”“庠”。周朝开国初期，周公旦在洛阳制礼作乐，逐步完善“六艺”的教学种类，最终形成以礼、乐、射、御、术、数为主要授课科目的教学大纲，这也间接说明了河洛古都地区的古代教育中蕴含着大量的、具有贴近当时生活的体育教育行为。具体到军事、战争上，则存在元帅、将军、将领给士兵“讲武”的现象，据《礼记·月令》记述，“孟冬之月，皇帝命令将军给士兵们讲解武术、战略和战斗所需的本领，学习射箭、驾车、摔跤”，不同程度地展现了古时武艺，射箭、驾车、摔跤已经成为一种促进身体运动、加强战争能力的新活动方式。

这个时期的河洛古都体育文化由生存型的体育活动（生产和军事体育）扩张到了民俗体育，有了比较强的体育娱乐意识和修身养性意识，体育审美意识也在乐舞、鼓舞等艺术形式中逐渐得到熏陶和培养。这些都和当时河洛地区产生的思想意识是分不开的。古河洛地区是道家学说的诞生地。2500 年前，老子在洛阳邙山上的上清宫炼丹，在栾川老君山归隐修炼，后在函谷关著《道德经》，为道教的创立奠定了理论基础，之后便不知所踪。道教秉承了道家主体学说，以道为最高信仰，追求长生不老、得道成仙、济世救人，在古代中国民间和传统文化中占有非常重要的地位。道教修炼成仙的主要方法是服食仙药、练气和导引、内丹修炼等。需要强调的是，道教是在道家学说的基础上发展起来的一门宗教，它虽然是建立在道家学说的基础上，但道教并不能代表道家学说，它们的出发点不同，哲学思维的高度更有着巨大的差距。道教在古河洛地区具有较为广泛的群众基础，宗教修炼活动一度非常盛行，到了唐朝发展到了高峰，推动了河洛养生术和河洛民间体育项目的形成。这个时期河洛古都体育文化发展的先进之处体现在：以体现高度文明的老庄哲学思想作为引领，将生存性的体育活动上升为自觉的、目的明确的锻炼身心的体育文化活动，如角抵、蹴鞠、拳术、投壶、静气功、秋千、跳绳、踢毽子等。这些活动多寓乐于教，独具河洛文化特色。

第三个阶段，封建社会中后期（秦汉之后）。这一阶段是河洛古都体育文化的初步成型时期。秦王嬴政采用张仪的“连横”策略，将韩、赵、魏、楚、燕、齐各个击破，打破战国七雄共存的现状，统一中华，建立中国历史上第一个统一的多民族王朝，史称秦始皇。随后西汉东汉的经济繁荣、政治统一又在客观上加速了中华文明的发展。秦汉时期的中华文化具有大气豪放、劲力文雅的特点，王朝的生命力、活跃度、思维力高度融合，这一时期河洛古都体育文化作为民族文化的典型代表也有了较大的发展。汉光武帝刘秀定都洛阳开创了东汉王朝，其间学术、科技、外交、军事等方面都有显著发展。郑学、造纸术、地动仪和浑天仪都是举世闻名的“东汉制造”，佛教也在西汉末年东汉初年传入中土，东汉末年道教形成，匈奴、羌族、氐族等少数民族内迁，鲜卑人占据漠北，种种活动都为河洛古都体育文化的蓬勃发展提供了巨大的原动力。

这一时期，河洛古都地区的体育文化活动内容上逐渐丰富，形式上林林总总，较为著名的就有马球、导引、蹴鞠等体育活动项目，“射”“御”也被太学规定为教授的主要内容之一。1972 年，洛阳涧西区汉墓出土的彩绘三人倒立杂技俑将东汉时期河洛古都地区民间杂技表演生动地表现出来，其高24 厘米，三个人采用倒立叠罗汉的姿势立于圆缸之上，下面两人双手扶缸，一人左脚与另外一人右脚相抵形成高位支撑，异侧脚外展保持平衡，头部采用后仰姿势，第三个人以高位支撑为点，呈标准倒立姿势，活灵活现地再现了杂技演员的体位动作。

导引是中国古代的一种养生术，兴起于春秋战国时代。名医华佗在“熊经”“鸟伸”等基本动作的基础之上，通过改变与创新，将其演化为虎戏、鹿戏、熊戏、猿戏和鸟戏，即为“五禽戏”。“五禽戏”，代表了导引健身术在有记载可查询的秦汉时代的最高水平，同时也是中国目前保存较为完整的导引健身术，在中华民族的导引健身历史上发挥着不可替代的作用。

马球，是一种骑在马上利用马球杆将球击入球门的一种体育运动项目，也叫作“击鞠”。东汉后期，“建安七子”之一的曹植作《名都篇》，其中“连翩击鞠壤，巧捷惟万端”① 具体描绘了当时人们进行马球运动时的情景。虽然无法考证其源起于何时，但是可以证实的是在东汉末年就已经开展这项运动了。

蹴鞠，也叫“蹋鞠”“蹴球”，在战国时期就是一项广为流传的民间体育运动项目。发展到汉朝时期，统治者已经将蹴鞠运动引入军事、体能训练当中，并且还制定了系统的蹴鞠运动规则，促使蹴鞠运动演变发展成为一项体育竞赛项目，与此同时在全社会广泛推广普及。东汉李尤所著《鞠城铭》基本还原了同时期蹴鞠比赛的基本情况：“圆鞠方墙，仿象阴阳，法月衡对，二六相当。”与此同时，东汉太学的发展极为显著，太学教师重点传授、学生主要学习的内容包含极富体育运动文化色彩的“射、御”，当时洛阳太学生多达 3 万余人。

魏晋南北朝时期（220～589 年），是中华民族历史上的民族分裂和融合的时期。各路军阀连年混战、占山为王导致百姓居无定所，民不聊生。北方少数民族频繁入侵中原，尸殍遍野、民不聊生，但是其对各民族的文化交流融合确实起到一定的作用，此时玄、儒、释、道相继显著发展。

围棋的发展就达到了一个盛行的阶段，代表人物就有当时赫赫有名的“竹林七贤”。魏晋时期，围棋运动在社会上普及，棋艺与此同时获得极大提升。较为复杂、难度较大的象棋运动，在晋朝时期的河洛地区出现。有关晋朝象棋棋盘图的相关记载出现在清朝中期，在乾隆时期的著作《洛阳县志》中可查询到有关象棋棋盘图的记载。魏晋象棋与现代中国象棋对比，相同点为将、士、象、车、马在数量方面相同，不同点为魏晋象棋实行三人对弈的赛制。魏晋象棋棋盘中间为海，海外为山，山外为城。对弈各方均拥有棋子 18 枚，三卒二火位于前沿方位，二炮二旗紧随其后。魏晋时期，匈奴、鲜卑、羯、氐、羌等少数民族频繁入侵中原地区，对河洛地域的传统体育带来了巨大的冲击，具有明显民族、地域特色的骑射与角力运动风行于河洛大地，渐渐使尚武精神传播到北方大地。②

隋唐时期，随着国家的统一，民族大融合与中外经济文化交流的程度大大加深，社会得到了长足发展，形成了享誉世界的盛唐气象，出现了贞观之治、开元盛世等治世。当时的统治者对于武术运动尤为重视。隋文帝杨坚督率武术战士练兵战斗。唐太宗李世民擅长武士习练项目的射箭和射

① 〔三国〕曹植：《曹子建集·名都篇》//〔清〕永瑢等：《文渊阁四库全书》，上海，上海古籍出版社，2014，第 158 页。

② 黄伟等：《中国古代体育习俗》，西安，陕西人民出版社，2004，第 84 页。

击，并对射箭和射击精湛的武士进行奖励。武则天定都洛阳时期，注重武术技能，开设武举制度。《新唐书·选举制》对此的记载为：“其外又有武举，盖其起于武后之时。”① 武周长安二年（702年），武举考试项目包含试射法、马枪、翘关（即举重，又称拓关扛鼎、举鼎）等。唐朝洛阳城最为风行的一项体育运动就是马球运动，上至达官贵人，下至富豪商贾，甚至女皇武则天也非常喜欢这项运动，并在皇宫禁苑修建大量马球场，而达官贵人也有个人专属的马球场地。文官武臣、平民百姓也都很喜欢蹴鞠运动，而且部分女性也争相参与其中。对唐代河洛地区有关击鞠、斗鸡的盛景，诗人皮日休诗作《洛中寒食二首》描绘为：“击鞠王孙如锦地，斗鸡公子似花衣。”② 对洛阳蹴鞠体育活动的开展盛况，诗人白居易诗中也有所描述：“蹴球尘不起，泼火雨新晴。”③ 荡秋千之类的体育运动在唐朝已经出现，唐朝末年诗人郑谷在诗歌《旅寓洛南村舍》中描述为：“村落清明近，秋千稚女夸。”④ 由此可知，上至宫廷下至民间，从王子到平民，人们对体育项目与体育活动的参与积极性都较高。

北宋时期，洛阳作为陪都，时代环境独特，特别是王安石变法时期，政见不同者提举宫观留于洛阳，国内大批文人、名士、贵族会聚洛阳城，可谓“衣冠薮泽”。程颐、程颢所创的二程理学奠基于洛阳，新儒学伊洛之学逐渐发展为儒学正宗。洛阳逐渐发展成为理学胜地，天象数之学由邵雍创立，博大精深。《资治通鉴》在洛阳城由司马光编纂而成。张琰在《洛阳名园记序》中描述了洛阳繁荣盛况：“夫洛阳，帝王东西宅，为天下之中，古今华夏更莫比。”⑤ 伴随社会文化旅游与休闲之风的兴起，以捶丸、骑射、蹴鞠、集句等为代表的体育活动发展尤为活跃，相扑运动亦成为一种趋势。同时期，数量繁多的民间体育团体在洛阳和全国其他地区兴起，形式为自发组织，中国民间体育由此时期开始跨入组织性发展的阶段。

元明清时期，全国的政治、经济、文化中心不断迁移，先是南下，后又北上，彼时河洛地区的中心地位受到一定影响，体育文化也有所衰退。

---

① 〔宋〕欧阳修等：《新唐书·选举制》，北京，中华书局，1975，第145页。

② 〔唐〕皮日休：《御定全唐诗·洛中寒食二首》//〔清〕永瑢等：《文渊阁四库全书》，上海，上海古籍出版社，2014，第224页。

③ 〔唐〕白居易：《白氏长庆集·洛桥寒食日作十韵》//〔清〕永瑢等：《文渊阁四库全书》，上海，上海古籍出版社，2014，第67页。

④ 〔唐〕郑谷：《云台编·上卷·旅寓洛南村舍》//〔清〕永瑢等：《文渊阁四库全书》，上海，上海古籍出版社，2014，第165页。

⑤ 〔宋〕张琰：《洛阳名园记·序》//〔清〕永瑢等：《文渊阁四库全书》，上海，上海古籍出版社，2014，第219页。

此时较为显著的就是武术体系的形成与发扬，各个门派逐渐形成各自固有的拳术体系和技术构成系统，有效的训练手段也各不相同。伴随着武举制度在政府层面的确立，河洛古都地区的民间武术也逐渐兴盛起来。与此同时，传统体育项目中的摔跤、蹴鞠、导引也在不同程度上得以完善和持续发展。

河洛古都体育运动萌芽出现于远古时期，雏形在上古时期形成，进一步发展阶段是在大一统时期，河洛古都地区的体育具有内容多样、表现形式丰富多彩的特征。洛阳作为河洛古都地区的中心，长期作为全国的政治、经济、文化中心，是教育发展的中心，同时也是中华民族体育文化的核心发源地区，对于促进发展与逐步完善中华民族体育文化具有重要作用，为中华民族体育文化的传承与延续奠定了扎实的基础。

1840 年鸦片战争，其后中国开始沦为半殖民地半封建社会。在西方列强入侵中华的大背景之下，伴随而来的是西方文化对中原文化的渗透，河洛地区的体育运动开始产生巨大变化，表现为河洛地区体育运动的主流开始以西方体育制度、体育项目与体育训练方法为主，而以武术为为代表的传统体育运动项目则开始降至次要地位。近代西方体育开始在洛阳地区成型与发展，成为河洛地区近代体育文化不可或缺的重要组成内容。清光绪二十四年（1898 年），戊戌变法失败，阶级矛盾激化，人民革命运动频发。为缓和阶级矛盾，光绪二十七年（1901 年），晚清政府决定实行新政，并同时进行文化改革，其中还包括军事、体育的部分内容。光绪二十七年（1901 年）清政府宣布实行“新政”，改革文化、军事、体育。同一年，洛阳开始加强新军训练，同时将近代体育和与之相关甚密的训练项目，加入洛阳新军训练的过程之中。光绪二十九年（1903 年），《钦定学堂章程》颁布，规定体操为学校开设的体育科目，分为普通体操和兵式体操两种类型。河南府中学堂、洛阳高等小学堂、崇德小学等相继在洛阳建立，各个中小学堂均按照《钦定学堂章程》的要求开设体操课程。但是，中小学学堂体育课程科目设定受到当时社会思潮的浸染，学堂体操课教师采用兵式体操教学，形式单一且内容枯燥，与青少年的身心发展规律不相符合，收获效益甚微。

中华民国时期，洛阳地区公立与私立学校数量增势迅猛，学校体育教学开始引入田径、球类等新型体育教学项目。民国七年（1918 年）5 月，由河洛道管辖的 14 县区参加的首届河洛运动会成功在洛阳召开，参赛运动员多为各个学校的在读学生。首届河洛运动会之后，不同规模的运动会相继在洛阳及其周边各县举办。民国十二年（1923 年），洛阳地区学校将

“体操科”更名为体育课，学校体育取得跨越式的发展。民国十九年（1930年），洛阳体育联合会在洛阳建立，此为在洛阳设置的首个组织管理体育运动的机构，这也使洛阳体育运动规模化、秩序化。洛阳体育联合会成立不久，声势空前的洛阳县运动会即在洛阳县立公共运动场召开。值得一提的是，此次运动会的部分比赛项目中有不少洛阳女学生报名参赛。同时期，河洛地区的足球发展迅速，足球技能水平提高较快，具体表现为足球比赛在洛阳频繁举办，以洛阳铁路足球队和明德中学足球队为代表。民国二十一年（1932年），洛阳成为国民政府行都，体育界精英纷至沓来，洛阳体育发展迎来新局面。同年9月，气势磅礴、规模宏大的“九九”体育节运动大会在行都洛阳成功举办。田径项目一直备受关注，洛阳田径运动员再次改写纪录。在随后举行的第十六至第十八届华北运动会上，洛阳运动员作为河南省代表队的主力队员表现不俗。民国二十二至二十四年（1933～1935年），《国民政府还都南京之后繁荣行都计划》颁布实施，洛阳地区的体育活动发展充满活力。3年里，洛阳四大锦标赛和洛阳各界四项体育比赛相继举行，体育比赛的项目显著增多，其中越野跑、网球、自行车赛、乒乓球成为比赛项目；体育表演方面的旅游项目引起社会各界人士的广泛关注。1937年，全面抗战爆发，大批人士来到洛阳地区，给河洛地区的体育运动增添活力，其中以自东北流亡而来的学生组成的平友足球联队和平友篮球队为代表。河洛地区体育团体友谊比赛不断，其中洛阳铁路足球队、前来洛阳的运动员、驻洛官兵之间比赛不断，洛阳体育在友好比赛氛围中快速发展。为促进洛阳体育运动良性和谐可持续发展，洛阳体育协会成立。同时期，政府在新建场馆方面加大投入力度，洛阳体育场等运动场地相继投入建造。民国三十三年（1944年）5月，洛阳沦陷，洛阳体育活动面临全面瘫痪的局面，与此同时，洛阳地区的体育设施也遭受极大破坏。民国三十四年（1945年）8月，洛阳光复，洛阳地区学校相继开课，体育活动随之在学校再次开展起来，体育竞技相对处于弱势地位。1946年6月，国民党辎汽六团征轮篮球队对战洛阳各校篮球队，以大比分绝对优势取胜。河洛地区体育文化的衰落局面，直至中华人民共和国成立都没有得到转变。

河洛古都体育文化衰退的主要原因有以下三个：第一，唐末五代爆发了大规模的战争，频繁战争致使河洛地区人口大幅度减少，经济衰退，文化呈倒退趋势。经济衰退导致河洛古代体育文化的衰落，唐代的安史之乱给河洛地区的人民带来了无尽的痛苦。史书记载：“自东都（洛阳）至淮泗，缘汴河州县，自经寇难，百姓凋残，地阔人稀，多有盗贼。”[①] 除了死于战火，很多人四处游荡，沦为贫困和无家可归者，成了难民。《旧唐书·地理志》记载：“自至德后，中原多故，襄邓百姓，两京衣冠，尽投湖湘。”五代时期，河洛地区成为军阀统治区，政权更迭如走马灯。经过多次战争的破坏，河洛地区“圜幅数千里，殆绝人烟”[②]。战争频发引发社会人口的大范围迁移，河洛地区经济凋敝、杳无人烟。北宋时期，河洛地区经济未能回到隋唐的水平。第二，南宋政府定都临安，全国的政治中心、经济重心和文化重心南移至以江南地区为代表的南方地区，以河洛文化为代表的中原文化衰落，体育文化也随之没落。第三，理学的繁荣对体育文化发展起到阻碍作用。以程颢、程颐、朱熹为代表的程朱理学成为两宋理学的代表。“存天理，灭人欲”的理学提倡人们摒弃欲望，剔除思想中的运动、物质享受以及与娱乐相关的活动。理学家无视放风筝、打球、踢球等体育活动有益于身心健康的实际因素，将其与恶棍赌博、纨绔笼养等社会丑恶现象视为同类性质活动，认为其为“不可为”且无益处的活动，并且制定了专门的“学规”条款，禁止放风筝、踢球、打球等体育项目进入学校科目，主张需要“静坐”，多“读书”，减少体育活动，缩减运动量，导致学生的身体与身心不均衡发展。理学的繁荣在思想层面一定程度上阻碍了河洛地区体育文化的进步与发展。对于出现这种状况的原因，戴逸先生认为主要为两次中心南移：我国政治、经济中心南移，使南方经济比较发达，随之文化中心也向南迁移。南方经济第一次超过北方发生在唐代，可以理解为河洛地区的经济在唐代已经落后于南方经济。但是我国的文化中心南移晚于唐朝。唐朝全国经济中心南移，也是导致河洛地区文化中心没落的最重要原因，河洛文化在中国文化中的影响随之衰退。[③] 可以说，从北宋后期至今，河洛古都体育文化对比周边区域的发展，优势已经不再显著。

概括来讲，在第三个阶段，河洛地区古都体育文化具有如下结构：①分为本土传统体育项目和外来交流的体育项目两大类。前者如球类、舞类、武术、棋类、节令文化体育类、体育养生类等，门类比较齐全；后者如马球、杂技、音乐、胡旋舞等，丰富了河洛地区的体育文化内涵。②这两大类内部的各个体育项目，在游戏规则、技巧发展、场地建设、器械生产工艺、体育服装等方面日臻完善。③每一个朝代都有对前代体育文化进

---

① 〔宋〕王钦若：《册府元龟》卷64，《发号令》3，北京，中华书局，1960，第213页。

② 〔宋〕薛居正：《旧五代史·梁书·太祖纪》，北京，中华书局，1976，第114页。

③ 戴逸：《关于河洛文化的四个问题》，《寻根》1994年第1期。

行归纳和总结的体育专业书籍出现。尤其是到了隋唐和宋代，由于丝绸之路的开辟、隋唐大运河的开凿，河洛地区社会经济文化繁荣发展，带动体育文化进入了一个飞速发展的历史时期，初步形成了比较完善、比较固定的河洛古都体育文化体系。

河洛古代体育文化是河洛文化不可或缺的组成部分，并逐渐发展成自成体系的领域，其在河洛文化体系中的重要性显著提升。它具有两大特色：一是开放性。武则天建都洛阳，京城城邦建设就采用了开放性的治理政策。位于“天下之中”的河洛地区，具有地理位置独特优越的特点，中外多种文化在洛阳交汇融合，例如河洛古都地区的传统养生术引导以及太极拳等，逐渐传入周边民族及国家。随着河洛体育文化外传，周边民族与国家的体育运动活动也随之传入河洛古都区域。在彼此交往的过程中，河洛古都体育文化逐步形成开放性及兼收并蓄的特点。二是导向性。从周公制礼作乐开始，古代经典的“射击、防御”运动代代相传，辐射到周边的民族、国家。河洛地区作为政治、经济和文化中心，实行开放包容的政策，中外文化杰出人才会聚于此，在体育文化层面也起到前瞻、导向的作用。赵荣珦先生就以道教为例子来阐述过这个现象，特别是以哲学、传统养生为切入点，并得到了长足的发展。[①] 戴逸先生在其研究中说过，河洛文化是中华民族传统文化的重要起源之一。究其原因，“河出图、洛出书”的传说指的就是黄河与洛河两条大河。先贤们曾无数次地称赞黄河为中华民族的母亲河和中华民族的摇篮，中华民族文化很大一部分发源于黄河流域。千百年来，一代又一代传承的河洛文化逐渐发展形成了一个连续的文化发展序列。

河洛古都体育文化的时限应如何确定？本书认为，它应该和河洛文化相一致。对河洛文化的上限，一般认为是史前的原始社会。[②] 对河洛文化的下限，人们的认识差距较大，目前有四种观点。一是河洛文化是一种古老的文化，下限是夏朝。二是河洛文化主要是夏商周时期的文化，下限是战国晚期。三是鸦片战争、清末以前，认为中国古代的河洛文化具有时限性。四认为是现代的延续，直到今天。[③] 本书赞同第四种观点。因为河洛古都体育文化自诞生以来世代相传，一直延续至当代。这种观点更符合中华文化绵延不断的历史事实。

---

① 赵荣珦:《道教与河洛文化》//《河洛文化论丛》第一辑，开封，河南大学出版社，1990，第 172 页。

② 朱绍侯:《河洛文化与河洛人、客家人》，《文史知识》1994 年第 3 期。

③ 程有为:《河洛文化概论》，郑州，河南人民出版社，2011，第 7 页。

三、河洛古都体育文化研究现状及内容

（一）河洛古都体育文化研究现状

孟令俊认为：河洛文化产生于中国古代河洛地区，是中华文化的核心，更是中华民族的摇篮文化。[①] 河洛文化相关研究已经有几十年历史，相关研究成果丰硕。河洛地区的体育文化在历史上十分繁荣，发展最为鼎盛的阶段出现在汉唐时期，其影响力覆盖周边区域以及国家，在提升人民生活水平与品质、丰富社会生活方面具有重要作用，同时也是构成中国传统文化的不可替代成分。唐朝末年至五代时期战争频发，河洛地区经济萧索、人迹罕至。北宋末年，靖康之乱使河洛地区遭受重创，数量众多的人口向东南方向迁移，河洛地区繁荣不在，体育文化走向衰落。

作为河洛文化的重要组成部分，截至目前河洛体育文化未引起国内学术界的广泛关注，最大的遗憾莫过于国内缺乏学者对河洛地区文化进行系统性、专门化的深入研究。尽管现状不尽如人意，国内潜心研究体育史的学者在研究中国古代体育文化的进程中，对河洛文化的课题多多少少少有所涉及，与河洛地区体育文化有关的间接论述与著作经常可以见到。直至20世纪90年代，有关中国古代体育史论述的著作出版了四部，分别为：《中国古代体育史简编》（李季芳主编，人民体育出版社，1984）；《中国体育史》（林伯原、谷世权编著，北京体育学院出版社，1989）；《中国古代体育史》（中国体育史学会编撰，北京体育学院出版社，1990）；《中国体育史》（谷世权编著，北京体育大学出版社，1997）。从宏观层面看，这些著作均具有通史性的特点，尤其是在中国古代体育的起源、发展及其原因和中国古代体育活动部分，虽涉及河洛地区体育文化，但是所用笔墨极少，并且关于河洛体育的深入系统探讨极难见到。这一时期中国体育断代史的研究少之又少，笔者仅发现了崔乐泉博士的博士毕业论文——《中国原始时代体育文化研究》（上海体育学院，1995年）。论文遵循考古学的方法论，从中国原始时代的文化大背景出发，对中国原始体育文化起源、史前人类的社会生活和原始体育形态、中国原始体育文化课方面进行了全面系统的研究，对河洛体育文化方面也有很多的讨论。

---

① 孟令俊：《河洛文化纵横》，郑州，中州古籍出版社，1993，第246页。

进入21世纪以来，大量学者投入体育史研究之中，根据相关统计，研究我国古代体育史的著作多达50余部。例如，罗柏林所著，由人民体育出版社2000年出版的《唐宋时期的体育史》从唐宋时期民间风俗与体育、气功，以及唐宋兵器发展、唐宋时期城市乡镇公共体育、唐宋时期著名人物和体育思想等多个维度，论述了唐代河洛古都体育文化在我国体育历史中的地位。刘秉果先生2003在上海古籍出版社出版了《中国体育史》，主要对收藏的中国古代体育文献进行概括，选取武术、击剑、马球、射箭、棋、龙舟等运动项目，论述我国古代体育史。黄炜、卢盈2004年合著、陕西人民出版社出版的《中国古代体育习俗》一书，重点论述的是古代体育习俗的形成，并以历史上每一个时期的体育实践作为讨论的起点。王晓先生的《中国古代体育文化新探》（上海体育学院博士学位论文，2005年）、郝勤编著的《体育史》（人民体育出版社，2006年版）梳理了我国古代体育文化的发展历史、发展过程以及其主要内容，划分的历史阶段为史前社会之后，一直到21世纪初期；而且添加了近几年中国体育的内容，综合各家对体育史的研究成果，对中国当代体育进行了理性的透析。因为夏商周时期河洛地区是当时人们生活与活动的主要区域，故对这一时期体育史的研究，其实也是该时期河洛古都体育文化的研究。可以说，近10年体育史研究在体育运动研究方面仍然占据重要地位，有关体育断代史和体育文化的相关系统研究尚未成风，学术界的重视程度尚且不足，河洛地区的体育文化也只是零星涉及。

通过前人的研究，我们发现，20世纪80～90年代主要研究为与唐朝相关的体育运动项目与体育文化发展史。唐朝时期中国国力强大，经济与文化发展举世瞩目，中国古代体育文化亦发展至鼎盛时期。中国学术界对于唐代的体育投注热情与关注度，引发研究热潮不难解释。

据统计，近10年来，中国体育界、学术界对于中国古代体育运动、体育文化极为关注，研究成果丰硕。50余部业内著作相继出版，涉及相关素材与研究著作不完全统计有100余篇。相关著作按照发布时间排序，做以下概述。

首先，研究的重点是唐代体育与体育文化。学者林琳于2002年在《文史杂志》发表了一篇名为《唐宋军队的马球运动》的文章，文章通过研究古代历史文献记载和出土文物，还原和再现了唐宋时期马术运动在军队中的开展状况。作者认为，中国封建社会在唐、宋空前繁荣，当时的政府注重军队体育体能训练，在军队训练中开展形式多样、内容丰富的军事体育活动，军中将士广泛参与，体育竞技娱乐广泛开展，唐宋时期政府对于体育运动场地及其体育器械投入众多，中国古代军事在唐宋时期的体育发展史上没有其他朝代可以超越。马球项目的训练手段和方法也借鉴于军事当中，是重要的军事体育训练项目之一。马球运动是军事体育训练中的常见训练科目和常规训练活动。王俊奇等人于2004年11月在《体育文化导刊》刊登了《唐代长安的马球文化》一文，探讨唐代长安马球的由来、盛行因素、所归属的球类类别，特别是系统探讨了马球运动全国风行的文化现象。作者认为，唐代处在大一统的社会背景，实行开明的内外政策，国内外交流频繁，贞观之治促使唐朝盛世局面到来，城市繁荣，经济发达，文化具有包容特性，唐朝体育文化得以极大发展，以马球为代表的球类运动在长安城获得前所未有的发展。

当代，学术界对唐代体育的研究主要有：2002年4月，王弈全在《浙江传媒学院学报》发表《略论唐代统治者对体育活动的影响》一文，认为统治者与政府空前重视体育活动，是唐代体育得以迅速发展的重要因素，唐代为中国古代体育活动发展的黄金时期。2004年，黄健在《吉林体育学院学报》上发表《唐代女子体育的兴盛及其原因》一文，得出了“中国唐代女子体育活动较其他朝代有了明显的发展，并形成一定规模数量的女子体育组织”的结论，还对唐代女子体育的项目内容及为何兴盛作了解释。2007年2月，何益民在《搏击》杂志发表《唐代社会与唐代体育》，采用文献资料法，研究唐代体育繁荣的原因，并分析了唐代的社会生活。

宋代是我国古代经济文化高度发达的一个时代，作为文化的一个组成部分，体育文化也得到了迅猛发展，研究者对此给予了广泛关注。文瑾对宋代的休闲娱乐文化进行了考察，她的《宋代民间体育休闲文化考略》（《农业考古》2009年第4期）一文指出，宋代民间体育休闲文化的动因有：①商品经济与体育休闲。②物质条件系统中休闲文化的动因为经济与民俗、体育与休闲，其中的衍变力以及习俗形成的决定力量是物质资料及其生产方式。

综上所述，研究者对中国古代体育文化尤其是唐代的体育非常关注。对其他时期诸如先秦、两汉以及宋代、明清的体育文化也有所论及，魏晋南北朝时期以及元代的体育文化还未引起学者的广泛关注。研究者从宏观上探讨了中国古代体育运动与体育文化的关系，论述焦点在于河洛地区，对周边地区涉及少，可谓有所欠缺。尽管与此有关的多数著作与论文并非直接对河洛地区体育文化进行研究，但是其研究方法与所涉及内容对于河洛古都体育文化研究仍具有极大的可以借鉴之处，在回顾中国古代体育文化研究和体育运动研究方面，以及深度理解与研究河洛地区体育文化在古代中国体育文化中的地位作用方面意义重大。因条件和学识所限，这一统计难免挂一漏万。截至目前，与河洛古都体育文化相关的研究著作，尚且没有一册，这与河洛地区在我国古代体育文化中所占据的历史地位极不协调、极不匹配。鉴于此，本书对河洛古都体育文化进行了全面、深刻又系统的探讨，以便能够为系统研究河洛文化提供些许资料与参考。

（二）河洛古都体育文化研究的目的和意义

“昔三代之居，皆河洛之间。”① 河洛古都体育文化具体拥有哪些内容？其产生方式、发展过程如何？如何走向未来？古代河洛体育文化在南宋之后衰落的原因是什么？河洛古都体育文化对当今河洛地区的旅游经济发展有何作用？这些元素对于专家学者进一步发展现代河洛体育文化，启示作用又有哪些？……与此相关的一系列问题至今还没有专家或者学者进行系统性的整体研究，所以在团队成员多次深入讨论之后确定了河洛古都体育文化这一课题，希望能够为河洛文化、河洛体育文化乃至古代中国体育文化的研究，提供可供参考的文字资料，同时也重新提出一种新的思路。

1. 填补河洛文化研究空白，完善中国古代体育史相关内容研究

一方面，洛阳为十三朝古都，建都时间长达 1500 余年，是古代极其重要的政治、经济和文化中心。河洛文化以其神秘和深奥，吸引着越来越多的国内外专家和学者。当前有关河洛文化的研究成果数量可观，但是史料缺乏，收集文献等存在一定难度，使河洛地区的体育文化并未引起学术界的关注与重视。所以，选定研究这个课题，希望在一定范围内与一定程度上填补河洛文化研究的空白。另一方面，河洛古都体育文化是体育史研究的重要内容。河洛古都体育文化历史悠久，极富自身发展特色，在古代中国体育史上占据一定历史地位。最近几年，国内学术界关于中国古代体育史的相关著作，在内容上对于体育通史、体育断代史方面予以更多关注，相反，有关地方体育史的相关研究极少，特别是河洛体育相关研究少。所以，选择河洛体育文化这一课题专门进行研究论述，希望可以完善河洛文化，填充我国古代体育史相关研究，在学术与理论方面具有理论与实践意义。

2. 对于开发河洛地区的民间民俗体育具有借鉴意义

公元前 770 年周平王东迁洛邑之后，共有 13 个朝代建都于洛阳，洛

① 〔汉〕司马迁:《史记·封禅书》，长春，吉林文史出版社，2003，第 172 页。

阳建都历史长达1500年。漫长的历史长河中，洛阳拥有世界上独一无二的世界历史文化遗产和古代体育遗产，还有待于开发的文化旅游资源、具有浓重体育色彩的民俗旅游已经逐渐进入人们的视线并构成旅游业一道新的风景线。多年来，它为我国旅游业的快速发展做出了巨大的贡献。

由于洛阳历史上发生过多次战争，许多民间体育运动项目，在灾难过后，有的已经残缺不全，有的甚至失传，只有依靠历史的记忆去进行拼图。因此，应从古代文献、实物考古、出土文献等历史遗迹之中去发现和研究古代河洛地区的体育文化，特别是与之联系密切的民俗体育文化。所以，加强对河洛地区体育的研究具有理论与现实意义。

河洛文化研究的重要组成部分包含着对于河洛古代体育文化的研究。洛阳学者投身研究河洛古代体育文化研究是责任，同时也是义务，希望以此课题研究为契机，为河洛地区旅游与民俗的开发、经济开发、体育休闲文化等建设奠定理论基础，为河洛体育文化再次展现风采贡献力量。

（三）本书研究内容

河洛古都体育文化研究是一个非常庞大的题目，本书在写作的过程中不可能面面俱到。本书以时间为线索，主要探讨了河洛地区体育文化产生、发展及走向衰落的过程。本书在对内容进行梳理的过程中，将其分为十章。

第一章是概述部分，主要对河洛古都体育文化的地理范围、定义的内涵和性质以及本书研究现状、研究方法和主要内容进行介绍，以期让读者从宏观上对河洛古都体育文化有所了解。第二章为河洛古都体育文化的起源，主要探讨农牧劳动、部落战争、原始宗教与原始舞蹈对河洛体育的产生所起到的促进作用。第三章为河洛古都体育文化的兴起，主要探讨夏商周时期河洛地区的体育运动及其产生的原因。第四章论述了河洛古都体育文化的发展，即秦汉时期河洛体育的发展概况。秦汉时期，文化氛围活跃，民风豪放刚劲，极富生机与活力，与此同时，体育文化极为丰富。第五章主要介绍河洛古都体育文化的多样性，重点是三国两晋南北朝时期河洛古都体育文化的发展情况。其影响因素包含佛教、道教、儒家等主张和思想，其中以武术和养生导引为代表的体育活动风靡社会。第六章为河洛古都体育文化的繁荣盛景，主要是隋唐时期河洛古都体育文化的发展史。隋唐时期，国家统一，政治安定，伴随经济复苏，文化走向繁荣，统治者实行开明的政策，民族出现大融合的局面，河洛古都体育文化发展尤为瞩目。第七章为河洛古都体育文化由宫廷走向民间，即两宋时期河洛地区的体育文化。两宋时期是我国封建社会发展的鼎盛时期，坊市合一，经济高度发达，市井文化产生，体育文化由宫廷走向民间。第八章为平民化的河洛古都体育文化。元明清时期，随着西学东渐，传统的体育文化开始向现代体育转型。第九章为河洛古都体育文化的转型与现代河洛古都体育文化的萌芽。主要探讨中西文化的交汇对河洛古都体育文化的影响、竞技体育的萌芽、民俗体育的发展等几个问题。第十章为结语，即河洛古都体育文化的继承与发展。

四、资料来源与研究方法

（一）资料来源

因为历史文献相关记载各有侧重点，对于相同事件重要性的描述呈现出层次性的特点，所以在数据搜集的全过程之中，主要依靠现存的官方历史、文献资料，但同时也要在私人写作笔记小说、河洛诸城县志记载、考古实物、历史遗留文献与考古出土文献之中搜集资料。还需要查阅体育学、考古学、历史学、民俗学、社会学等与本课题相关的学科专业理论，与此同时积极借鉴并适当创新。

1. 正史、政书

对于河洛古都体育文化的相关系列研究，需要本着寻根溯源的态度，从与研究课题相关的特定的社会政治、经济和文化历史背景出发，寻找理论支撑。研究涉及的基础文献涵盖《二十五史》《秦会要》《唐会要》《宋会要辑稿》《玉海》《文献通考》等种类繁多的历史文献资料，此乃研究河洛古都体育文化的最为基础的文献。

2. 文集

河洛地区，历史上文人骚客聚集，才人辈出，著名人物有诗人杜甫、诗人白居易、史学家司马光、理学家二程等。河洛地区的统治阶层与文人墨客留下奏议、行状、墓志铭、诗词等名目繁多的历史资料。河洛地区的风土民情在历史文献之中有迹可循，其中关于体育的史料尤为丰富，所有这些构成河洛古都体育文化研究必不可少的珍贵史料。

3. 地理、方志

地理、方志文献，是地方民俗风情研究的重要史料资料，主要涵盖各地区的地理变迁历史、人口、物产、土贡、民俗等方面内容，具有记载翔实的特点。本书参考的地方志有《河南通志》《洛阳县志》《偃师县志》《登封县志》等，这些地方志为研究提供了内容丰富，有年代可考证，分门别类记载具有写实性的研究素材。

4. 笔记小说

古代笔记小说众多，内容丰富，描写了各地的奇闻趣事、民风民俗与生活状态。其中关于河洛古都体育文化的相关叙述，一些史料弥足珍贵。本书引用的笔记小说达 40 余种。

5. 考古及出土文物资料

古代文化信息有大量是通过出土文物来传递的，因为当时的文物在还原特定时代的社会、政治、经济情况方面信息较为真实可靠。最近一个世纪，河洛地区文物考古硕果累累，发现了不计其数的文物，如与体育相关的汉代画像石、宋代象棋以及绘有古代歌舞、狩猎、射御等画面的壁画。河洛古都体育文化实物资料来源于对于这些出土文物的研究。

6. 20 世纪以来古代体育运动与体育文化研究成果

对河洛古都体育文化的研究，单单依靠收集和阅读古代文献、史料是根本不够的，还要采用系统的科学研究手段，利用前人的研究方法，取其精华，认真剖析，减少无谓的重复，以利于开展创新性研究。为此，本书竭力搜索整理了 20 世纪以来与中国古代体育史相关的研究著作和论文。

（二）研究方法

历史比较法是本书在研究的过程中主要采用的研究方法，通过比较可以加深人们对事物的认识、了解，运用比较研究的方法，在历史研究中可以更好地揭示历史事件的特点，以拓宽我们的视野，激发创新思维，提出解决方案。研究河洛地区体育文化，厘清河洛古都体育文化的特点与发展方向，需要全面理解与把握河洛古都体育文化的发展历史，特别是河洛古都体育文化在我国古代体育文化中的地位与作用。在横向维度上，与荆楚、巴蜀、齐鲁等周边地区进行比较；纵向维度上，将河洛地区不同阶段的体育文化的发展做纵向比较研究。另外，河洛古都体育文化的研究需要采用历史学的理论与研究方法，同时借鉴交叉学科的研究方法。本书涵盖了历史学、体育学、民俗学、运动学、生理学等学科的内容，采用交叉学科深入、全面、系统的融合研究法。

第二章 远古时期河洛古都体育文化

本书将新石器中晚期（原始社会晚期，相当于黄帝时期）作为研究的起点，中间经过上古的五帝时期，迄于夏商周之前2000～3000年的历史时期，来考证远古时期河洛体育文化的起源。依据有二：一是这一时期河洛地区走出了“刀耕火种”的野蛮时代，进入了原始农业文明时期，出现了原始农业聚落，人们过着稳定的农业定居生活。中国著名考古学家夏鼐先生，其相关研究中关于中国文明起源的观点为：“新石器时期的‘野蛮’人，创造出了文明。考古学文献相关研究之中，人类发明农业和畜牧业而控制了食物的生产这一过程，多使用‘新石器革命’一名词来描述和说明。‘新石器革命’之后，石器时代以渔猎经济为主，靠天吃饭的状况得以改善，人类文明由此开始发端。‘新石器革命’为人类文明的诞生和发展创造了优越的条件，此可谓人类经济生活中的一次大跃进。”① 二是文献记载黄帝时期就建立了军队，对外进行战争，所谓“外用甲兵”（《商君书·画策》），开始用战争统一中原。而军事活动是推动古代体育产生和发展的主要动力之一。

原始体育形态，从文化现象上主要体现在两个方面：一是史前人类的原始体育意识和原始体育观念；二是史前人类原始的具体体育行为所遗留下来的历史痕迹，即人类遗存。虽然我们已经无从直接观察到古人的体育意识和观念，但我们可以通过对古籍资料的研究和对人类遗存的整理和研判获得某些明确的印证或符合逻辑的推理判断。

20世纪70年代，在河南省新郑县（今新郑市）发现了新石器时代早期的裴李岗遗址（仰韶文化前期）。这一发现是我国新石器时代考古的新突破。裴李岗遗址之后，在河南省密县、长葛、巩县、登封、中牟、郑州、舞阳、郏县、淇县、尉氏、鄢陵、项城等地，又相继发现了100多处裴李岗类型的古文化遗址。据考证，地处“九州”腹地的古代中原文化区

① 夏鼐：《中国文明的起源》，北京，文物出版社，1985，第96～97页。

域，是中国新石器时代不可或缺的重要的文化地区。仰韶文化是新石器时期中原地区出现的中国史前第一个繁荣的文化遗存（见图 2-1），不仅有了比较发达的原始农业，还出现了青铜工具及其在生产上的使用，这是人类进入文明时期的基本标志之一。

史前中原地区考古学文化发展序列归纳为表 2-1。

表 2-1　史前中原地区考古学文化发展序列

划　分	新石器时期（包括河南仰韶文化、中原龙山文化）
早期（距今 8600～10500 年）	河南新密李家沟遗址
前期（距今 7000～8000 年）	仰韶文化前期：磁山文化、裴李岗文化、老官台文化、李家村文化
中期（距今 4600～7000 年）	仰韶文化中期
晚期（距今 4000～4600 年）	河南龙山文化

资料来源：北京大学考古文博学院等：《中原地区旧、新时期时代过渡的重要发现》，《中国文物报》2010 年 1 月 22 日。

图 2-1　仰韶文化中的石斧、石刀、石球等砍砸器（1996 年洛阳孟津妯娌村出土）

一、远古时期河洛体育文化的主要内容

本书主要从以下五个方面探讨远古时期河洛体育文化的起源和基本特点。

（一）农牧劳动中的河洛体育文化

根据马克思主义的历史唯物主义世界观，社会经济生活是一切上层建筑产生的基础和根源，所有文化形态都是人类对社会物质生产和生活的反映。社会物质生产劳动是最基本的劳动形式。恩格斯说："在某种意义上不得不说，劳动创造了人本身。"[①] 从辩证唯物主义历史观出发，结合历年来对河洛地区考古发现和研究，我们认为，农牧劳动是产生河洛体育文化的重要源头。人类的很多种体育活动项目都是从生产劳动中演变而来的，比如奔跑、跳跃、攀登、射箭、投掷、游水等。尽管远古时期的先人们还没有意识到这些为生产而进行的身体活动会增进身体健康，但它客观上起到了增强肌体与意识的协调性、增强体质和耐力的作用，因此可以认为是早期体育产生的根源。

中原地区在仰韶文化前期就进入了农耕文明的初级阶段。但这时采集、渔猎经济还占有非常重要的地位。如贾湖遗址出土的生产工具中，农具仅占 25.4%，而狩猎工具则占 49.5%，捕捞工具占 25.1%。[②] 狩猎和捕捞工具主要有骨镞、骨镖、骨矛、骨匕、骨刀、牙削、叉形器等。河洛地区的先人们在使用这些工具时，如石球的投掷、石链之用于弓射、石矛的投刺等，为投掷、投刺技巧以及弓射技能的发展提供了前提条件，并为向河洛体育初级形态演变创造了条件。

以石类作为狩猎的工具是远古人类普遍存在的现象，用石球袭击并获取猎物，也是远古先人的一种生存技巧。石球是旧石器时代遗址中常见的石器类型。1958 年，在山西襄汾县丁村发掘出距今十万年的石球，数量在百枚以上；山西阳高许家窑遗址与丁村遗址出土的年代相近的石球，数量在千枚以上。对于石球的用途，考古学界还没有取得一致的看法。有的学者判断，石球可作为锤砸工具，也可制作狩猎工具的投石索或流星索。投石索是绳子的一端系着石球，慢慢靠近猎物时甩出石球，石球引索而出，缠住猎物的腿部，将兽绊倒捕获之；或击中猎物后，待猎物减缓奔跑速度时围而捕之。流星索是绳子的一端系石球，或两端各系一个石球，并在绳上再系一短绳，末梢打一结。使用时，一手握住结头，用力转动手臂，找准时机投向猎物，射程可达六七十米。中国历史博物馆有一幅畲族猎神图，其中就有一人手持二球流星索。也有学者猜测这些石球是一种游

---

① 中共中央马克思恩格斯列宁斯大林著作编译局：《马克思恩格斯全集》第 20 卷，北京，人民出版社，2006，第 509 页。

② 赵世纲：《石磨盘、磨棒是谷物加工工具吗？》，《农业考古》2005 年第 3 期。

戏用的东西，可能是现代体育中各类球类用具的鼻祖[①]（在我国少数民族地区，的确保留着以石为界质的游戏活动，如云南元江、红河一带流行“打石头架”的游戏）。我们比较倾向于前者的推断。一是因为新石器时期人们需要解决的首要问题仍然是生存（包括制作陶器等器物）而不是游戏；二是当时生产力十分低下，人们除了采集、狩猎、制造器物、养育后代之外，似乎没有多少闲暇时间用来玩耍；三是石球比较沉重、笨拙，如果把它作为游戏的工具，似乎并不便利，且具有一定的危险性。但我们不否认远古时期的石球与后来的体育运动之间可能存在某种演进关系：如果这些石球是被古人用作一种特殊的捕猎工具的话，那它和今天的铅球、链球等投掷运动或武术中的流星锤的起源就不谋而合了。

根据对河洛考古资料中所记载的人类社会生产实践中各类工具的演进分析，我们对其在原始河洛体育文化中的功能归类如下：

（1）远射类器械：弓箭、弩、弹弓、弋射。

（2）投掷类器械：石球（如“飞石索”等）、矛与标枪、鱼镖、鱼叉。

（3）技击、格斗类器械：棒、锤、斧、刀、戈、穿孔形器和星形穿孔器、锁。

（4）卫体、护体类器械：匕首、护臂。

（5）水上活动类器械：舟楫（桨）。

（6）游戏、娱乐类器械：垂钓（鱼钩）、陶响球、石球、陀螺、踢毽子。

（二）部落战争与河洛体育文化

原始社会是公有制社会，平均分配劳动产品，没有剩余产品，不存在阶级分化，因此部落内部是和平的，部落之间可能会存在一些分歧。但由于人口稀少，腹地广阔，族群可以自由地迁徙，因此部落之间不至于爆发你死我活的战争。原始社会末期，由于生产力的发展，出现了剩余产品以及贫富分化，部落之间的纷争也变得频繁和剧烈。如史书记载的燕部落与蚩尤部落的战争，黄帝、炎帝联军共同打败蚩尤的“涿鹿之战”，黄帝部落和炎帝部落在阪泉进行的“阪泉之战”，以及后期的禹伐九黎三苗的战争等均属此类。

4000 多年以前，黄帝、炎帝分别为中国原始社会后期的部落首领。黄帝部落与炎帝部落均分布于黄河岸边，处于中原地区。随着生产力的发

① 谷世权：《中国体育史》，北京，北京体育大学出版社，2006，第 4 页。

展，先后出现沿黄河两岸向东部迁移的状况。在部落迁移的过程之中，同处于黄河东部的炎帝部落与九黎部落相互摩擦，爆发战争。此次战争中，炎帝部落首领炎帝负于九黎部落首领蚩尤。炎帝族求助于黄帝部落首领黄帝，炎帝部落黄帝部落联合作战，大胜蚩尤。九黎部落大败之后，部落一部分逃至南方，另一部分加入炎黄部落。随后，炎帝、黄帝冲突不断，炎帝战败，炎帝部落此后加入黄帝部落。由此开始，一部分黄帝部落、炎帝部落和九黎族部落选择定居于黄河流域，经过繁衍生息与发展，形成华夏族的主干。因此，黄河为中华民族的母亲河，黄河中下游地区被誉为中国古代文化的摇篮。

古代战争与体育的关系，主要体现在敌对双方的徒手搏斗技能以及运用武器技能等方面。

1963年，在山西朔县发现了旧石器晚期的石镞（石头制成的箭头），说明那时弓箭就已经出现。与兽骨、木棍和石头相比，石镞和弓箭的优势是非常明显的，它能够远距离地投射奔跑的猎物，有效地提高命中率。如果战事来临，它必然会被应用于战场。《史记·五帝本纪》就有对轩辕时期部落之战的描述："轩辕之时，神农氏世衰。诸侯相侵伐，暴虐百姓，而神农氏弗能征。于是轩辕乃习用干戈，以征不享，诸侯咸来宾从。而蚩尤最为暴，莫能伐。炎帝欲侵陵诸侯，诸侯咸归轩辕。轩辕乃修德振兵，治五气，艺五种，抚万民，度四方，教熊罴貔貅貙虎，以与炎帝战于阪泉之野。三战，然后得其志。"《世本》记载："蚩尤造五兵：戈、殳、戟、酋矛、夷矛。"① "葛卢之山，发而出水，金从之，蚩尤受而制之，以为剑、铠、矛、戟，是岁相兼者诸侯九。"② "蚩尤作兵伐黄帝。黄帝乃令应龙攻之冀州之野。"③ 还有一种徒手搏斗的古老方式，后来演变为秦汉时期"百戏"中的"角抵"。《述异记》就记载了角抵的场面："轩辕之初立也，有蚩尤氏兄弟七十二人……与轩辕斗，以角抵人，人不能向。"④ 可见，操干戈、用五兵、练角抵等，当时均属于军事技术。但在操练和运用的过程中，不论是进攻还是防守，都有提高技巧、增强体质的作用，也可以说是早期军事体育的萌芽，是现代拳击、摔跤、射箭、投射等体育项目

① 〔宋〕罗泌：《路史》//王云五：《丛书集成初编》，北京，商务印书馆，1935，第203页。

② 国学整理社辑：《管子·地数》//国学整理社辑：《诸子集成》第五册，北京，中华书局，2002，第382页。

③ 佚名：《山海经·大荒北经》//袁珂：《山海经校译》，上海，上海古籍出版社，1985，第286页。

④ 〔南朝梁〕任昉：《述异记·卷上》//扫叶山房辑：《百子全书》第七册，杭州，浙江人民出版社，1984，第398页。

的雏形。概言之，在河洛古都体育文化孕育时期，部族之间的战争发挥了极其重要的作用。

（三）原始宗教中的河洛体育文化

古代宗教与体育文化的关系是通过祭祀与乐舞发生关系的。中国上古时期的宗教多属于自然宗教，崇拜、祭祀、祈福山川大地、自然万物以及神灵。《史记》有关黄帝大胜蚩尤的记载，“置左右大监，监于万国，万国和而鬼神山川封禅与为多焉”。黄帝大胜蚩尤之后设置“左右大监”，对于“万国”“鬼神山川”进行“封禅”活动，由此可以推断黄帝炎帝时期宗教活动被统治者置于十分重要的位置。帝颛顼时期，面对异常混乱的宗教生活，实行了宗教一体化的改革，祭祀行为趋于规范化和专业化。司马迁在《史记》对于黄帝部落状况的描述为“迁徙往来无常处”，帝颛顼都城帝丘，位于濮阳境内。在濮阳西水坡的45号墓地中，考古工作者发掘出使用蚌壳砌成的龙、虎、鹿图腾图像。考古专家由此认为，此乃巫师的一处墓葬之地，从时间上推断，应属于仰韶文化时期的历史文化遗迹。据此认为濮阳之地在更久远的时期就可能是宗教活动中心。

通过对古籍记载的研究和近年来的考古发现，从黄帝时代的“封禅”“鬼神”，到颛顼、帝喾的“绝地天通”，再到尧舜时代的“敬顺昊天”，五帝时期的宗教呈现出由低级向高级发展的历史脉络。这期间，产生了沟通人、神的“巫”，继而产生了巫舞以及民俗祭祀舞蹈。从形体字来解析，巫从“工”从“人”，“工”的上下两横分别代表天和地，中间的“丨”，表示能上通天意，下达地旨；加上“人”，就是通达天地、中合人意的意思。其中的“人”，不是孤立的人，是复数的“人”，是众人。古人相信巫能够与神鬼沟通、求神福佑或祓除不祥。巫舞是在占卜、祭祀活动中奉献给神明的舞蹈。“在祭祀中用巫歌巫舞，这种艺术活动便由娱乐变为娱神了。”① 例如，黄帝以“云”为图腾，“云门”是黄帝氏族的图腾舞蹈；“凤鸟天翟”是帝喾时的图腾舞；“击石拊石，百兽率舞”，是帝尧时各氏族的图腾乐舞。无论古今中外，舞蹈对于人的肉体和精神的影响是相同的。其一，舞蹈可以锻炼身体的平衡能力、柔韧性，改善和增强器官的灵敏性和反应速度；其二，运动中还会消耗大量的能量，有利于身体的新陈代谢；其三，无论是舞者还是观者，在舞姿婆娑之中，崇敬、期待着天神或祖先的庇护，必然有助于消除紧张、恐惧的不良情绪，获得稳定的

① 董每戡：《中国戏剧简史》，北京，商务印书馆，2003，第8～9页。

心境。

由此而观，古代宗教祭祀活动蕴含着艺术和体育两种不同形式的目的，通过原始乐舞而联系在了一起。这种宗教祭祀活动演变到后来，又逐渐添加了摔跤、竞技等体育元素，为河洛体育文化的发端之一。

（四）原始乐舞中的河洛体育文化

原始乐舞是一个内涵丰富的母系统，包含上面提到的巫舞、宫廷礼仪乐舞、古代民俗乐舞等，与远古人类的生存活动相伴而生。远古先人们在大自然中模拟各种动物的声音和舞姿，随时随地表达和宣泄人类复杂的多重情感。但由于远古人类尚处于一种“混沌”的生活状态，一套乐舞可能包含祭祀、祈福、娱乐、礼仪等多种目的，也可能只是民间节庆或丰收之时的即兴之舞。因此，我们无法将这些乐舞的功能做一个明确的划分。

舞蹈最早起源于生产劳动。古人在狩猎之前，会模仿飞禽走兽的声音和动作以吸引它们到来；在丰收之后，会载歌载舞欢快庆祝，并感恩神灵的慷慨馈赠。“情动于中而行于言，言之不足，故嗟叹之，嗟叹之不足，故咏歌之，咏歌之不足，不知手之舞之，足之蹈之也。”① 一般认为，人类歌舞产生的动因有如下几个方面：①对于劳动成果的庆祝；②对于大自然的崇拜；③对于祖先的崇拜；④对于两性的诱惑。② 所以，古人的童心情趣、奔放的性格，以及表达暧昧、感恩神灵等心理需求，当是体育产生的源泉之一。

新石器时期，产生了乐舞这种古老的艺术形式。乐，是集乐、舞、歌于一体的艺术形式。根据文献记载，中原地区在黄帝时期就发明了乐律和钟磬等乐器，“昔黄帝令伶伦作律……黄帝又命伶伦与荣将，铸十二钟以和五音，以施英韶”（《吕氏春秋·古乐》）。类似的内容在其他古籍文献中也有多处记载，在此不再一一呈现。史载黄帝还创造了被称为“云门大卷”的乐舞，这种乐舞一直流行到周代。青海大通县上孙家寨出土的一个新石器时期（4000～10000 年前）的陶盆，内壁画有三组舞人，他们手牵着手，整齐协调地翩翩起舞。载歌载舞的有节律的身体运动，有助于缓解人们面对各种自然灾害时的紧张情绪，舒缓身心。因此，乐舞本身是宽泛意义上的体育活动。

1987 年，在河南省舞阳县贾湖裴李岗文化遗址中（中国新石器时代

---

① 〔唐〕孔颖达：《毛诗正义》//〔清〕阮元：《十三经注疏》，上海，上海古籍出版社，1997，第 7 页。

② 董每戡：《中国戏剧简史》，北京，商务印书馆，2003，第 5 页。

前期重要遗址，距今约8000年，始发现于20世纪60年代初），16支保存完好的骨笛被发现。骨笛选用材质为鹤类长骨，16支的长度均为20多厘米，直径大约1厘米；按照孔的多少，可分为5孔、6孔、7孔与8孔。这16支骨笛采用相同的制作形制，制作方法规范、制作精美，并且骨笛的笛孔分布均匀。通过相关文物资料考证，截至目前，全球出土时间最早、完整保存程度最高并能继续使用于演奏的乐器实物，就是贾湖出土的骨笛。由此可以基本推断出，在中原地区的新石器时期，乐舞文化已经比较广泛地存在于人们的日常生活中。

关于原始社会后期的武舞，据《淮南子·缪称训》载，“禹时三苗叛，三败苗而仍不服”，于是禹改以“执干戚，舞于两阶之间，而三苗服”。[①]这是关于禹和禹征伐居住在东南一带的苗族、黎族时的有关描述。干是盾，戚是斧，羽是一种仪仗。从中可以看出武舞的大致形式，并且已被用于对异族的慑服。

关于舞蹈对于人的精神和肉体的作用，在上面已经作了分析论述，在此不再赘述。概言之，古代乐舞与体育之间的渊源关系是符合逻辑推理的。

与舞蹈相近的还有原始的娱乐游戏。《帝王世纪》记载：“（帝尧之世）天下太和，百姓无事，有八十老人，击壤于道。观者叹曰：‘大哉，帝之德也！’”[②] 这是关于原始社会后期的一个传说，有人认为这是“击壤”游戏的起源。击壤，是古代的一种击木游戏。《风土记》说：“壤以木为之，前广后锐，长尺四，阔三寸，其形如履。将戏，先测一壤于地，遥于三四十步，以手中壤敲之，中者为上。”[③] 这或许是一种体育游戏。

（五）原始医疗保健与河洛体育文化

据考证，原始医疗活动对原始体育的产生具有一定的作用。这其中的关系是：原始人针对身体的某些病痛，发明了一些特殊的动作（或舞蹈），来达到祛除病痛、恢复健康的目的。例如，《吕氏春秋·古乐》中有关于“消肿舞”的记载：“昔陶唐氏之始，阴多滞伏而湛积，水道壅塞，不行其原，民气郁阏而滞著，筋骨瑟缩不达，故作为舞以宣导之。”[④] 另一史料

① 国学整理社辑：《诸子集成》第七册，北京，中华书局，2002，第156页。

② 〔晋〕周处：《风土记》// 王云五：《丛书集成初编》，北京，中华书局，1985，第17页。

③ 〔宋〕李昉：《太平御览》，北京，中华书局，1962，第3351页。

④ 〔战国〕吕不韦：《吕氏春秋·古乐》// 国学整理社辑：《诸子集成》第六册，中华书局，2002，第51页。

也提及："阴康氏之时，水渎不疏，江不行其原，阴凝而易闷，人既郁于内，腠理滞著而多重腿，得所以利其关节者，乃制为之舞，教人引舞以利之，是谓大舞。"① 据说阴康氏又名陶唐氏，是唐尧时人。上述两则史料说的是一类事：表明原始社会末期地多阴湿，人们在实践中发明了"消肿舞"，有良好的流通气血、舒筋健骨作用，可能类似于现在的医疗保健体操。后来逐渐得到发展和完善，形成了导引、按跷等多种形式的古代医疗健身法。从活动身体、增进健康这方面来说，类似于"消肿舞"这样的医疗形式，具有一定的体育运动功能。

二、远古时期河洛古都体育文化的特点及形成原因

通过对上述材料的综合分析，我们认为，原始社会的河洛古都体育文化具有以下三个特点。

第一，代表古代中国的河洛地区体育文化萌芽于社会生产活动中，尚不具有自觉意识。在诸多的社会活动中，生产劳动、宗教祭祀、军事训练、礼仪往来、生存手段的代际传承等，都必然地或多或少地包含着体育的因子，孕育着体育的萌芽。这种萌芽状态的"体育"并非自觉意义上的健身思想和意识，主要的还是生存意识在自发地支配着人们的身体行动。因此，它还不属于真正意义上的体育。但不可否认的是，正是人类最初用于谋生的这些自发的身体运动，才得以孕育后世的体育运动。

第二，在原始教育（简单的生产技能和自我防卫技能）过程中，远古时期的先人应该是逐渐萌生了自觉的体育健身意识。首先，我们不能把原始教育与健全的现代教育体系相提并论。先人为了学习制造和使用生产工具，需要大人对孩子做些指导，孩子才能掌握制造和使用工具的方法，你需要看、听、说、练，这都会产生一种教育。这样的教育没有文字和书籍，没有专门的人员和场所。因此，原始教育还处于"混沌"时期，未从生产劳动中分离出来，但由于具有许多传授生存经验和技能的内容，姑且把它称作原始教育。这种教育对于成年人来说一定是严肃认真的，但对于儿童来说，可能就像是充满乐趣和刺激的游戏，他们在追逐奔跑、游水、攀援过程中不仅掌握了各种技能，还发展了身心，锻炼了体格。当这种情况被古人观察到后，有意识的古代体育运动思想就逐渐萌生。

① 〔宋〕罗泌：《路史·阴康氏》//王云五：《丛书集成初编》，北京，商务印书馆，1985，第27页。

氏族公社晚期，人类的文明发展了，有了最早的类似象形文字，形成了较为稳定的信仰、艺术和风俗习惯等，教育内容也相应地增加了。此时，“氏族公社成员除在生产实践中受教育外，还在政治、宗教和艺术活动中受教育。他们参加选择领袖，讨论公共事务以及宗教等社会活动，利用游戏、竞技、舞蹈、唱歌、记事符号进行教育，利用神话和传说作为教育的材料和手段”①。这个时期人们或许对于游戏、竞技、歌舞等项目对身心健康发挥的功能有了更进一步的认识。

第三，开始孕育原始体育的雏形。按照国外部分体育史学者的看法，体育从起源直至萌芽这一发展过程，“质的飞跃”一共经历了两次。第一次已如前述，是与劳动活动不具有相关性，形式劳动技能直接传授，直接由“身体练习”代替。其目的为单纯模拟劳动活动的动作、发展身体的特定素质，以“雏形娱乐”代替从生理、心理需要出发而自发产生的某些娱乐，也就是“大量使用人设计的各种动作和活动形式”②。“竞技运动是随之发生的第二次质的飞跃。”③ 这两次“质的飞跃”，正是在原始氏族社会伴随着教育的发生、发展而逐渐完成的。

我们基本赞同以上观点，即体育萌芽的表现形态，一是人们自觉、主动、有目的的身体锻炼，二是开发出具有娱乐性和竞技性的体育项目、动作和规则体系。具备这一转变的判断条件应当是传授体育的教育行为、专业人员和有组织的体育活动。但当我们追溯远古时期体育萌芽的具体状态时，缺乏足够可靠的、有说服力的文字或考古证据来还原它的真实状况。因此，关于河洛地区古代原始体育的孕育过程，我们只能用民族学等研究方法进行同理推定。例如，生活在我国东北地区黑龙江畔的鄂温克人，在东北解放前夕还处在原始社会末期阶段。他们的一个习惯做法就是男人到了少年时就开始跟着父亲和兄长学习打猎的技巧，父亲有义务为儿子成为一个新的猎人做准备。从鄂温克儿童的射箭游戏、滑雪、跳高和角力等活动中，我们也能够清楚地观察到原始教育中包含着大量的体育内容，也可以判断原始的教育（包括体育）最早是从劳动中产生的，其内容是逐渐多样化、复杂化的。随着培养下一代的需要，在劳动过程中逐步增加了大量的人为设计的训练活动，使教育由一个简单的生产技能传授活动逐渐演变

---

① 毛礼锐：《中国古代教育史》，北京，人民教育出版社，1983，第14页。

② 颜绍泸：《体育的原始形态试析》//中国体育史学会编：《体育史论文集》第三卷，1985，第3页。

③ 颜绍泸：《体育的原始形态试析》//中国体育史学会编：《体育史论文集》第三卷，1985，第4页。

为一个有意识、有设计的训练过程；开始的教育可能是一种“混沌”状态的混合物，后来才逐渐形成了德育、智育、体育、美育等具体的分支。作为原始教育的基本内容，生产工具（包括武器）的生产和使用技能的传授以及运动技术的培训，既是原始体育的雏形，又是后来诸多体育技能、器械、训练项目、竞技规则的渊源。

第三章 夏商周时期河洛古都体育文化

夏商周时期，是河洛文化，亦是河洛古都体育文化形成的初期。

夏朝是中国史书中记载的第一个世袭制王朝，在470年的历史中，其活动范围都在以洛阳为中心的河洛地区。夏朝的都城在斟鄩，就是今天的洛阳。古本《竹书纪年》记载："太康居斟鄩，羿又居之，桀亦居之。"也就是说，从夏朝第三任君主太康开始，到夏桀，皆以斟鄩为都。1959年，中国著名考古学家徐旭生在豫西率队考古发掘"夏墟"，在今河南偃师发现二里头遗址，范围主要涵盖3个自然村——二里头、圪垱头和四角楼，面积约3平方千米。考古发掘与碳-14测定结果为：遗存属于夏文化纪年，时间为公元前2043～前1500年。经过40多年的考古发掘研究工作，大多数学者认为二里头遗址即为夏禹之孙太康到夏桀时期的夏代都城遗址。中国有119处夏文化遗址，但仅有二里头遗址具备王朝都城的性质，因而二里头文化被命名为"洛阳二里头遗址"。

商朝是中国第一个有文字记载的王朝。商汤灭夏后，在洛阳建立了商王朝的第一个都城。"汤即位居南亳，后徙西亳。"① 南亳在今天河南省宁陵一带，西亳在今洛阳二里头文化遗址，即夏都斟鄩城东北6千米处的尸乡沟。商朝以西亳为都城共计200余年。在盘庚（甲骨文作"般庚"，生卒年不详）将商朝的都城迁到殷（今河南安阳市，作为都城273年）之前，河洛地区一直是商王朝的活动中心。

周朝分为西周（前1046～前771年）和东周（前770～前256年）两个时期。武王伐纣后，定都镐京（今陕西西安），却把象征王权的九鼎安放在了洛阳，并委派周公营建洛邑成周城（故址在今河南洛阳市东郊白马寺之东）作为西周王朝的东都，使洛阳成为镐京之外的另一个政治经济中心。公元前770年，周平王东迁洛邑，史称东周，洛邑成为全国唯一的政治中心，历514年。

---

① 张新河、张海宽：《试论"郼薄"是商汤之本国——兼论商汤与伊尹携有莘氏东迁》，《洛阳理工学院学报》（社会科学版）2014年第2期。

"中国"一词最早出现于东周时期成书的《尚书》和《诗经》等书中。《尚书·梓材》记载："皇天既付中国民，越厥疆土于先王。"也就是说，上天把"中国"这块土地和人民交给周朝的先王来治理。据多方考证，这里的"中国"指的就是周人所居住的河洛地区。但在之后各朝代的诸多文献中出现的"中国"一词则具有多重含义，在此不再详述。有一件考古重器能够证明古代的"中国"在河洛一带，那就是1963年出土于陕西宝鸡的青铜器"何尊"（西周初年）。"何尊"上有铭文122字，记述了武王灭商后就有营建东都的想法，认为这里（即河洛地区）是天下的中心。成周五年四月，迁都于成周（洛阳），"余其宅兹中国，自之乂民"，意思是打算在天下的中心洛阳建立都城，并建立良好的社会秩序。可见"中国"最早指的是以洛阳为中心的河洛地区。

一、夏商周时期河洛古都体育文化的主要内容

从本书第二章的分析可以得知，中外专家学者对人类体育文化起源的研究经过了三个阶段，在考古研究、历史文献、人类学、社会学调查等研究手段的基础上多方进行逻辑分析和理性判断，见仁见智。但最后出现的"多源论"的观点被大多数学者认为是比较符合历史事实的，即各种社会因素（包括生产劳动、人类的生理和心理活动、宗教与战争等）均在体育的产生与发展过程中起到了各自不可替代的作用，但在这多种因素结构体系中，它们的地位和作用不尽相同。其中，物质生产的实践活动对体育文化的产生起着直接的、基础性和决定性的作用，其他因素都处于从属地位。

体育的基本属性是人的"身体活动"，这种身体活动与动物的本质区别在于，人体的活动主要是服从于人类的生存以及物质生产活动。生产劳动是驱使人体运动的天然因素。因此，如果我们从体育和体育文化的本质来严格界定的话，远古时期并不存在有意识、有目的、有理论支撑的体育活动，更谈不上相对独立的体育文化。但人类的体育文化毕竟发端于此。从可搜集到的文献以及其他线索中，我们可以作出如下基本判断，河洛古都体育文化有三个主要源头：一是乐舞，二是军事训练项目，三是礼乐制度中包含的带有体育元素的教育活动。在这个基本认识的指导下，本节对这一历史时期河洛古都体育文化的研究，先从表象入手，介绍这一历史时期在河洛地区出现的祭祀舞蹈、乐舞、六艺中的体育因素等，然后再对河

洛古都体育文化现象的本质作出归纳、分析和基本判断。

（一）河洛古都体育文化的源头之一——夏商周时期的乐舞

我们为什么要从舞蹈入手来探索河洛地区体育文化的发端？是因为体育和舞蹈虽然有本质的区别，却是同根同源的，具有某种同质性，主要体现在它们都是自然、社会和生产劳动的一种必然反映，能够起到锻炼心智、协调身心、增强体质的作用。在人类文明发展的历史长河中，舞蹈是先于体育文化而长期独立存在的。《山海经·海外西经》记载："大乐之野，夏后启于此舞九代。"即夏启曾带领部下在大乐之野进行名为"九代"的武舞；西周时期还出现了"象舞"，其步伐整齐，统一攻防，在与商军作战中屡建奇功。伴随着国家的出现和社会的发展，乐舞的形式越来越多样化，也越来越增强了娱乐养生的自觉意识。因此，对河洛体育文化进行探索，离不开对古代河洛地区乐舞的研究。

1. 夏朝时期的河洛乐舞

夏代的乐舞，来源于上古时期的氏族乐舞，即庆典、感恩和祭祀时的大型舞乐。每当新王即位之时，各方的贵族酋长纷纷前来纳贡、献舞，以示庆贺。《竹书纪年》记载："少康即位，方夷来宾，献其乐舞。"从功能和作用分析，夏代乐舞可分为祭祀乐舞、纪功乐舞和娱乐乐舞三种形式。

（1）祭祀乐舞。传说夏人始创社祀祭坛，有礼器、祭器。1980 年，在山西临汾地区襄汾县陶寺村出土了一批文物，属新石器时代晚期的龙山文化，正是夏代时期。其中出土了三件乐器和舞蹈道具——土鼓、鼍鼓和特磬，同时出土的还有一件龙盘。由此可以推断，夏代已经有了乐舞文化。

（2）纪功乐舞。它以歌颂尧舜帝之德为内容，是对尧舜时期纪功乐舞的继承。演出形式是敲击石磬、铜铃等器物，并伴之以舞。例如，夏禹时期歌颂禹治水有功的《夏龠》就属于纪功乐舞。"龠"是古乐器"排箫"。

（3）娱乐乐舞。是指用于帝王、贵族娱乐活动的专业化、表演性的宫廷乐舞。夏启把歌颂舜的纪功乐舞《韶》改编为宫廷享乐的乐舞，由专业舞者演出。《竹书简年》还记录了夏启十年巡狩时舞《九韶》于天穆之野。《墨子·非乐》中提到了夏启时出现的一种新型乐舞——万舞。万舞的参加人数众多、装扮华贵、舞技高超、情绪热烈，曾惊动天下六合。

夏桀无度地贪恋歌舞升平、靡靡之音，对观赏乐舞的要求非常强烈。他把乐舞与民间的各种新奇的表演形式结合起来，引入宫廷演出，这就是"百戏"的雏形。《管子·轻重甲》说："昔者桀瞬息，'女乐'三万人，晨嗓于端门，乐闻于三衢。”《吕氏春秋·嚣张乐》记载：“夏桀、殷纣作为嚣张乐，年夜鼓、钟、磬、管箫之音，以巨为美，以众为不美观。”由此可见一斑。虽然这种乐舞独享于宫廷和奴隶主，但我们也不能据此否认夏代乐舞客观上推动了乐舞在形式和内容上的发展。

2. 殷商时期的河洛舞蹈

从前面的介绍我们得知，“大濩”是商代歌颂开国帝王商汤功勋的著名乐舞，在《墨子·三辩》《吕氏春秋·古乐》中均有记载。汤死后，汤的后人把“大濩”作为祭祀祖先的乐舞。这在甲骨文中有记载。

图 3-1　绿松石兽面铜牌
（偃师二里头遗址，今洛阳偃师）

殷商时期，乐舞得到进一步发展，主要体现在三方面：一是向着专业化方向发展，出现了乐舞奴隶；二是乐舞形式更加丰富，舞蹈种类、乐器品种和配饰都有了新的变化（见图 3-1）；三是乐舞表演内容更加精细化。[①] 例如，甲骨文记载，商朝出现了一种军旅舞蹈——“振旅”。振旅包括了与军事相关的训练、田猎、娱乐、祭祀等许多大型活动。陆战图（见图3-2）再现了“振旅”威武的战阵场面，传递着远古战争舞蹈的信息。

图 3-2　《陆战图》铜鉴摹图（河南卫辉出土）

3. 周朝时期的河洛乐舞

武王伐纣成功后，为了吸取商王朝灭亡的教训，建立和巩固新的政治秩序，在天下之中的洛阳建立了一个新都——成周城，并把大批殷商贵族

① 《中原文化大典》编纂委员会：《中原文化大典》，郑州，中州古籍出版社，2008，第 139 页。

迁移到成周城，成为周王室的顺民。西周时期最具政治建树的制度，是周公制定的“礼乐之制”。礼乐之制是我国古代最早、最完备的典章制度。礼乐之制的“礼”，是天子、诸侯、大夫必须遵循的等级制度，分为五大类：吉礼（祭祀之礼）、凶礼（丧葬之礼）、宾礼（国家交往之礼）、军礼（军事、封疆之礼）、嘉礼（婚宴、庆贺之礼），涉及社会生活的方方面面。

礼乐之制的“乐”，指的是与礼相配合的乐舞。周代的乐舞是对前代遗存乐舞精华的集大成，由周公在洛邑整理完成（现《乐》已失传）。包括黄帝时期的乐舞《云门》（又称《云门大卷》《咸池》和《承云》）、尧时的乐舞《大章》（又名《大咸》）、舜时的乐舞《大韶》、夏禹的乐舞《大夏》（又称《夏籥》）、商汤时的乐舞《大濩》以及周武王的乐舞《大武》，总称为六大舞（也称“六代舞”，简称“六舞”）。其中，在夏启之前的统治者均是以禅让获得统治地位，因此把那段历史时期产生的乐舞（包括《云门》《大咸》《大韶》《大夏》）叫作“文舞”；《大濩》《大武》代表的是以武力夺取天下，所以称为“武舞”。武舞的舞者手执斧盾随乐而舞，来歌颂统治者的武功。“六舞”主要用于周代宫廷的祭祀礼仪。贵族子弟要根据年龄的不同，按照规定学习“六艺”（礼、乐、射、御、书、数）教育。《礼记·内则》载：“十有三年学乐、诵诗、舞勺，成童舞象，学射、御。”即学童13岁入学，先学习音乐、朗诵诗和小舞；15岁练习射箭、驾车与舞象；20岁学习适用于各种不同场合的礼仪和“大舞”。这种宫廷乐舞形式被后世称为“雅乐”，在中国音乐史上占有十分重要的历史地位。

通过以上的介绍以及文献资料的相关记载，我们可以概括出周代乐舞的成就主要体现在以下三个方面。①集古代乐舞之大成，形成了较为完备的周代礼乐文化（制度）。②乐舞具有十分鲜明的政治功能。《逸周书·本典解》说：“人有八政，皆得其则曰服。士乐其生而务其宜，是故奏鼓以章乐，奏舞以观礼，奏歌以观和。礼乐既和，其上乃不危。”说明当时的统治者已经开始认识到高雅的乐舞具有一定的塑造人格、稳定人心的社会功能。③在乐舞的内涵上出现了“文舞”和“武舞”的区别。④民间乐舞获得了较大的发展。随着庶民阶级的出现，农业、手工业和商品经济的发展，民间乐舞呈现日渐兴盛的趋势。

概括而言，夏商周时期，乐舞逐渐由原来的拜祖祭祀转变为宴会礼仪和娱乐活动，乐舞形式多样化，技巧日趋复杂、奢华，场面越来越宏大，对政治制度、社会生活乃至民众心理的影响也越来越大。我们是否可以做这样一种推测：在乐舞特别是武舞中，包含着某些攻防的规范性动作套路，孕育着中华武术最早的初级形态。

（二）河洛古都体育文化的源头之二——军事训练中的体育

先秦时期正是社会急剧动荡、政治制度不断变迁的历史时期，各诸侯国的社会生活完全服从于军事战争的需要，国家成为战争的机器。科学技术的发展，推动了武器材质和形制的发展；培养能射善战的将领、武士成为国家的大事。因此，战争成了推动军事体育发展的重要动力之一。商代的甲骨文和金文中已经有了射、御两个字，甲骨卜辞中还出现了许多记载田猎活动的资料。而这三项恰是先秦时期军事训练项目的主要内容。

射，即射箭。弓与箭是冷兵器时代远距离杀伤野兽或敌人的利器。当时的军队有车兵和步兵两种，车兵称为“甲士”，是主力军。因此，射箭不仅是军事训练的必备项目，还被统治者延伸到教育领域，成为育人的一项基本技能。这是因为先秦时期没有专门的军队，贵族和百姓亦兵亦民，战争时应召入伍，和平时回归原位。《殷虚书契后编》中的“王登人五千征土方”等卜辞，说明商代战时常根据需要进行“登人”（征兵），一次征发一千、三千或五千人，也有超过一万人的。兵以庶民为主，奴隶多担任杂役。因此，统治者除了在战时进行军事培养和训练外，平时也要为打仗培养后备人才。《孟子・滕文公上》讲：“序者，射也。”序，就是培养人才的场所，是中国最古老的教育机构。“夏后氏以射造士”（《文献通考・学校考》），说的是夏人用射箭的技术训练学生。

商汤建立商朝后，为了巩固商政权，军事生活在国家政治生活中具有举足轻重的地位。由于冶炼技术的发展，出现了由青铜制成的箭头，它形式多样，制造比较精良，成为战场上远程射杀的利器。通过对甲骨文的考古解读，发现商代的教育内容中也包含军事技能的学习；无论是贵族还是平民，平时都要练习射、御技能，并在农闲时以田猎的方式进行体能训练。御，原始的含义是驾驭战车及在战车上作战的技能。据古籍记载，夏代已有战车。1936 年，在河南安阳殷墟车马坑中首次出土一辆商朝战车。每车载甲士 3 名，按左、中、右排列。左方甲士持弓，主射，是一车之首，称“车左”，又称“甲首”；右方甲士执戈（见图 3-3）或矛，主击刺，并有为战车排除障碍之责，称“车右”，又称“参乘”；居中的是驾驭战车的御者，只随身佩带卫体兵器短剑。由此可见，在古代战场上，御和射作为攻防技能，共同体现在战车之上，它们各具优势，相互配合，发挥着协同杀敌的作用。西周出现了用于礼仪的射礼，有“大射”“宾射”“燕射”“乡射”之分（见《礼记・射义》），有严格的等级和制度。总之，商代和西周时期，体育是围绕军队和军事战争而开展的；同时，学校里开设的射、御、舞象等课程，也具备一定的体育因素。

图 3-3　西周镂空兽銎铜戈（1964 年洛阳北窑庞家沟出土）

春秋战国时期，群雄争霸，相互攻伐。因此，各诸侯国更加重视军事体育，相继提高了军事体育的地位。《管子・小匡》记载："分齐国为三军……且以田猎因以赏罚，则百姓通于军事矣。"魏国的李悝鼓励射箭，颁布《习射令》。《韩非子・内储说上》记载："人之有狐疑之讼者，令之射的，中之者胜，不中者负"，"令下，而人皆疾习射，日夜不休。"那时不仅有弹射、弓射，还出现了弩（包括可以连发的弩）射。弩是一种利用机械力量将箭射出的古代弓，相比由人力发射的弓箭，弩的射程是弓的两倍左右，但需要人来准确定位，由此对射箭技术提出了更高要求，善射能手层出不穷。比如，楚国养由基可以"百步穿杨"——百步之外能射穿柳树叶子。《吴越春秋》中有关于弓射、弩射的技术要领的记载："夫射之道，身若戴板，头若激卵，左（足）蹉，右足横。左手若附枝，右手若抱儿，举弩望敌，翕心咽烟，与气俱发，得其和平，神定思去，去止分离，右手发机，左手不知……此正持弩之道也。"

春秋战国已有赛马的赌博游戏，并且催生出了丰富的御马战术。《史记・孙子吴起列传》记载："今以君之下驷与彼上驷，取君上驷与彼中驷，取君中驷与彼下驷。"齐国孙膑献计田忌，田忌赛马三局两胜，因此赢得了一大笔赌资。

田猎，实际上属于军事体育的内容，是军事体育训练的一种形式。在夏朝，田猎是奴隶主的一种练兵手段。甲骨文记载，殷商时期的统治者就开始通过田猎活动进行军事训练。到了西周，田猎形成了稳定的制度，在农闲间隙都会组织大规模的田猎活动。据《左传》载："春蒐，夏苗，秋、冬狩，皆于农隙以讲武事也。”田猎不仅能有效锻炼参加者使用兵器的技能，提高其奔跑能力和增强体质，还能够培养勇猛顽强的武士精神，并在实践中总结出围猎的战略战术以用于实战之中。另外，有些诸侯国君还通过田猎活动选拔勇猛善战的将士。由此可见，夏商周时期有组织的围猎活动，实际上是军事体育实训的一种主要形式。

春秋战国时期，统治者“教民以战”，不仅将百姓组建成军队，还能训练行军与骑射技能。齐国田猎练兵习武，《国语·齐语》记载：“春以蒐振旅，秋以狝治兵。”赵王田猎规模盛大，《史记·魏公子列传》记载：“公子与魏王博，而北境传举烽，言赵寇至，且入界。魏王释博，欲召大臣谋……复从北方来传言曰：赵王猎耳，非为寇也。”

特别需要提及的是，春秋战国时期，由于时代和时局的需要，与军事训练相关的体育活动有了很大发展。除了上述项目外，以下也是与军事训练密切相关的内容，而且有了一些理论上的归纳和技术上的阐发。

（1）奔走、窬高、投石、超距。《墨子·非攻》记载：“古者吴阖闾教七年，奉甲执兵，奔三百里而舍焉。”《吴子·图国》记载战国军事家吴起，主张把“能窬高超远，轻足善走者”组建为特别军队，以在远程行军、突击进攻中发挥独特作用。《史记·白起王翦列传》记载，秦将王翦攻克楚国，见军中“方投石超距”，认为“士卒可用矣”。可知，中国古代著名将领注重对士兵进行长跑、跳高、跳远、投石等基本军事技能的训练。

（2）剑术。剑术的具体内容始见于《吴越春秋》：“其道甚微而易，其意甚幽而深，道有门户，亦有阴阳，开门闭户，阴衰阳兴。凡手战之道，内实精神，外示安仪。见之似好妇，夺之似惧虎。布形候气，与神俱往，杳之若日，偏如腾兔，追形逐影，光若佛仿，呼吸往来，不及法禁。纵横逆顺，直复不闻。”吴越以剑术见长，《吴越春秋》《越绝书》中均有记述。对于剑术练习与运用中的进退开合、形神相应、避实乘虚等要领，《庄子·说剑》中也有生动的记载：“夫为剑者，示之以虚，开之以利，后之以发，先之以至。”可见当时在练习剑术方面已经积累了不少经验（见图 3-4）。

图 3-4 西周“丰伯”铜剑（1964 年洛阳北窑庞家沟出土）

（3）游泳。游泳的目的是训练水军。水军是中国春秋末期才形成的一个新兵种，出现在傍海临江的地区。《六韬》记载："奇技者，所以越深水渡江河也。"《管子·轻重甲》记载："齐民之游水，不避吴越。"齐国管仲为防吴越利用水路偷袭，引三川之水建造沼池，专门训练游泳技能，实施能游者赐千金的激励措施。四川博物馆藏战国采桑宴乐射猎攻战纹铜壶，壶身刻有水陆攻战图，图中有泅水的战士，有伺机破坏敌船或登敌船格斗的场景，保留了当时水兵作战的生动画面。"施钩之戏"流行于荆楚民间，《墨子·鲁问》记载："昔者，楚人与越人舟战于江。楚人顺流而进，逆流而退。见利而进，见不利则其退难。越人逆流而进，顺流而退，见利而进，见不利则其退速。越人因此若埶，亟败楚人。公输子自鲁南游楚，焉始为舟战之器，作为钩强之备。退者钩之，进者强之。""施钩之戏"后演变为拔河运动。

（三）河洛古都体育文化的源头之三——礼中的体育

西周时期，周公制礼作乐，为国家政权的运行、社会关系的处理制定了明确的行为规范。周礼被贯彻在教育之中，作为培养有德之人的教育内容。周代的官办贵族学校要求学生掌握六种基本才能：礼、乐、射、御、书、数，即"六艺"（《周礼·地官·保氏》）。不难看出，"射、御"与军事训练和体育健身有着直接或间接的联系。例如"射"，虽然被冠之以"射礼"，但受到"射礼"教育的人可以随时在战场上发挥作用。因为这一历史时期并非太平盛世，国家的危机意识并没有削弱。尽管周朝制礼的出发点是为了塑造优秀的民族素质，奠定千秋万代的伟大事业，但也不能否认在道德教化的背后，隐藏着为军事斗争做准备的军事目的，两者并行不悖。由于"御"的体育内涵前面已经做了分析，在此我们主要对"礼"的体育内涵做以下探讨。

当"射"上升为"礼"，就具有了礼仪文化的内涵。《礼记·射义》记载："故射者，进退周还必中礼，内志正，外体直，然后持弓矢审固；持弓矢审固，然后可以言中，此可以观德行矣。""射者，仁之道也。射求正诸己，己正而后发。发而不中，则不怨胜己者，反求诸己而已矣。"

西周时期，射礼逐步完善，成为"礼"教的重要组成部分。就其具体内容和等级来说，可以分为大射礼与乡射礼。前者是在上层社会重大活动中举行的射礼，后者是由地方官员组织的射礼。据《仪礼》记载，周代每年春秋，各地都要组织群众性的射箭活动，叫作"乡射礼"。射礼活动有裁判、明晰的比赛规则和计分方法，还有音乐伴奏。由此可见，射礼不仅是一种正规的娱乐活动，而且也是一场技能大赛。参加者在射箭技术上一决高低，无形之中培养了体育竞技意识，激发了人们提高训练水平的内在动力，同时还能在遵循等级尊卑规则下起到敦化民风的作用。

春秋战国教育，沿袭西周“六艺”，注重射、御技能训练，同时强调礼仪与道德培养。这一时期与教育、礼仪相关的体育活动有以下几种。

（1）射。学校射箭学习，与军事射箭在技术方面本质相同，区别在于学校射箭学习植入了礼仪与道德。《礼记·射义》记载：“故射者，进退周还（旋）必中礼，内志正，外体直，然后持弓矢审固；持弓矢审固，然后可以言中。”礼仪为首要条件，同时指出内心要正直，仪态要端正，身姿笔直。

（2）御。学校体育中，御为习武项目的一项。《论语·乡党》曰：“升车，必正立执绥；车中，不内顾，不疾言，不亲指。”意为孔子教育学生御车须注重礼仪（见图 3-5）。

图 3-5　战国车马图

（3）投壶。投壶，是古代士大夫宴饮时的一种投掷游戏，也是一种社交礼仪，起源于射。《礼记·投壶》记载：“投壶者，主人与客燕饮讲论才艺之礼也。”《礼记·投壶》郑玄注曰：“投壶，射之细也。”宋代吕大临在《礼记传》云：“投壶，射之细也。燕饮有射以乐宾，以习容而讲艺也。”

春秋时期记载投壶的文献较多，如《左传·昭公十二年》《礼记·投壶》等，《左传》记载了晋昭公大宴诸国君主，举行投壶之戏。“投壶，射之细也……室中五扶，堂上七扶，庭中九扶……容斗五升。”[①] 这是最早记述投壶的札序、仪则、步骤、用具等。从文中可知，壶内装有豆子，防止箭投进去又弹出来。春秋时期，投壶的礼仪、形式与射礼完全相同，繁文缛节较多，娱乐性不强。战国时期，由于许多文人雅士追求内在的修养，投壶较射礼更加从容安详，又合乎礼节，运动量较小，迎合了他们的

① 金晓东等:《礼记》,上海,上海美术出版社,2016,第 11 页。

情趣爱好和健身需求，因此投壶得到相当的发展。当时除了士大夫阶层，民间也以投壶为乐（见图 3-6 至图 3-10）。

图 3-6　投壶图

图 3-7　投壶图

图 3-8　投壶

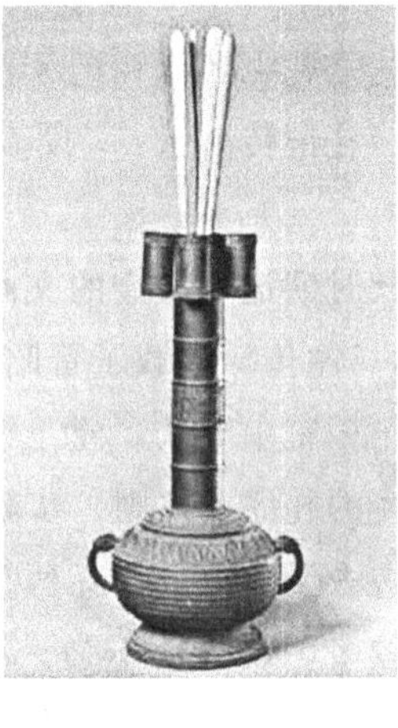

图 3-9　投壶

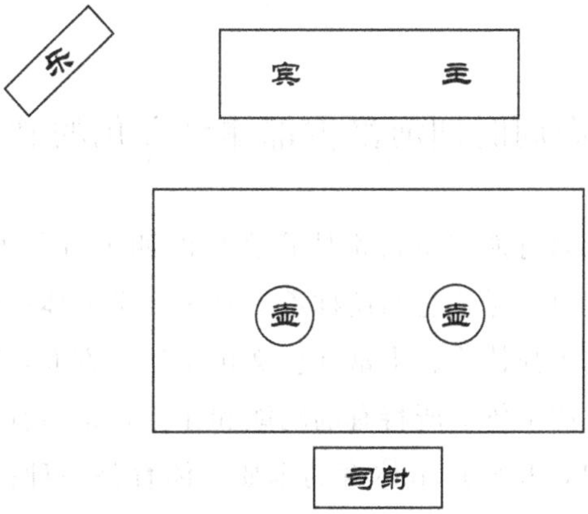

图 3-10　投壶之礼

先秦时期，投壶之礼的主要程序包括宾主就位、相互谦让、进壶、投壶、计算得分五个步骤①。不同的距离所用的“矢”也各不相同，而且有专门的“司射”在旁边计分。壶内装有小豆（赤豆），防止“矢”跳出壶口。由此可见，投壶是一种休闲娱乐的健身体育活动。

（四）河洛古都体育文化的源头之四——导引与体育健身

春秋战国时代，随着医学进步，早期导引术发展，对疾病认知逐渐科学化。《吕氏春秋·尽数》记载：“流水不腐，户枢不蠹，动也，形气亦然。”使用流水清洁、门轴不被虫蚁腐蚀，举例说明运动能促进身体健康。《战国策·赵策》记载：“老臣今者殊不欲食，乃自强步，日三四里，少益耆食，和于身。”（左师触龙对赵太后说，他没有食欲，于是快走或慢跑三四里，食欲逐渐增加，身体状态好转。）

同时期，促进健身养生的导引术产生。导引又称行气，《庄子·刻意》记载：“吹呴呼吸，吐故纳新，熊经鸟伸，为寿而已矣。此道（导）引之士，养形之人，彭祖寿考者之所好也。”导引，归属健身术，采取呼吸和肢体运动结合的方法。“吹冷呼而吐故，呴暖吸而纳新，如熊攀树而自悬，类鸟飞空而伸脚。”战国初期的《行气玉佩铭》石刻文，经郭沫若考释，全文如下：“行气，深则蓄，蓄则伸，伸则下，下则定，定则固，固则萌，萌则长，长则退，退则天，天几春在上，地几春在下，顺则生，逆则死。”这段文字说明了行气的要领和功能，可见战国初期的导引术已发展到一定的高度。

① 李世宏：《论先秦“六艺”教育中的体育活动》，《南京体育学院学报》2010 年第 2 期。

二、夏商周时期河洛古都体育文化的雏形

上面分析了夏商周时期河洛古都体育文化的四个重要来源——乐舞、军事体育、周礼和导引。尽管它们还称不上真正意义的体育运动，但在身体活动、动作技能、增强体质、丰富社会文化生活等方面，都或多或少地含有体育的因素，发挥了体育所特有的功能和作用，是体育孕育、产生和发展的源头。在这里，我们重申体育的本质：体育是一种社会文化现象，基本手段为身体与智力活动，遵循人体发育、技能形成与机能提高等规律，以全方位提升身体素质（包括良好的发育和运动能力等方面）、提高生活品质的有意识、有目的、有组织的社会活动。体育由体育文化、体育教育、体育活动、体育竞赛、体育设施、体育组织、体育科学技术等要素组成。

由此，我们归纳提炼出夏商周时期河洛地区体育文化主要在以下三个方面开辟了体育运动的原始路径。

（一）寓教于军（事）、寓教于乐，发展了体育活动

无论是乐舞、军事训练中的体育项目，还是在礼的范畴中的一些娱乐助兴或祭祀活动，包括体育游戏，都需要一定强度的身体运动，因此必然会起到协调身心、增强体质的作用。例如，乐舞（见图 3-11）要求舞者具备跳跃、旋转、翻腾、柔软、控制等高难度的技巧能力，在传达乐舞思想的同时，也必然增强舞者的身体素质，塑造舞者的精神面貌。在夏商周时期，乐舞虽然被禁锢在宫廷之中，主要服务于国家的文化活动，但民间乐舞依然广泛存在，在国家大型户外活动中，宫廷乐舞与民间乐舞也有了相互交流的机会；而乐舞越深入民间，其愉悦身心、增强体质的体育功能就越会得到加强。

图 3-11　乐舞图

再如，军事训练项目中的射箭运动，需要强健的体魄以及精准性、控制力和意志力，还会消耗大量的机体能量。因此，射是一项综合性的体育运动，如果没有持之以恒的科学训练，是成不了优秀射手的。射还能提高主观意识对身心的控制力，做到心如止水、心无旁骛，对运动目标作出准确的判断，然后协调身体各部位完成射箭动作。当射上升为礼，礼射就褪去了强力训练、杀敌制胜的军事训练色彩，成为一种文明交流的独特手段。这为射礼活动走向民间成为大众广泛参与的体育活动，创造了前提条件。如前面介绍的周代提倡的“乡射礼”，每年春秋都要由地方官员组织举行，有裁判、比赛规则和计分方法，还有音乐伴奏，类似于今天每年举办的各类射击赛事。虽然周代统治者制礼作乐是出于政治目的，即用礼制驯化天下臣民，规范社会秩序，达到安定天下的政治目的，但在形式上却是利用了人们喜好休闲娱乐的这种天性，通过某些体育竞技活动来达到教化民众的作用。因此，组织这些活动的目的是人所赋予的，是主观的；而运动形式则客观上起到了体育训练的作用。

提高运动技术水平和增强体质是相互依存、相互贯通的，后者是目的，前者是手段。要想提高运动技术水平，必须经过长期的、科学的和艰苦的训练，日积月累，熟能生巧。提高运动技术水平的另一个手段就是比赛。前面提到的军事训练项目射、御和田猎，以及“六艺”中的射、御技能培养内容，显而易见具有提高兵士和学子运动技术水平的目的，这是由当时的时代背景和军事态势决定的。例如田猎，是农闲时期有组织的大型围猎活动。那些猎物实际上就是假想敌。围猎者要想精准捕获猎物，需要高超的射击技术、强健的体魄，还要与动物斗智斗勇。每一次田猎活动，既是一次全盘检验围猎者军事素质的机会，也是一次提高围猎者全盘军事素质的机会。

（二）中华体育文化的底蕴开始形成

无论是古代还是今天，体育教育在目标培养上本质是相同的，当然也存在差异。差异的存在主要在于时代的不同，因此在体育意识上打上了时代的烙印。概括来讲，夏商周时期体育教育的目标主要有以下三个方面：一是促进学员的身心健康；二是培养学员战场杀敌、保家卫国的军事技能；三是在文化上渗透尊神忠君、遵守规则、勇猛顽强、视死如归的武士精神。

夏朝是中国历史上第一个世袭制王朝，虽然没有文字文献记载，缺乏直接的证据，但我们可以做一个逻辑推理：这种“家天下”政治局面的确立，会促使统治者更加重视对接班人和贵族阶层的培养和教育，以使帝业永祚。在教育的内容上，除了沿袭先人的情操礼仪教育之外，军事教育当是最重要的内容。因为夏代开创了一个以武力夺天下、守天下的新时代，所以教育侧重的是培养武士，注重习射。

商代是奴隶制发展的繁盛时期，中国有文字记载的历史从此开端，因此有大量的文字和出土文物可以考证。商代教育比夏代有很大发展，教育内容包括以习射为主的军事教育、人伦教育和尊神教育。尊神教育必然要以乐舞娱神，因此商代提倡“以乐造士”。《礼记·明堂位》记载：“瞽宗，殷学也。”

西周时期是古代体育教育发展最完善的时期。教育的内容明确归为“六艺”。其中，“礼”“乐”是德育和美育。“礼”规定的是人的行为规范。“乐”调整的是人的身心，正所谓德育教育润物细无声！“射”和“御”是安身立命的重要手段，也是古代体育必备的内容。“书”“数”是“射”“御”和“礼”“乐”的基础。在“六艺”中，核心是“射”和“御”，无论是国家安危还是个人生存，都离不开这两项处处需要的基本技能。

春秋战国时期不仅思想界领袖辈出，体育文化思想也有了极大开拓。诸子百家对人体生理、疾病与健康等都有不同的见解，其中儒家、道家和墨家相对更具有影响力。

孔子是儒家的创始人，据史料描述，他是一位身材高大、体格强壮、精通射术的大思想家。孔子自幼喜武，养成了良好的身体运动习惯，因此在传授弟子们技艺的时候，他十分关注身体活动。孔子开设六艺——礼、乐、射、御、书、数，其中射、御为必修体育科目。孔子擅长射、御，户外体育项目钓鱼、田猎、登山、郊游等，深受孔子重视。孔子倡导注重起居饮食卫生。子曰：“人有三命而非命者也，人自取之。夫寝处不时，饮食不节，佚劳过度者，疾共杀之。”长寿之道，一为作息有时，二为饮食节制，三为劳逸结合，过之则易患病死亡。孔子高寿与其注重体育活动、关注保健与卫生密不可分。

道家学派是同时期的重要学派之一，其创始人老子提出了万物都在遵循着不断变化发展规律的基本原则，人的身体也是如此，身体活动要适度，过动或者过静都不利于健康。道家另一位代表人物庄子在人体生理和心理健康等方面也颇有建树，深深地影响了中国古代体育文化思想。

墨家学派的创始人墨子是一位劳动者出身的思想家，致力于探究生命与运动的辩证关系，阐明了“生命在于劳动”的原理。墨子同孔子一样注重身体锻炼，提出“养生贵动”的观点，并对射御十分重视。墨子说：

“凡我国能射御之士，我将赏贵之；不能射御之士，我将罪贱之。”（《墨子·尚贤》）“二三子有复于墨子学射者。”（《墨子·公孟》）可见在那时的教学中就有这方面的内容了。

荀子针对“天命论”提出了他的体育观点，即“养备而动时，则天不能病”，“养略而动罕，则天不能使之全”（《荀子·天论》），明确指出养护得法并经常运动，身体就能健康；不注重养护，又极少活动，自然要生疾病。“天”既不能降病于人，也不能保全人的健康。荀子的体育观破除了唯心主义的天定观，对破除旧观念、推动中华体育健身的发展起到了积极作用。由此可见，春秋战国时期人们对体育的认识进入了一个新的阶段。

夏商周时期，虽然在文献记载上没有出现“体育”概念，但不可否认，在“体育”概念产生之前体育现象就已经存在。春秋战国时期的体育不仅能够反映我国古代体育起源和演变过程，而且也是我国古代体育项目和形式的源泉，是一笔宝贵的文化遗产。

（三）初步形成了体育组织，有了群众性的体育竞赛

游戏或体育竞赛规则的制定，一是有利于公平比赛，二是可以决出优劣胜负，三是可以培养和激发参赛者取胜的决心和斗志。因此，当体育游戏发展到有了一定规则的时候，体育游戏就朝体育运动更近了一步。前面提到的“乡射礼”，有裁判、比赛规则和计分方法，实际上是一场群众性的体育竞技比赛。虽说周礼不提倡人们刻意追求输赢，但比赛规则的制定毕竟还是为了辨别优劣、决一胜负，而且人的正常心理毕竟更倾向于赢得比赛，博得观众的喝彩。所以，比赛尤其是群众性的大型的比赛活动，会极大地激发人们的参与意识、训练意识和获胜的信念与勇气，普遍地提高人们的竞技水平，从而达到体育锻炼和智力成长的目的。

（四）河洛地区的民间体育

春秋战国时期，奴隶制度向封建制过渡转变，思想上百家争鸣、精神解放，奴隶主阶级垄断体育的局面被打破，民间传统体育活动蓬勃发展起来，这种情况在中国古代尚属首次。在河洛地区各诸侯国大小都邑中，相继出现了下列直接用于健身娱乐的体育活动。

（1）蹋鞠，亦称蹴鞠，始于战国时期。“鞠”是皮球，“以革为囊，实以毛发”。《史记·苏秦列传》载：“临淄甚富而实，其民无不吹竽鼓瑟，弹琴击筑，斗鸡走狗，六博蹋鞠者。”

（2）弄丸，亦称跳丸。《庄子·徐无鬼》载："市南熊宜僚弄丸，而两家之难解。"注："市南有勇士熊宜僚者，工于丸，士众称之，以当五百人，乘以剑而不动，捶九丸于手，一军停战而观。"可以连续抛弄9个弹丸于空中而不坠地，可见弄丸技术的高超。

（3）秋千。据《古今艺术图》载："秋千，北方山戎之戏，以习轻捷者。齐桓公伐北戎，流传入中国。"这是说秋千是在公元前600多年时由北方少数民族地区传入中原的。

（4）围棋。围棋又名为"弈"，在春秋战国时期已很流行。孔子说过："饱食终日，无所用心，难矣哉！不有博弈者乎，为之犹贤乎已。"（《论语·阳货》）又《左传·襄公二十五年》载："今宁子视君不如弈棋，其何以免乎？弈者举棋不定，不胜其耦。而况置君而弗定乎？必不免矣。"以上两例，说明在公元前数世纪时围棋已经为常见的文娱活动。战国时期还出现了下棋的高手弈秋，孟轲称赞他是"通国之善弈者也"（《孟子·告子》）。

（5）象棋。正式记载见于战国时期，《楚辞·招魂》中提到："菎蔽象棋，有六博些；分曹并进，遒相迫些；成枭而牟，呼五白些。"这里所说的象棋、六博显然是两种游戏，三、四两句说的是象棋的下法，五、六两句说的是六博的玩法。又《说苑·善说》记载，雍门子周对孟尝君说，"足下千乘之君也……燕则斗象棋而舞郑女"。以上两例说明象棋的产生当在战国时期或更早。

三、夏商周时期河洛古都体育文化的特色

夏商周时期，河洛古都体育文化有着鲜明的特色，即军事性、生存性、游戏方式、伦理教育、社会性。

1. 军事性

军事性即适应国家安全和军事斗争的需要，通过军事技能、体能和耐力等项目的训练，大量培养武士。

2. 生存性

这一时期的主要交通工具是车马，狩猎依然是人们的主要生存方式，因此最重要的生存技能是射、御，无论是在军营、战场还是日常生活，都离不开这两项技艺。

3. 游戏方式

从某种意义上说，体育本身是有文化内涵的游戏，游戏可以锻炼思

维，有利于儿童的身体成长，并为未来参加规范的体育活动打下基础；游戏具有随意性、门槛低的特点，可以算作低级的体育活动。夏商周时期有不少体育游戏活动。如民间的射箭、剑术、角力、举鼎、拳术、跳跃、投石等活动，既是游戏活动，也可以归于体育范畴。

4. 伦理性

伦理教育为夏商周时期的体育思想所重视，活动或运动成绩并非其根本目的，其体育过程当中的规范性和对参与者的伦理教化才是被强调的，重过程而不重结果，希望通过一系列的身体活动来巩固社会伦理规范，因此带有强烈的伦理色彩。

5. 社会性

社会性即体育活动被用于国家间、地域间的社交场合。例如前面介绍的周代的射礼，其中的大射礼就是国家交往中的一种高规格的礼仪活动。这既是文明的进步，也是体育文化的内涵之一。

四、夏商周时期河洛古都体育文化的历史地位

根据以上对夏商周时期体育文化现象的介绍、分析和研判，我们认为夏商周时期是中华民族传统体育的孕育时期，也是河洛古都体育文化的形成时期。这一时期，从生产劳动中分离出高级别、规范化的文体活动，表现为与军事、教育、礼仪等社会活动融合的趋势。虽然体育尚未形成一个独立的门类，但体育文化的雏形已基本显现：体育教育内容在日益拓展，教育宗旨日益拓展，教育对象日益扩大，引导着体育教育及活动在地方普遍开展，竞技体育萌芽，体育项目竞技化成为一定趋势，深深影响着河洛区域体育文化的形成与发展。射和射礼、御、文舞和武舞、拳、搏等基本体育概念与比赛规则逐步形成，为当代中国体育发展奠定了基础。

五、东周河洛体育文化遗址个案——天子驾六

2003 年 3 月，在河南洛阳市西工区市中心广场的施工地段，洛阳考古队发现了大型墓葬群，1.6 万平方米的施工范围内共有 397 座墓葬，其中不乏较为罕见的大型墓葬——带墓道的“甲”字形墓葬两座，同时出土的还有 20 座中型墓及 17 座车马坑，这在洛阳市 50 多年来的文物出土记

录中是绝无仅有的，其中的车马和马坑数量是洛阳迄今为止出车马坑数量的总和（见图3-12）。据考古权威人士预计，遗址包含东周时期墓葬600余座，车马坑约30座；墓葬的类型也十分全面，涵盖了大型墓、中型墓和小型墓。大型墓带有独立的墓道，中型墓数量居中，小型墓数量最多，以墓群的形式呈列。东周特殊葬制——积石积炭墓，在遗址中的大中型墓中值得一提。

车马坑遗址中，埋马陪葬坑与车马陪葬坑具有。最大的车马坑宽7.2米，长42米，两排6匹座驾车马保存完整且有序排列，车乘的车辕、车体铜构件、马骨骼都一目了然，其规模与规格在国内考古界实属罕见。

图3-12　洛阳天子驾六博物馆

“天子驾六”，顾名思义，指的是用六匹马拉着两辆马车的陪葬形式，是我国古代的一种针对皇帝级别人物所采取的礼制行为（见图3-13）。逸礼《王度记》记载：“天子驾六，诸侯驾五，卿驾四，大夫三，士二，庶人一。”①

天子驾六古墓群在洛阳的出土，不仅为我国考古史上“六马之驾”猜测提供了有力佐证，而且也表明了车马在我国古代军事中的重要地位和民间车马运动的盛行。

① 易剑东：《论体育的文化本质与特征》，《南京体育学院学报》1999年第13期。

图 3-13　天子驾六

从“天子驾六”等古墓群族葬可知，与家族制度相匹配的作战形式为以军马为核心，以车战为战争特色。西周春秋时期，氏族群居而生，同属一个军事单位，生产、消费同步，各级贵族拥有自己的族军。宗族实力日益壮大，西周晚期族军成为军队核心力量。

车马占据重要军事地位，也是礼的表现。《文献通考》卷一百十七《王礼考十二》记载，周代“致仕之老及后乘”安车；汉代“乘舆、金根、安车、立车，是为德车。五时车，安、立亦皆如之……所御驾六马，余皆驾四。皇太子、皇子、公、列侯皆乘之。自汉以后，亦为副车。晋制因之。天子所御则驾六，其余并驾四。三公下至九卿，各一乘，公驾三，特进驾二，卿驾一。宋因之”。《文献通考》卷一百十六《王礼考十一》记载，天子车制包含乘舆、金根、安车、立车，详述轮、毂、较、轼、盖等规格，“画日月升龙，驾六马”，“所御驾六余皆驾四后从为副车”，表明地位与财富的重要衡量标准为车驾数量与装束情况。

随着车马驾驶技术的发展，在我国奴隶社会末期出现大量优秀驭手，御为“六艺”之一，御车成为学校教育重要科目，《礼记・王制》有关周代王制武教描述道：“大司徒教士以车甲，凡执技论力，适四方，赢股肱，决射御。”《论语・子罕》描述孔子为御车高手，达巷党人曰：“大哉孔子！”子闻之谓门弟子曰：“吾何执？执御乎？执射乎？吾执御矣。”孔子面对赞美，谦虚地说自己最擅长的可能是驾车！

从交通工具到战争器具，在和平时期又成为娱乐的赛车和表演的戏车：这是我国古代车马运动与古代车马文化的演变过程。①

① 任塘珂：《天子驾六与我国古代车马运动》，《体育文化导刊》2009 年第 9 期。

第四章　秦汉时期河洛古都体育文化

一、秦汉时期河洛古都体育文化概述

公元前 206 年，秦王嬴政建立了中国历史上第一个大一统的中央集权制国家秦朝，但由于各种历史原因，秦王朝仅存在了十五年就灭亡了。汉朝（前 202～8 年，25～220 年）分为西汉、东汉时期，是继秦朝之后中国第二个大一统王朝。汉朝基本延续了秦的政治制度，“文景之治”和汉武帝开疆拓土、锐意进取的政治作为，奠定了汉朝社会安定、国力强盛的局面。汉武帝时代的政治体制、经济制度和文化形态，对后世产生了十分重大的历史影响。

概括而言，秦汉时期是中国社会转型的重要历史时期，也是中国文化整合期。表 4-1 概括了这一历史时期政治经济制度和意识形态的基本内容和结构。

表 4-1　秦汉时期的政治、经济制度和主流意识形态

经济	私有制
政治	中央集权制
地方	郡县制
官员	任期制
意识形态	（1）法家思想：变革，集权，法制 （2）董仲舒的儒家思想：大一统，天人感应，三纲五常

秦汉之前，各朝诸侯国隶属王朝，在内政事务等方面各自独立，但具有为王朝缴贡、朝觐、出兵助王征伐等义务。在政治、经济、军事、思想文化等方面，周王朝疏于对各诸侯国进行严格的控制，因此各个地区得以相对独立地发展。战国后期，秦国实施变法，政治、军事、经济实力增

强，灭六国建秦朝。为了有效地统治广袤的地域、巩固中央集权制，秦采取了一系列的新政和思想文化策略。就体育文化而言，为了巩固统治，防范潜在的社会危机，除了在军队保持了体育文化活动外，秦对民间正常的文化体育活动进行了严格的规制，比如收缴天下兵器、禁止民间习武等。因此，除了养生术、导引和宫廷乐舞被保留下来之外，其他的体育文化项目基本上没有得到正常的发展。

西汉，统治阶级对内锐意进取、励精图治，开创了政治变革的崭新时代。对内则建章立制，休养生息（早期），削减兵员，豁免徭役，重农抑商，统一文字，教化大众，皇权至上的大一统意识深入民心；对外则恩威并重，一方面对匈奴进一步加强军事威慑，另一方面采取“和亲”政策，开放边境，积极缓和与匈奴的关系，为汉代的稳定发展创造良好的地缘政治环境。一系列高屋建瓴、深谋远虑的变革措施，使社会经济得到了发展，社会秩序获得了稳定，人口大量增长（前 202 年，人口为 1500 万～1800 万人。到公元 2 年，人口增加到近 6000 万人）。在相对宽松的政治环境、相对自由的经济政策以及开通丝绸之路等国策的促进下，汉朝的商业经济在波澜起伏中迎来了空前繁荣的局面，主要表现为农业和手工业迅速发展，人口迅速向城市集聚，市场和贸易异常活跃、规模空前，整个社会经济呈现出前所未有的繁荣和活力。

洛阳，在西汉时期是仅次于西安的开放的国际大都市。洛阳所属的河南郡人口总数比都城长安所在的京兆地区还要多；河洛地区的经济发展水平在全国也处于领先水平，洛阳是当时的“五大都会”（五大都会是洛阳、临淄、邯郸、成都和南阳）之一。据史书记载，至西汉后期，洛阳地区的阳翟（今河南禹州，为《史记》记载的夏启的都城）、荥阳、温（今河南焦作市温县）、轵（今河南济源市轵城镇）等“富冠海内，皆为天下名郡”。公元 25 年，刘秀称帝，定都洛阳，史称东汉。河洛地区再次成为全国的政治、经济、文化中心，迎来了新一轮的发展机遇，成为当时世界瞩目、万邦来朝的世界政治中心。

经济基础决定上层建筑。经济基础的巩固和发展，必然会促进政治哲学思想的发展、社会心理的演变以及文化体育事业的发展。尤其在汉朝，各民族、各地区、各阶层的体育活动以及体育文化交流活动异常活跃。通过对秦汉特别是汉代河洛古都体育发展状况的研究（如舞蹈类、武术类、蹴鞠类、游戏类、养生类等），我们可以比较清晰地窥见中国古代体育由军营模式向民间模式的渐变过程，其体育文化的意味愈加厚重。主要表现在以下几个方面。

（1）娱乐性的体育活动逐渐成为体育文化的主要形式。所谓娱乐性体育，是相对于服务于战争需要的军事体育而言的，其主要目的是愉悦身心、强身健体。由于群雄并起、争霸天下的时代特征，春秋战国时期的军事体育居于体育文化的核心地位，如骑马、击剑、角力、拳法、举鼎、投石、奔跑等。这些体育活动的首要目的是训练兵士的体能和技巧，提高军队的战斗力。汉代为中国历史上第一个文化高峰，体育文化活动更加注重生活趣味，强调愉悦人心的功能。如盛行于宫廷内外的雅乐、乐舞百戏、导引养生等，其中“百戏”是南阳汉画像石中常见的题材，是汉代祭祀活动中的重要内容。“百戏”集舞蹈、音乐、鼓舞、杂技、武术于一体，形式多样，变化多端，在民间也颇受喜爱。因此，体育活动逐渐解除了对军事体育的依附关系，朝着相对独立的方向发展，发挥了陶冶情操、愉悦心智、调剂生活、稳定民心的新功能，体现了汉代体育追求精神享受的文化特征。尤其是西汉中期，蹴鞠、百戏、导引术、五禽戏、医疗养生等具有浓厚健体养生色彩的体育形式开始流行。

（2）开放的体育文化交流活动，促进了独具特色的汉代体育文化的形成和发展。西域的舞蹈、音乐、幻术和杂技等，随着“丝绸之路”的开拓，在两汉之际传入中原。《史记·大宛列传》记载，汉武帝元封六年（前105年）安息（国）“以大鸟卵及黎轩善眩人献于汉……是时上方数巡狩海上，乃悉从外国客……大觳抵，出奇戏诸怪物……而觳抵奇戏岁增变，甚盛益兴，自此始”。这里的“大觳抵”“觳抵奇戏”，即“角抵戏”。据此可知，汉武帝时安息的马戏班曾到中国表演角抵、杂耍等技艺。与此同时，少数民族的优秀体育项目也开始被借鉴到中华传统体育活动中。汉朝与西方、南亚诸国和周边各民族体育文化融合的同时，逐渐形成了独具特色的汉代体育文化，并把具有汉代特色的政治外交、新型体育文化形式传播至西方、南亚诸国和周边各民族，为世界体育文化的发展做出了贡献。

（3）西汉中期，在体育的种类和技巧、规模和场地、设备和竞赛制度以及练习套路等方面都有所变革，其规范性均超过了之前的朝代。在下文中对此有所分析，此不赘述。

二、秦汉时期河洛古都体育文化的主要内容

（一）武艺与武术的演进

“武艺”一词出现在汉代，之后经常出现在各种历史文献中。在当时

的历史时期，武艺主要是指个人的军事技能，涵盖了徒手技击、兵刃搏击、骑马射箭、投射等多种攻防格斗技能，具有技术要求高、强度大、杀伤性等特点。战国时期，武艺有了娱乐性和军事技术的双重性，既可防身御敌，又是一种体育运动。

“武术”一词则最早见于南朝，泛指军事技术，也是我们今天的中华传统武术，它与现代武术内涵具有很大的区别。《现代汉语词典》把中国武术分为传统武术和竞技武术，竞技武术是由传统武术演变而来的体育运动；前者的本质是军事格斗，后者的本质是健身游戏。我们认为这种看法与中国武术发展历史是基本符合的。

根据史料研究考证，古代的“武艺”“武术”在本质上差别并不大。“武术”一词在南朝时出现，并不表明武术是在那个历史时期出现或形成的，而是体现了武艺系统内部各项目获得了相对独立的发展，武术具有了自己相对独立的形态，其强体健身的体育本质日益凸显。比如武术中的拳术和器械演练，就源于古代武艺中的徒手技击（手搏）和器械演练。

1. 徒手技击

徒手技击，亦称手搏，是中国古代拳术的一种（拳术包括技击、手搏、使拳、拳法、白打等称谓）。先秦时期的拳术多称为“手搏”，手搏其实就是徒手技击，既包括与野兽的手搏，也包括与对手的格斗。夏王桀、商王纣均擅长手搏，《史记·律书》记载：“夏桀、殷纣，手搏豺狼，足追四马，勇非微也。”由此可见，手搏源于人类的生存斗争。

徒手技击，是春秋战国时对拳术的一种称谓。即在徒手对抗中协调运用身体各部位的功能和技巧，在刚柔相济、虚实变幻中达成自我防卫、战胜敌方的技能，包含一定的战术套路，因此有别于古代的摔跤。《诗经·巧言》中有“无拳无勇，职为乱阶”的说法，说明早在公元前 11 世纪到前 6 世纪就已经出现徒手技击的萌芽。《汉书·艺文志》中收录有《手搏》六篇，这是有关徒手技击的最早记录。

到了汉代，徒手拳术表演和比赛也深受统治者重视，徒手技击获得了很大发展。汉朝面临匈奴入侵的外患之忧，对内倡导全民习武，民间尚武之风盛行，武术相关理论得到发展。晁错提议：“居则习民以射法，出则教民以应敌。”据班固《汉书·艺文志》：“凡兵书五十三家，七百九十篇。”最早的武术著作《兵技巧》记载：“技巧者，习手足，便器械，积机关，以立攻守之胜者也。”《兵技巧》中有《手搏》6 篇，推测为拳法专著，但已失传。还有一种现象值得重视，在宗教寺庙和其他宗教场所也盛行徒手技击，并成为武术演练的重要内容被传播发扬。我们从汉画像石上关于手搏演练的画面[①]（见图 4-1）中可以看出，当时的手搏已经初具武术搏击的特点，拳术、散手（打）的历史最早可以追溯至此。

图 4-1　手搏图

2. 器械演练

秦汉时期，除了徒手技击，器械演练也有了很大发展。器械演练，顾名思义，是手拿兵器进行的双人或多人搏斗。由于不同的器械有不同的特性，比如握持方法和运动方式，所以器械演练需要更高超的武术技能和反应能力。秦汉时期，器械演练的发展得益于社会生产力的发展和冶炼技术的突破。武术器械最初是由生产工具和军事兵器演化而来的，器械演练则是随着器械种类的不断丰富以及徒手技击的发展而出现的。秦汉时期，冶铁技术发展到了很高水平，铁制器具开始进入社会各个领域，尤其是军事领域。铁制兵器具有坚韧锋利、可塑性强、杀伤力大等优点，逐渐取代了青铜兵器，成为主要的兵器种类。例如，铁制的长剑在西汉前期取代了战国以来较短的青铜剑；商周以来长期流行的铜戈也在西汉中后期被铁制的矛和戟代替；东汉时铁镞最终代替了铜镞；铠甲的质量和性能也有了显著的提高。武术器械最终定型为以下几大类：钩击类器械，有戈、钩形器、吴勾等；击刺类器械，有矛、剑、铩、殳、枪、叉等；劈砍类器械，有刀、斧、钺；砸击类器械，有棍棒头、鞭锤等；卫体器械有护臂、护甲、盾牌等（见图 4-2 至图 4-4）。铁质兵器的大量出现和种类的完善，提高了器械技击的竞技要求，也极大地促进了武艺武术的发展。如器械对击，即两人分别手持武器进行对打；还有击剑、剑对钩镶、剑对戟等。

① 闪修山等:《南阳汉画像石・图版 493》,郑州,河南美术出版社,1989,第 6 页。

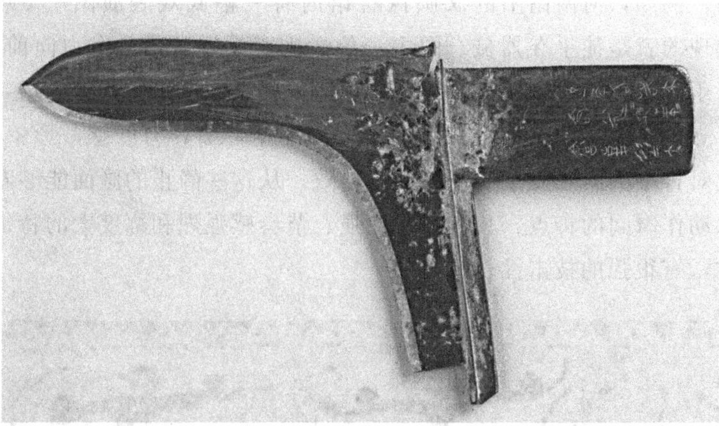

图 4-2　战国“太令”铜戈（1986 年洛阳伊川夜弧岭战国墓出土）

图 4-3　战国“繁阳之金”铜剑（1974 年洛阳西工区战国墓出土）

图 4-4　战国“越王鼫与”铜矛（1988 年洛阳西工区战国墓出土）

秦代，为了适应“近战决胜负”的需要，器械演练得到了较大发展，有单人训练，也有双人训练。器械演练在民间也比较普及。剑舞、刀舞、双戟舞等单人、对练、集体舞套路，常出现在汉代宫廷酒宴中。汉代还通过“试弃”（拳技的考试）选拔武职人员。南阳汉画像石对其有很多详细的画面展示：刀、枪、棍棒、剑戟等兵器一应俱全；包括徒手搏击、徒手夺器械（两人搏击，一人徒手，以拳或掌击敌，另一人持刀、枪、戟等武术器械与徒手者对战）或器械对打；具有了弓步、马步、仆步、跪步等基本步型。例如，河南南阳的汉画像石馆内有一幅武戏表演图①（见图4-5），展现的就是徒手夺器械。图中一位武士双手握长矛，奋力向前刺杀，重心置于矛头；另一人弓步躲闪避开矛锋，推左手格挡，右掌后扬，呈现可攻可守的状态。两位武士武术动作栩栩如生，颇具力度感，形象生动，将武戏对打中的紧张气氛展现得淋漓尽致。从这些静止的画面能够看出这些武术动作瞬间的特点：具有爆发性强、节奏感强烈和幅度大的特征，非攻即防，有很强的技击性。

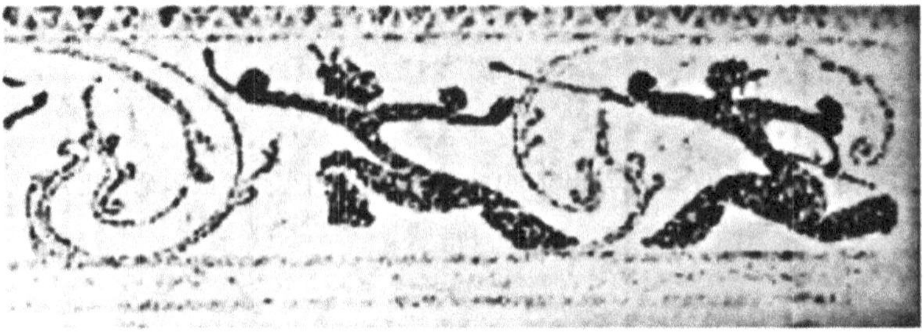

图4-5　徒手与器械技击图

河南郑州也出土一幅击剑图②（见图4-6），画中两位武士分别持有一剑一钩，左侧武士向前击出，手中剑刺向对手上身，右侧武士下蹲格挡。

图4-6　击剑图（河南郑州汉代画像石）

唐河县有一幅画像石，内容为矛剑对击，画面中主体为两位头戴面具的武士，分别头戴尖形帽子，腰间束带，英姿飒爽（见图4-7）。右侧武士横扎马步，稳稳站立，手中长矛刺向对方；左侧武士躲开矛头，逼近敌人，左手抓着对方矛柄，右手挥动短刀，以发挥短刀的优势。此图真实地

① 闪修山等：《南阳汉画像石·图版493》，郑州，河南美术出版社，1989，第6页。

② 闪修山等：《南阳汉画像石·图版493》，郑州，河南美术出版社，1989，第6页。

再现了汉代器械击刺攻防技术。①

图 4-7　刀枪对击图

武器对击在当时还有许多其他形式，如剑对戈、剑对戟等。如图 4-8 所示，三位头戴面具的武士，左侧一人似乎被击中，单手支地，而佩剑已被击至空中。以上画作表明，汉朝的器械演练在民间已经普遍流行。

图 4-8　技击图汉画像砖拓本

秦汉还继承了春秋战国时期击剑的遗风，皇室、贵族、士大夫、文人雅士无不以佩剑为荣，击剑成风。击剑盛行，精于剑术之人出现，即为“剑客”。汉武帝时期，长安剑客云集，击剑比赛繁多，击剑运动演变为体育项目。在中国历史上著名的“鸿门宴”上，项庄欲以舞剑为机刺杀刘邦，不料“项伯亦拔剑起舞……庄不得击”。可见击剑在当时已经成为宫中较为普及的一项运动。

西汉时，由于冶铁技术的发展和铁制兵器的出现，汉军组建了一个新的兵种——骑兵，并摸索出了新的骑兵作战方式——战士骑马持戟，用步兵正面冲锋的方式机动灵活地偷袭敌方，与敌方近距离短兵相接，因此在抵抗匈奴入侵的战斗中屡屡获胜。由于长戟逐渐替代了长度有限的刀剑，

① 周到等:《唐河针织厂汉画像石墓的发掘》,《文物》1973 年第 6 期。

剑术在军队里逐渐失宠。但它作为一项体育竞技，在民间却获得了宠爱，民间击剑活动经久不衰。

秦汉时期，击剑还逐渐演变成一种新的体育文化形式——“剑舞”（见图 4-9），即融合剑术与舞蹈的一种用于表演性质的娱乐活动，形式包含双人舞剑、一人多剑等。

由击剑运动发展而来的剑舞、鼓舞等活动具有剑术运动和武术的双重属性，隶属于武舞范畴。武舞，是我国古代早期兼具舞蹈和武术特点的活动形式，具有浓厚的思想性、娱乐性和健身性。因此可以说，武舞也是中华武术先导之一。因为无论是舞蹈活动还是体育运动，作为一种运动形式，都是伴随着人类的生产生活而出现的，通过身体语言把情感传递给观众，既具有生物性特征，又带有深厚的人文色彩。两者的活动方式可谓异曲同工，有着相似之处。但当军事剑术演变为剑舞之时，寓刚烈寒锋于柔美的舞姿之中，其审美情趣跃然纸上，文武兼备、刚柔相济的哲学意味悄然孕育。

图 4-9　项庄舞剑图

综上，我们可以得出以下基本观点：秦汉时期是中华武术发展的重要历史时期。这一时期武术演变的主要特征是：除了“防身杀敌”“以立攻守之胜”的实用之术外，在道家精神和儒家文化的熏陶下，武术运动的德育功能再度彰显，追求心态平和、以柔制刚、以文会武、以和为贵、止恶扬善、制止侵略等文化素养和精神气质。因此，虽然进攻招式依然咄咄逼人，但避让防守招式亦获得了重视和发展，简单的武术套路刚柔兼济、虚实相生、进退有据，增强了防御手段，减少了伤残事件。另外，“沐猴舞”“狗斗舞”“醉舞”“六禽戏”“五禽戏”等观赏性、健身性的象形舞，均具有早期象形拳术的特征。

（二）角抵（相扑）

秦以前称“角抵”为“角力”。春秋战国时期，角力有了较大发展，成为练武与娱乐结合的项目。秦朝改为“角抵”。随着冶炼技术的发展和铁制武器的出现，角力克敌制胜的功能和作用在急剧下降，开始向社交礼仪和娱乐方向转化，并走向民间，演变为大众喜闻乐见的角抵戏。班固在《前汉书·刑法志》中载：“春秋之后，灭弱吞小，并为战国，稍增讲武之礼以为戏乐，用相夸视，而秦更名角抵，先王之礼没于谣乐中矣。”这是“角抵”名词首次出现。

秦朝，出于防范造反、安抚民众的政治需要，秦始皇罢武礼、息兵事，并把角抵活动推向了前台，从而使角抵转变为一种大众喜闻乐见的体育游戏。秦始皇甚至还把角抵戏作为阅军大典的重要内容，旨在强化“讲武之礼”。所谓“讲武之礼”，是中国一项古老的传统礼仪制度，是涉及重大军事活动或天子检阅军队时所遵循的一套礼仪制度，也是炫耀国力君威的重要手段，其形式是两相角力搏斗，具有一定的表演性和观赏性。《文献通考》云：“秦并天下，分为三十六郡。郡县兵器聚之咸阳，销为钟镰；讲武之礼，罢为角觝。”其实我们推测其真正的原因是，秦国是在中原地区建国的，统一天下后，其军队主要为步兵，作战技能以徒手搏斗为主，角抵因此被确定为阅军大典主要内容。1979 年，湖北省江陵凤凰山秦墓出土木篦，漆绘的人物画出现在圆拱形木篦背面两侧。摔跤图绘于一面：两人对搏于右侧，一人观看在左。三人赤裸上身，均穿三角形短裤，长带系于腰间，打结于腰后，垂于臀两侧。双方正向对搏，左侧立者似裁判，两臂前伸，帷幕飘带下垂，说明正在台上进行摔跤。

汉初，由于冷兵器的推陈出新、战略战术的变化等，曾经短暂废除了角抵。但到汉武帝时，他十分偏好角抵表演，因此角抵在宫廷中被保留下来。当这项娱乐形式再度在民间盛行时，它在形式、内容、规模和体系上已经获得了极大发展，更加丰富绚丽、新奇精湛，甚至还穿插着儿童的百戏表演，极富吸引力和感染力。《汉武故事》中有这样一段记载：角抵之戏，“汉兴虽罢，然犹不都绝，至上复采用之，并四夷之乐，杂以童幼，有若鬼神”。东汉时“角抵”演变为“百戏”。东汉文颖的《汉书注》说：“名此乐为角抵者，两两相当，角技艺射御，故名角抵，盖杂技乐也。”

今河南省新密市出土的东汉时期墓冢中的画像砖上刻有角抵的彩绘人物形象：两位几近裸体的勇士相互对视，对峙而立，似乎在尝试着向对方进攻，同时两人还使出了绊腿的技法，来限制对方的身体移动

（见图 4-10）。

图 4-10　角抵（河南新密打虎亭 2 号东汉墓出土）

在另一座发现于今山东临沂的汉代墓葬中，出土有一幅彩绘帛画，包含了三个人物形象：一人身戴长帽，腰间系着红带，穿着肥袍；另外一人头戴箭形头饰，双手佩戴红镯。两人都怒目圆睁，张大嘴巴，手臂大开，呈准备搏斗状。最后一人大衣宽帽，两手交叉于胸前，应该就是今天的裁判。从对出土文物的对比观察可知，秦汉两代的角抵在比赛的场地、服饰及动作上已有了不同。汉代角抵有了向相扑方向演变的迹象。

从另一个方面看，西汉的角抵较之秦代的角抵戏也有了很大发展，它不再局限于两相角力的表演技巧，而是发展为多种形式的角抵戏。《汉武故事》中对此作过如下叙述："未央庭中设角抵戏。角抵戏者六国所造也，秦并天下，兼而广之，汉兴虽罢，然犹不能绝。至上（汉武帝）复采用之，并四夷之乐，杂以童幼，有若鬼神。"可见西汉时期的角抵已经脱离了传统体育的范畴，成为后代戏剧的滥觞。其主要原因是汉武帝通使西域后，从中亚、西亚等地区的国家传入了一些具有异域特色的舞蹈音乐和杂技幻术，受到这些形式的启发，人们对角抵进行了改革和创新，角抵伴以音乐伴奏和故事情节，遂发展为一项规模宏大的综合性文体娱乐活动。[①] 据史书记载，汉武帝为了招待外国使臣，经常安排这种规模盛大、多姿多彩的综合性汇演，"作巴俞、海中、都卢、砀极、鱼龙、漫衍、角抵之戏"。

西汉时期的角抵戏深受社会各阶层的喜爱。《汉书·武帝本纪》记载

① 白云翔：《先秦两汉铁器的考古学研究》，北京，科学出版社，2005，第 212 页。

汉朝角抵戏规模轰动京城，百姓深爱角抵戏，跑百里以观。传闻冀州民间角抵游戏盛行："其民三三两两，头戴兽角相抵，名唤'蚩尤戏'。"显然，"蚩尤戏"就是古老的角抵。这种在公开场合进行的民间竞技表演活动，已经具有了体育摔跤的基本特征。

汉武帝以后，统治阶层对角抵戏的追捧到了无以复加的地步，追求场面的宏大和装扮上的奢华，统治者奢靡，百姓难以承受。汉元帝下令，罢角抵诸戏。哀帝取消俗乐乐府。尽管如此，并未能彻底禁绝角抵演出。东汉王朝建立后，由于统治者的意志，角抵戏有所复兴，并发展为"百戏"。张衡在《西京赋》中生动地描写了"百戏"的宏大规模和盛大场景：每次演出分五场，每场之中又包含许多内容。可见"百戏"已经发展为包括舞蹈、武艺，杂技、歌咏和幻术的综合性汇演。东汉统治者观看角抵戏可见于《晋书·乐志》："后汉正旦，天子临德阳殿受朝贺，舍利从西方来，戏于殿前，激水化成比目鱼，跳跃嗽水，作雾翳日。毕，又化成龙，长八九丈，出水游戏，炫耀日光。以两大丝绳系两柱头，相去数丈，两倡女对舞，行于绳上，相逢切肩而不倾。"东汉百戏演出虽然中西合璧、花样翻新，但传统的角抵戏仍然是其中一项重要内容。东汉时期还恢复了角抵戏的礼仪功能，作为接待国外使节的一项礼仪表演项目。

综合考察分析上述史料，我们得出以下初步看法：①从前秦时期到东汉末年，作为古老摔跤游戏的角力一步步由角力、角抵发展到角抵戏、百戏；反过来看，东汉之后的"百戏"肇始于古老的角抵和传统的角抵戏。②汉代角抵百戏演出具有双重特性——武技性和娱乐性并存。这一特点不仅对中国传统舞蹈杂技、武术的发展影响深远，而且为后世的综合性戏曲艺术的产生奠定了基础。

（三）蹴鞠的盛行

《辞海》是这样释义"蹴鞠"的："蹴鞠，亦作蹋鞠、蹵鞠，中国古代足球运动，用以练武、娱乐、健身……"明《太平清话》记载："踏鞠始于轩后，军中练武之剧，以革为元囊，实以毛发。"是说蹴鞠始于黄帝，最初是用于军事训练。鞠用兽皮缝制，做成圆形，里面填充毛发。

《史记·骠骑列传》中也有类似记载："鞠以皮为之，中实以毛，蹴蹋为戏也。"蹴鞠是古代的一种亦武亦文的游戏，也是现代足球的前身。2004 年 7 月 15 日，国际足联向世界正式宣布"足球起源于中国"，其依据之一是"蹴鞠"是世界范围内史料记载最早的足球活动。据《战国策·齐策》载，苏秦做了赵国的宰相，为了联合齐国共同抗击秦国，他出使齐国，劝说齐宣王：“……临淄甚富而实，其民无不吹竽鼓瑟，击筑弹琴，斗鸡走犬，六博蹋鞠者。”由此可以看出，距今2300年前，在齐国临淄就已经广泛地开展了蹴鞠活动。前文的分析也表明，蹴鞠在春秋战国时就已经流行。蹴鞠运动兴盛于齐国，是有具体原因的。当时的齐国拥有繁荣的经济、多元的思想文化、发达的科学技术、尚武的社会风俗。齐国历代君王大多喜猎尚武，军力强盛，出了不少军事理论家，有“齐国兵学甲天下”之说。蹴鞠活动亦武亦文，非常适应当时代的需要。那时的鞠是由四片皮子缝制而成，实心。

秦朝时，蹴鞠活动一时陷入沉寂，但在军中依然保留了一席之地。由于出现了步兵和骑兵相结合的新的作战方式，对士兵的体能、速度、耐力和灵巧性等身体素质提出了更高的要求，蹴鞠作为一种能够锻炼和提高士兵体能和耐力的训练项目，被流传了下来。

在河南的南阳和郑州出土过一些汉代画像石“蹴鞠图”（见图4-11），可以直观地印证汉代蹴鞠的基本状况。学者们通过对多幅“蹴鞠图”的研究，认为汉代的蹴鞠活动主要有两种形式：一种是服务于军事训练的直接对抗的蹴鞠竞赛，另一种是非竞赛性、有音乐伴奏的蹴鞠表演。前者的体育和健身功能显而易见，后者更多的则是休闲娱乐功能。

4-11 蹴鞠图

首先，从当时的军事态势来看，由于北方匈奴的威胁一直未能消除，朝廷上下尚武之风依存。但西汉初年，由于国力尚弱且百废待兴，所以统治者对外用兵十分慎重，对频频来犯的匈奴也多采取“和亲”的安抚政策。明目张胆的军事演练显然不合时宜，通过蹴鞠形式开展军事训练，就具有了非常隐蔽而现实的军事价值。“今军无事，得使蹴鞠”说的就是练兵的一个典故，说明蹴鞠在军事训练中仍然扮演着十分独特的角色。通过有规则的争抢、奔跑、带球跨越，斗智斗勇，既可以提高士兵的身体素质、彰显士兵协作和顽强拼搏的精神，也可以达到放松身心的目的。骠骑大将军霍去病就是蹴鞠高手。他在北征匈奴的时候，还训练士兵“穿域蹴鞠”，其“僻脱承便，盖象兵戍”。表明这是一种激烈的直接对抗性比赛，一方如果想获得进攻的机会，就必须摆脱对方，因此可以有推、摔等粗暴动作；对方想要摆脱掉对方的纠缠，就要快速奔跑，就像打仗一样，以此锻炼士兵的意志、体能和协作精神，保持旺盛的战斗力。东汉时有一本关于蹴鞠的兵书，著名史学家班固在编撰《汉书·艺文志》时，将蹴鞠列入“兵技巧”类，归为军事训练项。所谓“技巧者，习手足，便器械，积机关，以产攻防之胜者”，是说蹴鞠能锻炼士兵的身体，使其能灵活使用器械，是战争取得胜利的保证。在今河南南阳方城县东关石墓门的背面，刻有一幅蹴鞠的画面，表现的正是军事化的蹴鞠。

其次，娱乐性蹴鞠得以发展。娱乐性蹴鞠主要流行于宫廷和民间。据说汉武帝、汉成帝都非常喜欢蹴鞠。《西京杂记》记载：“成帝好蹴鞠，群臣以蹴鞠为劳体，非至尊所宜。帝曰：朕好之，可择似而不劳者奏之。”说的是汉成帝爱好蹴鞠，群臣怕他劳累过度，特别提供了一些其他的游戏供他娱乐。上行下效！由于皇帝亲身蹴鞠的示范效应，蹴鞠成为了上至文武百官，下至市井百姓都喜欢参与的一项娱乐活动。桓宽的《盐铁论》中说，西汉社会承平日久，“贵人之家，蹴鞠斗鸡”为乐，一般的人们也是在“康庄驰逐，穷巷蹴鞠”。由此，蹴鞠运动的发展在汉朝达到了第一个高峰。《会稽典录》记载：“汉末三国鼎峙，年兴兵革，上以弓马为务，家以蹴鞠为学。”表明从西汉一直到三国初期，蹴鞠都广泛流行于民间。

再次，出现了表演性蹴鞠，即音乐伴奏的乐舞式蹴鞠，因此女性蹴鞠也登上历史舞台。这种蹴鞠形式展示的是高超的玩球技术——在鼓乐伴奏下进行以脚、膝、肩、头等部位控球技能的表演。从汉画像石所描绘的蹴鞠表演看，有单人蹴一鞠、单人蹴二鞠、双人边击鼓边蹴鞠等形式；有足踢、膝顶、双腿齐飞、单足停鞠、跃起后勾等技术动作。有人称之为“蹴鞠舞”，是百戏中的重要节目。由于蹴鞠舞的出现，女子蹴鞠也随之出现。

在中原一带出土的蹴鞠图可以在实物形态上佐证以上内容。例如，河南登封市启母阙汉石刻画“蹴鞠图”，图中共有四人，中间一女子高髻束腰，身着长袖长衣，挥动两臂，抬起一足蹴鞠，左侧有两人坐观，右侧有一人拱手跪坐观看。登封少室阙石刻画中有一幅“进谒蹴鞠图”，图画分为两个部分，图左边有四人，三人持谒进见；图右侧为四人，分坐两边观看表演，中间一人挥动长袖，身前有一凌空的蹴鞠。这表明蹴鞠表演也可供人观赏，是汉代达官显贵最喜爱观赏的节目之一。蹴鞠表演还常常有音乐伴奏，很多汉画像石上的图画就反映了此类活动。如河南省南阳发现的一块汉画像石（见图 4-12），画面上一人梳高髻，穿长袖舞衣，在舞乐的伴奏下两足各踢一球，显示了高超的个人技术。

图 4-12　乐舞百戏——倒立、蹴鞠舞

河南登封少室阙汉代画像石中的“蹴鞠图”显示，中间长袖舞衣女子腾空踢球，左、右各一人端坐似奏乐[①]（见图 4-13）。登封启母阙画像蹴鞠图中，高束头发女子身穿长袖衣裙，位于中间，弯身踢球，左、右各有伴奏一人（见图 4-14），反映了当时蹴鞠运动流行于女子之间。可推测，汉代女子蹴鞠运动就已兴起，可追溯为世界女子足球运动的起源。

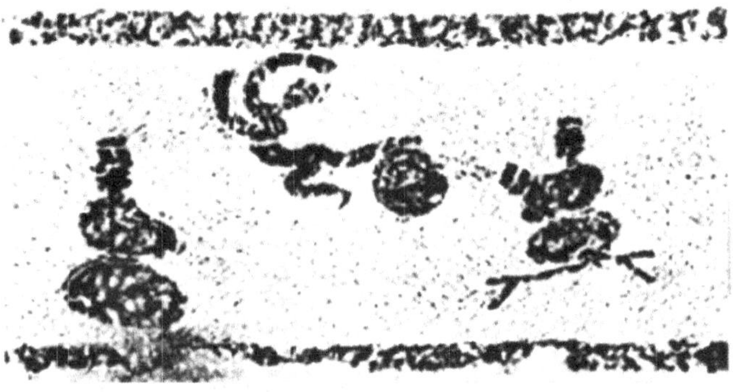

图 4-13　乐舞蹴鞠图（河南登封少室阙汉代画像石刻）

① 吕品：《中岳汉三网》，《河南文博通讯》1979 年第 2 期。

图 4-14　女子蹴鞠图局部（河南登封启母阙汉代画像石刻）

最后，出现了竞赛性蹴鞠，推动了蹴鞠比赛方法和规则的完善。据东汉李尤《鞠城铭》记载："圆鞠方墙，仿象阴阳。法月冲对，二六相当。建长立平，其例有常：不以亲疏，不有阿私；端心平意，莫怨其非。鞠政犹然，况乎执机！"[①] 我们可以据此推测出汉代蹴鞠的基本规则：①蹴鞠有专门的术语和运动场所，球场叫作"鞠域"或"鞠城"，球门叫作"鞠室"。②鞠场为长方形，四周设有围墙，有坐南面北供观赏的大殿；场地分为阴阳两半，四周有看台。③比赛时，双方各有 6 名球员在场上进行比赛，设队长一名、守门员一名，同时设有正、副裁判。④采用直接对抗的方式，比赛的胜败以进球的多少由裁判员来公正判定。这些都说明，相较于之前的朝代，汉朝蹴鞠的比赛规则已经相当规范了。

（四）马术

马术是一种以赛马、马上技巧等为主的体育活动，起源于古时的御车、御马技术。古代作战，要求战车的战马与战车协调，战马移动快速准确，因此在技巧与协调性方面，对战马实施系统训练，马术比赛由此发展而来。公元前 13 世纪的商代晚期，黄河流域出现人工养殖马，但马术的出现大约是在战国时期。春秋战国时期，由于军事斗争的需要，出现了一个新的兵种——骑兵，马术在军队训练中开始受到重视。代表性的历史记载是赵武灵王"胡服骑射"[②]。由此，马术逐渐成为军队训练的一个项目。到了秦汉时期，骑兵的重要性更加凸显，对骑兵战术的要求也随之提高——骑兵除了要具备强壮的体魄，还要具备娴熟的驭马技术和马上搏斗技术，因此马术有了较大的发展，同时也具备了一些比赛和表演的功能，赛

① 〔宋〕欧阳询等:《艺文类聚·刑法部》,北京,中华书局,1965,第 1 页。
② 〔汉〕司马迁:《史记·赵世家》,北京,中华书局,1975,第 131 页。

马成风。田忌赛马在中国流传极广，《史记·孙子吴起列传》记载，齐威王与田忌赛马，各选上、中、下三匹马对战，田忌三战三败。孙膑为田忌出谋划策，调整比赛战马顺序，以上对中，以中对下，以下对上，两胜一负获胜。赛马虽为当时诸侯贵族赌博取乐项目，但可以说明当时人们已经掌握较高的驾马技艺。

赛马在汉代当时被称为“走马”或“驰逐”，不仅深受百姓喜欢，连王侯将相也趋之若鹜。据史料记载，汉武帝、宣帝、成帝等都喜爱赛马运动。《史记·货殖列传》载：“博戏驰逐，斗鸡、走狗，作色相矜，必争胜者，重失负也。”①

由于受封建传统礼教的影响，中国古代的运动项目普遍强调伦理教化的作用，往往不具有竞赛性。因此，汉代画像中表现赛马的内容并不多见，主要表现的是娱乐性和技巧性的马戏。一些出土文物可以帮助我们进一步考察汉代马术运动的娱乐特点。河南郑州出土的汉代画像砖长 8.5 厘米、宽 5 厘米，“赛马图”（见图 4-15）② 为二骑士挥鞭驰马比赛。骑士赛马亦可见于汉代陶俑。

图 4-15　赛马图（河南郑州汉代画像砖）

秦汉马术体育，主要表现为具有观赏性的马上技巧，强调在奔马上展示惊险动作与优美造型，在众多考古文物中均可见到。登封少室阙石刻“马术图”中，两位女性骑手，一人倒立、一人挥袖，分别立于两匹奔马背上舞蹈，身形矫健，舞姿流畅（见图 4-16）。

① 张华等：《浅析汉画中的足球、马术和举重运动》，《南都学坛》（哲学社会科学版）1996 年第 5 期。

② 周到等：《河南汉代画像砖》，上海，上海人民美术出版社，1985，第 56 页。

图 4-16　马术图（河南登封少室阙汉代画像石刻）

汉代以后，由于马术运动危险程度过高，其中最引人入胜的双车戏车的演出被废止。从唐代开始，交通工具发生变化，马车的使用开始大幅度减少，马术和赛马运动也逐渐淡出人们的视线。

（五）射箭

射箭是借助于弓的弹力将箭射出，在一定的距离内比赛精准性的体育运动。射箭可谓中国传统体育项目的鼻祖。据考古发现，我国对弓箭的应用可以追溯到3万年前的旧石器时代。它既是先人们必不可少的生存技能，也是一项体育活动。先秦时期，射箭主要存在于三个领域：军队、民间和学校。在军队，它是军事训练项目；在民间，它是一项竞技活动；在学校，它是体育训练、道德教化的主要内容之一。战国赵武灵王引入了少数民族射箭技艺，倡导胡服骑射与中国传统射箭融合，射箭体育发展达到第一个高潮。

西汉时，统治阶级确立了“文武并用”的治国方略，建立了全国统一的军队，军队考核与阅兵制度受到统治者的严格管控。每年秋季在京师举办祭祀仪式，武官与士兵同练阵法。在郡国有组织地进行军事技能比赛和考核，奖优罚劣。为了有效抗击匈奴入侵，西汉王朝组建了精锐的骑兵部队，以其机动性和神速性而屡建奇功。尤其是铁制箭镞的出现，使射箭的军事功能得到了空前加强。由于地缘政治和军事态势的巨大变化，骑马射箭在军事斗争中凸显了其重要的军事价值。因此，军队武艺训练的主要内容是张弩发矢，即

图 4-17　汉代彩绘射箭陶俑
（1954 年洛阳防洪渠二段 M72 出土）

习射。当时设有“发弩官”，负责教练弩射的方法和技巧；也有角抵（角力、摔跃）、手搏（拳技）、蹴鞠等武术、技巧训练项目。

汉代的射箭包括步射和骑射这两种类型。

（1）步射，即徒步射箭，是最传统的射术，主要流行于中原地区。具体分为立射、跪射（见图 4-17）和弋射三种基本形式。立射画像频频出现在汉画当中，是最为常见的一项步射技术（见图 4-18）。

图 4-18　山林射猎画像砖拓本（汉代，河南郑州出土）

跪射（见图 4-19）在我国古代出现的也比较早。[①] 对出土汉画的考察结果显示，跪射也是一种常见的施射手段。

图 4-19　武士跪射画像拓本（汉代，河南洛阳出土）

① 周到等:《河南汉代画像砖》,上海,上海人民美术出版社,1985,第 56 页。

（2）射骑，即射手骑在马上射箭。骑射源自中国古代北方少数民族，他们主要活跃在西北边陲（北匈奴地区）。班固曾说："山西天水、陇西、安定、北地处势迫近羌胡民俗修习战备，高上勇力鞍马骑射。"① 河南出土的骑马射鹿画像砖（见图4-20）以及射鹿画像石（见图4-21），对汉代骑射的高超技艺进行了完整的呈现。

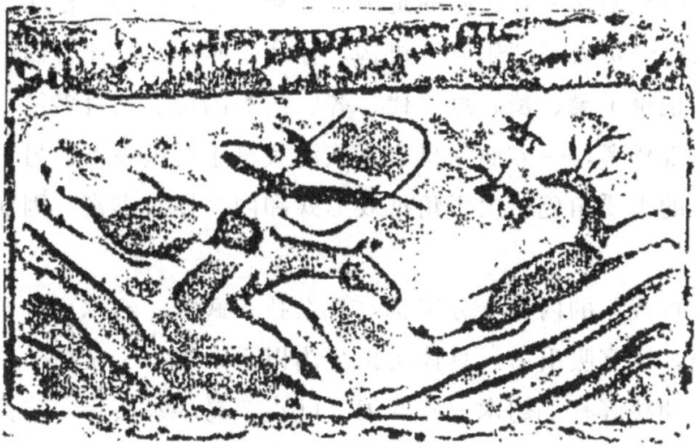

图4-20　骑马射鹿画像砖拓本（汉代，河南郑州出土）

图4-21　射鹿画像石拓本（汉代，河南登封少室阙）

军事射箭项目的发展推动了射箭技术和射箭理论不断完善。西汉时期有了专门的射箭教官——"强弩都尉""护军射师"；每年秋季在边郡举行比武活动，骑兵的比武项目就是骑射，另外还有军事演习之类的大型活动。一些军事将领、射箭高手还对射箭技术进行了归纳和总结，出现了不少关于箭法的专著，仅《汉书·艺文志》记载的射法，就包括《李将军射法》《魏氏射法》等8种69篇之多，说明那时的射箭技术已经比较成熟。

秦汉时期，虽然在贵族中出现了狩猎游戏，但始终没有发展成为一项

① 〔汉〕班固:《汉书·赵充国辛庆忌传》,北京,中华书局,1962,第2998页。

独立的民间体育运动。

（六）技巧运动——百戏

“百戏”是一种融合了音乐、舞蹈、杂技等艺术形式以及体育运动的综合性表演形式[①]，是汉代社会的主要娱乐形式。

汉初，高祖刘邦喜好民间的楚声、楚舞，并在宫廷祭祀活动中引入了俗乐舞。汉武帝扩大了“乐府”机构，任命李延年为协律督尉，大力采集民间乐舞，记录了吴、楚、燕、代、齐、郑等国诗歌三百多篇，乐府还专门培养了一批舞者，一方面为皇宫贵族游戏享乐提供服务，另一方面充当了国宾礼仪的重要角色。由于角抵戏形式和内容逐年丰富，因而最终发展为“百戏”。

汉代“百戏”的内容十分丰富，有杂技、武术、幻术、音乐歌舞等多种技艺表演，极富吸引力。具体可以分为以下六类：①杂技——马术、跳丸、走索、冲狭等。②幻术——吞刀、吐火、易牛马头等。③武打——棍舞、剑舞、刀舞、对打等。④舞蹈——巾舞、铎舞、长袖舞、盘鼓舞、建鼓舞、《巴渝舞》、双人对舞等。⑤假形舞蹈——凤舞、鱼舞、龙舞等。⑥歌舞戏类。由此可知，舞蹈在“百戏”中占有很大比重。

汉武帝元封三年（前108年）春举行过一次“百戏”表演，“三百里内皆观”，可见当时“百戏”表演之盛况。洛阳七里河东汉墓出土的百戏俑，华丽的朱雀羽人飞龙灯下，让人不禁想象“百戏”表演的神奇和惊险。总体上看，“百戏”中的一些内容属于今天的体育范畴；另外一些内容虽然不属于体育范畴，但与体育也有着十分密切的关系。在这里主要介绍与体育关系比较密切的“百戏”中的几个项目：杂技、角抵、走索和舞蹈。

1. 杂技

杂技相关记载较早出现在古代文献之中，《史记·李斯传》记载了秦二世在甘泉宫观看角抵戏的场景。《列子·说符》记载了民间空中掷投五剑、七剑表演。张衡《西京赋》记载了跳剑丸、走绳索、爬高竿运动。

春秋战国时期，诸侯争霸注重网罗门客，既有谋士，亦有武士。在这些门客和武士中，也有很多具有杂技艺术才能，或是身怀奇技异巧或勇力过人的大力士。春秋战国时的门客特点为诸士善技，门客投身公卿大夫，以其技能辅主，一定程度上为杂技奠定了技术发展基础。

狄虒弥、秦堇父同为力士，还拥有杂技技能。狄虒弥一手以大车之轮

---

① 许斌等:《西汉体育文化及其对政治的影响》,《体育文化导刊》2002年第4期。

蒙以甲舞动，一手执戟进攻；秦堇父通过布索登城。狄虒弥舞轮、秦堇父爬布，可谓汉代杂技扛鼎、舞轮、缘绳的代表人物。

汉武帝刘彻雄才大略，喜爱杂技。《史记·大宛列传》记载，公元前108年，汉武帝为彰显国力，举行宴会与赏赐典礼，召集宾客，表演奇技异巧杂技乐舞，包含角抵戏、七盘、鱼龙曼衍与驯兽。同时，古波斯安息使者黎轩是幻术表演家，表演吞刀、吐火、屠人、截马。当时，西域诸国与汉朝交好，一起抵御匈奴外患。

中国杂技在汉代形成发展，汉代角抵戏品种增加，东汉形成杂技“百戏”。汉代杂技已成系列，具备了后世杂技体系的主要内容。

秦汉时期的体育技巧和杂技表演是融合在一起的。从运动方法上来说，体育技巧和杂技技巧都属于技能类运动，但因为体育技巧难度相对较低，被列入体育项目，而杂技因为技艺性要求较高，不适合普及推广，最终被列入了表演艺术范畴。所以，从这个意义上说，我们无法精准地把体育和杂技区分开来。

通过对汉画艺术的归纳研究，我们发现，汉画像中不仅有通常的人物造型，还有许多特殊的动作，如倒立。如图4-22和图4-23所示，陶俑姿势为手倒立，弯腰或直腰，双腿伸直或弯曲。表演者能够以单手或双手的姿势倒立。倒立的环境也有不同：有的倒立在矮物上（见图4-24），有的倒立于高杆上。从表演者人数来说，有单人倒立，有双人相对倒立。总而言之，当时的倒立动作形式多样，表演者形体优美，表演技能十分娴熟。如图4-25所示，两位女性表演者倒立在一方桌之上，身体对称呈弧形，极其飘逸。

图4-22　东汉彩绘三人倒立杂技俑陶樽
（1972年洛阳涧西区汉墓出土）

图4-23　汉代彩绘陶杂技俑
（1993年洛阳市苗南新村出土）

图 4-24　乐舞百戏（倒立、盘鼓舞、弄丸、弄壶）

图 4-25　乐舞百戏（单手倒立二人造型、长袖舞）

除了常见的倒立之外，古代杂技中还包含许多体育因素。南阳汉画中有一幅图，描述了一位身体强壮的男性把大壶置于右手手臂，称为弄壶①，古代举重由此演变。手臂举物要求表演者具有惊人的上肢力量，一般人没有经过训练是无法做到的。在举物的表演中，为了突出娱乐性和新奇性，又有了后来用车轮、壶、石臼等物代替鼎的表演。

2. 角抵戏

角抵狭义指角力，为较量力气的相扑类运动。人与人角抵，人与兽角抵，兽与兽角抵的画面，在汉画中较为常见。百戏中“象人”表演者，可谓职业斗兽士。“象人斗牛”“象人斗虎”“象人斗犀”等画面，在河南南阳一处汉墓画像石中，有 20 多处。载竿，可彰显表演者的力量。山东安丘汉墓百戏图中的载竿，一人举竿，10 人表演，力达千钧。

综合来看，汉代角抵戏具有形式多样、技艺高超、综合性强等特点。这些高难度的表演技巧，只有经过长期的专业训练才能够做得到。汉代留下了大量的与角抵戏有关的文史资料，以及大批的画像石和壁画，生动地

① 闪修山等:《南阳汉画像石·图版 480》,郑州,河南美术出版社,1989,第 6 页。

反映了汉代民间社会生活的情景。河南密县打虎亭二号东汉晚期墓壁角抵图中，两力士倒身对立，四目相对，伺机进攻。二人均扎冲天独角辫，护腹系于腰间，身穿短裙，展现了汉代角抵服饰、情景及体育元素。

汉代角抵戏的丰富发展，反映了中华民族勤劳、勇敢、智慧和乐观的民族性格，也反映了中华民族的创新精神以及朝气蓬勃的风貌。汉代角抵也为中国传统杂技艺术的发展奠定了坚实基础。因此，汉代角抵戏被《杂技源流考》誉为“中国杂技发展的里程碑”。《中国戏曲通史》更是将汉代角抵戏单列一节，对其进行了如下论述：“这种角抵戏极富故事性，对中国戏曲的形成与发展影响极大。”①

3. 走索

走索是另一项常见于南阳汉画中的杂技运动。现有的三幅汉画像砖拓本上刻画了这种高难度的技巧运动的图像。履索（绳技），也就是今天的走钢丝。在图 4-26 中，我们可以看到两辆马车前后相连，表演者在车上，同时相连的绳索上也有表演者，一壮汉蹲在后车之上。

图 4-26　双索戏车图（汉画像砖拓本）

图 4-27 表现的是空中飞人。在绳索中端悬挂的人与前车中爬橦杆的人和后车中正腾空的女伎三人手臂相连，中间的艺伎正把后车中的女伎传递到前车的车厢，整个画面惊险刺激。

图 4-27　斜索戏车图（汉画像砖拓本）

①　张庚等:《中国戏曲通史》,北京,中国戏剧出版社,2006。

4. 乐舞

秦汉时期是中国乐舞辉煌灿烂的时期。秦朝时设置的乐府，专门从事采集民间乐舞和民间音乐的工作。乐舞在统治者的推动下不断形成和发展壮大，为汉代“百戏”的形成和发展打下了坚实基础。

汉代，丝绸之路的畅通促进了民族大融合，由西域和西南越等少数民族传入乐舞、杂技和幻术等艺术娱乐形式。汉代的宫廷艺术家在外来乐舞影响下，加以改造、创新，发展出了新的乐舞形式，使舞蹈技艺大幅提高。有关汉代洛阳四夷乐舞盛况的记载，在班固《东都赋》、东夷《矛舞》、西南夷《羽舞》、西夷《戟舞》、北夷《干舞》中可见。在汉画像石上有多幅胡人表演杂技、幻术和鼓舞的图画。总之，汉代乐舞以楚舞、中原舞蹈与西域舞蹈的结合为特色，既传承了古代传统乐舞的优秀成分，又兼收并蓄了各民族丰富多彩的乐舞形式，更充分地发挥了舞蹈的表现力，丰富了人类传情达意的精神手段，把中国乐舞推向了历史高峰。

汉代乐舞包括杂舞、角抵舞、民族乐舞等多种形式。最大的特点是深受杂技、角抵、幻术、俳优的影响，向高难度发展。尤其是杂舞中的鼓舞，包括建鼓舞、腰鼓舞、盘鼓舞等不同形式。它既有“罗衣从风，长袖交横”飘逸美妙的舞姿，又有“浮腾累跪，跗蹋摩跌”高超复杂的技巧，是“百戏”中最为重要的。我们知道，乐舞文化起源于上古时期的宗教祭祀活动，鼓被视为沟通天地鬼神的重要礼器，乐舞反映了祖先降神和娱神的宗教信仰，包含诸多神秘的文化信息。汉代，乐舞仍然是各种祭祀活动中的重要内容，但开始朝着世俗娱乐的方向发展，娱人的功能不断得到强化。中原恬淡自由的舞蹈风格与西域热情奔放的舞蹈风格相互融合发展，逐渐形成汉代特色的乐舞蹈风格，其独特的审美意识，在汉代“盘鼓舞”（见图 4-28）画像石上有所体现。这个舞蹈至今在安徽、陕西的民间尚有流传。

洛阳汉墓中出土的乐舞百戏群俑（见图 4-29），反映了汉代歌舞百戏的盛况。汉代乐舞百戏墓壁墓砖画的画面中，戏剧表演人物的表演项目多融合歌、乐、舞、百戏等多种艺术形式，将汉代百姓喜闻乐见的俗乐用绘画造型栩栩如生地展现出来。

汉画像中出现的一些动作，是当时乐舞“百戏”的组成部分。这些动作在现代的杂技或体操中都能看到，说明这些鼓舞文化虽然历经了上千年，因其内在所具有的生命力而历久弥新，得到了良好的传承。

图 4-28　盘鼓舞（南阳汉代画像石）

图 4-29　乐舞百戏——长袖舞、俳优（南阳汉代画像石）

综上所述，这一时期的杂技、角抵、鼓乐舞蹈等表演形式，都被杂糅进了“百戏”之中，表现为一种综合奇妙的艺术形式，似乎看不到体育的身影。但我们还是能够从中发现，在百花齐放的“百戏”之中，已经孕育了古代体育文化，因为杂技、角抵、舞蹈和体育运动都属于身体运动，体育文化就涵盖在这种多元的身体运动中；体育运动也在不断地吸收着各种人体运动文化的特色和功能，逐渐形成一个独立的领域。例如，舞蹈艺术的美、杂技功作的难、戏曲武打的巧，逐渐从“百戏”中分离出来，发展为体育运动。今天的艺术体操门类，应该可以溯源到“百戏”繁盛的那个时代。另一方面，乐舞这种艺术形式，和体育因素相互依存、相互激发、融合发展，不仅有效地化解了体育活动的紧张、枯燥和乏味，更增添了体育运动的艺术成分、审美情趣和愉悦身心的文化功能，也有利于达成平衡阴阳、舒筋活血、健康长寿的目的。从这个意义上讲，我们也很难把它严格地划入游戏娱乐的范畴。

西汉末年，“百戏”一度遭到禁止。其原因大致可以归纳为以下几个方面。

一是社会政治因素。汉武帝时期，观看角抵表演成为上至帝王、下至百姓的主要娱乐方式，更进一步地上升到了政治层面，成为统治者炫耀国力、夸大繁荣的政治手段。武帝以后，角抵戏更是异化为上层阶级竞相攀比、寻欢作乐的工具。这种不计成本的大型娱乐活动，给国家和百姓带来了额外的经济负担，民怨遂起。汉元帝时期，贡禹进谏“罢角抵诸戏”，随后，汉哀帝改革乐府机构，取消主管俗乐的乐府，理由为俗乐扰乱雅乐。西汉后期，汉室愈发腐败奢靡，社会矛盾空前激化，外戚王莽掌控了政权，取汉室而代之，建立新朝。王莽登基后，对周边各民族采取了一系列歧视和压迫政策，因此引发了匈奴和西域各国对新朝的大规模反抗。很快新朝覆灭，中原大乱。乐府的传唱在此期间逐渐偃旗息鼓，角抵戏等“百戏”进一步受到压制和打击。

二是地域及民族文化背景的差异。汉朝有很多外来的体育运动项目传入，如西方的舞蹈、杂技和幻术等，令人耳目一新，倍感新奇，一时间受到上下阶层的追捧，并在一定程度上挤压了本民族传统的“百戏”项目。但最终由于中西文化的巨大差异和地域文明的巨大落差，新的戏法并没有获得有效的巩固。而传统的“百戏”项目也处于停滞发展的阶段。

三是统治者的意志。《汉书·刑法志》中的一些内容流露出了汉代统治者对百戏技艺表演的鄙视态度。

（七）棋类游戏的发展

棋类运动作为休闲体育，兼具竞技性与娱乐性。相对于其他体育运动来说，棋类运动更加强调智力、战略战术的运用和展示，具有很强的益智性、竞争性和文化内涵。据考古发现，我国的棋类活动最早出现于商周时期。发展到了秦汉，以六博棋、塞棋和围棋为主的一些棋类活动逐渐成为主流。

1. 围棋

围棋，又称弈棋，“对弈”即下围棋。琴、棋、书、画这四艺中的棋，指的就是围棋。围棋起源于中国，蕴含着中华文化的丰富内涵。史学界认为围棋出现于4000多年前的尧舜时代。东汉许慎《说文解字》云：“弈，围棋也。从丌、亦声。”象形文字视角下，下棋双方举手握棋对峙的古文字形象为“丌”。《论语》《左传》中也有关于围棋的相关论述，亦可说“弈”即为围棋的另一种说法。西汉扬雄《方言》写道：“围棋谓之弈，自关而东，齐鲁之间皆谓之弈。”由此可推断，西汉时期弈已经成为围棋的称呼。东汉时期，“围棋”一词频繁出现于文献的书面语之中，马融的著作《围棋赋》、李尤的著作《围棋铭》等，均为与围棋项目相关的专门著作，并有相关的专门论述可供查找。

围棋的基本规则是：采用黑子先、白子后的规则，围棋的棋子在交叉点的位置落子，走棋顺序为各方按照先后顺序依次进行，落子成定局，不能再次移动，胜者的评判标准为围地多的一方取胜。中国古代围棋规则为座子制度，先行方为白棋方，黑白双方采用对角星位置布局，在对角星处摆放两枚围棋棋子。陕西咸阳考古曾发现汉朝的围棋棋盘。1952 年，一个四足方形石质棋盘于在河北省望都 1 号东汉墓出土，长 69 厘米、高 14 厘米，四足以壶门形状呈现。棋局有纵横棋道各 17 道，使用阴线刻出，一组四叶形图案雕刻于纵横四路交叉位置和中央位置。这件出土文物为汉魏时期围棋盘的形制提供了形象的实物资料。

春秋战国时期，由于战事频繁，围棋行棋的谋略与军事战术上的调兵遣将和运筹抉择极为相似。战争的需要势必加速围棋的发展。当时的纵横家非常推崇这项渗透着智力、谋略与心理素质的“高级”游戏。围棋作为一种游戏在社会上流行起来。与此同时，出现了对围棋水平低劣的社会评价。孟子曰：“世俗所谓不孝者五：惰其四支，不顾父母之养，一不孝也；博弈好饮酒，不顾父母之养，二不孝也……”（《孟子·离娄下》）古人对孝极为重视，被视为人伦之大节。孟子将围棋列为“五不孝”行为之一，足见其对围棋已到了深恶痛绝的地步。孟子不是凭空而论围棋的，他的观点是有依据的。他是邹（今山东邹县东南）人，曾游历齐、宋、魏等北方诸国，看到这些国家的百姓痴迷于以围棋作为赌局的状况，甚至变成了社会风气，以至于连自己的父母都弃而不顾了。

西汉时期，下围棋之风盛行，但围棋运动的发展较为缓慢，与当时统治者对围棋运动发展不够重视有很大关系。不过，当时的统治者比较重视占卜，在宫中曾用围棋作为占卜的工具。据《西京杂记》载：戚夫人侍女贾佩兰言，宫中每年“八月四日，出雕房北户，竹下围棋，胜者终年有福，负者终年疾病，取丝缕就北辰星求长命乃免”。并说西汉“杜陵杜夫子善弈棋，为天下第一人”。但综合来看，关于围棋的这类历史记载并不多见。我们可以作出这样的基本判断：东汉末年之前，由于围棋对对弈者的智商要求比较高，基本上属于少数人的“专利”，所以不如其他棋类普及。东汉初期的状况是：“博行于世而弈独绝。”从东汉中后期开始，围棋活动继续发展，再次兴盛，围棋理论著作相继出现，围棋奠基理论著作有班固所著《弈旨》、李尤所著《围棋铭》、黄宪所著《机论》、马融所著《围棋赋》等，围棋运动再次被士大夫重视喜爱。随着东汉灭亡，社会动荡不安，百家争鸣，文化界思想活跃，围棋活动发展呈迅速发展的态势。

秦汉时期的围棋活动有一个特点，就是属于军人军事才能培训模式的一类。马融在《围棋赋》中，视围棋为没有硝烟的小型战场的缩影，以围棋子当成士兵，在棋盘上运筹帷幄调兵遣将，“三尺之局兮，为战斗场；陈聚士卒兮，两敌相当”。中国历史上，曹操、孙策、陆逊等著名军事家均为驰骋疆场与纵横棋局的杰出人物。

2. 六博

六博棋，也叫作“陆博”，俗称为六博，是古代的博戏。其规则是通过掷采、行棋来评出胜负。据文献记载，六博棋最早可以追溯到夏朝晚期，战国时代六博棋已经普及，在社会上广受欢迎。到秦汉时期，六博更为盛行，无论皇宫内还是在民间，都广泛开展（见图 4-30）。

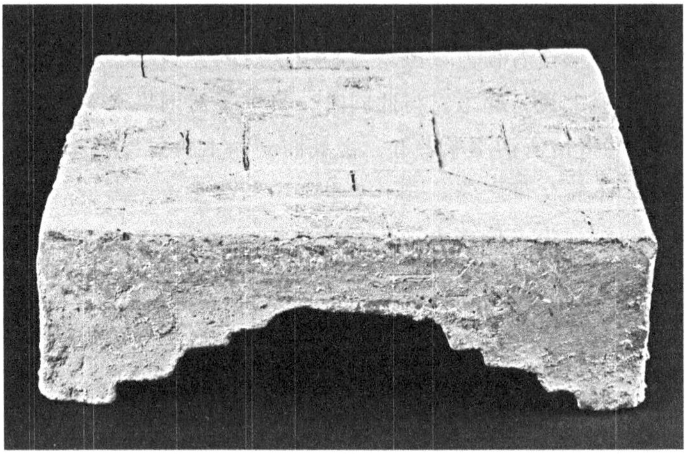

图 4-30　六博案（汉代，洛阳市嵩县库区乡吴村出土）

六博棋的大致规则是：两人对博，每人六棋，六黑六白。局分十二道，两头当中名为“水”，放“鱼”两枚。博时先掷骰子。骰子上刻有“五”“白”“黑”“塞”等采，以掷得“五”“白”两采为贵。掷采时要喝彩，然后行棋。每人六棋之中，一枚叫“枭”，五枚叫“散”；“枭”

为贵，“散”为辅。棋行到时，则入水食鱼。每食一鱼得两筹，得筹多者为胜。

洛阳堰师壁画墓中有六博图（见图 4-31），正中为六博棋局，博局盘两侧放有酒杯，三足形状酒樽位于里面；一人穿着宽松袖子长袍的人位于右侧，上身呈向前倾斜的状态；一人穿着红色领口、宽松袖子的紫色长袍，另有一名怀抱乐器的侍者位于其身后。

南阳画像石墓中也有六博图（见图 4-32），博局盘与酒樽居于石墓画像正中位置，两位博弈者双臂伸展，手持读博器具，分立两侧。

图 4-31　六博图（河南偃师新莽时期壁画墓）

图 4-32　六博图（南阳画像石）

3. 塞棋

塞棋，即“格五”，又名“蹙戎”，于东周时期出现，流行于秦汉时期。其游戏规则与六博棋近似，局数大致相同，主要差异在于是否有掷采方面。与骰子相似的棋具不存在于塞棋之中，塞棋行棋不使用掷采方式。因为塞棋不使用掷采的规则，凭运气获取胜利的概率极低。塞棋在秦汉墓葬中时有发现，为盘形，大小与六博棋盘相近。因此，在我国的古代文献里，“博”（六博）“塞”（塞棋）作为棋类通常被并称为“博局盘”。

4. 投壶

秦汉时期的娱乐性休闲体育活动项目也有很多，钓鱼、风筝、秋千等为民众参与较多、普遍选择的体育项目，投壶则是社会各阶层喜闻乐见、参与最多的娱乐活动。①

据文献记载，投壶活动的规则如下：投壶所用之壶是“盘腹修颈”。壶广口大腹，颈部细长，腹内装上豆子，防止箭矢投入后再弹出。壶置于两投手之间。箭矢是木质原料制成，没有箭镞，长度以“扶”为计算单位，一扶约等于今天的 4 寸（1 寸≈3.3 厘米）。不同的场合使用的箭矢的长度不同，“室中五扶，堂上七扶，庭中九扶”，即室内用的矢长约 2 尺（1 尺≈33 厘米），厅堂使用的矢长约 2.8 尺，庭院中使用的矢长约 3.6 尺。按规定，投壶的距离为“两矢半”，因矢的长度不同，投壶的距离也就不同。也就是说，室内投壶距离是 5 尺，厅堂的投壶距离是 7 尺，庭院的投壶距离是 9 尺。每位投手拥有 4 支箭，每次限投 1 支，参赛者轮次投掷，箭入投壶即得分，一轮为 4 支箭，各参赛人员依次投掷完成。计分人员称为司射。一局由三轮构成，输家则被罚喝酒。

汉代对投壶游戏进行了改革，除了保留主宾相会的必要礼节外，省去了很多繁文缛节。投壶的高度从 1.2 尺增加到 2 尺，且壶中不再放豆。投中的矢如果跃出，可以迅速抓住再投，其技巧性较之前的规定更胜一筹。投壶的计分方法也由三矢定胜负改为六矢定胜负。

经过考古发掘，在汉代墓葬发现了投壶游戏的实物。例如，出土于河南济源泗涧沟 8 号西汉墓的绿釉陶壶（见图 4-33），直口，长颈，球形腹，平底，口径 4 厘米，颈长 13 厘米，通高 26.6 厘米。另外，在南阳出土的汉画像石“投壶图”，清晰地还原了投壶时的情形：壶位于画面正中，已经有两支箭投壶中，一酒樽位于壶旁；投壶两侧各有一名一手怀抱数支箭矢、一手执一箭矢做投壶状的投手；画面右侧似有助兴者，席地而坐观看投壶比赛；左侧画面中，被搀扶而坐于地面的醉汉出现在投壶现场；搀扶者怀中抱有“吾杖”，身份推测可能为“司射”（见图 4-34）。画面生动形象，将东汉时期投壶的情景栩栩如生地展现出来。

图 4-33　绿釉陶壶

（河南济源泗涧沟 8 号西汉墓出土）

① “投壶之礼，主人奉矢，司射奉中，使人执壶，主人请曰：‘某有枉矢哨壶，请以乐宾。’”〔汉〕戴圣：《礼记·投壶》，上海，上海古籍出版社，1990，第 60 页。

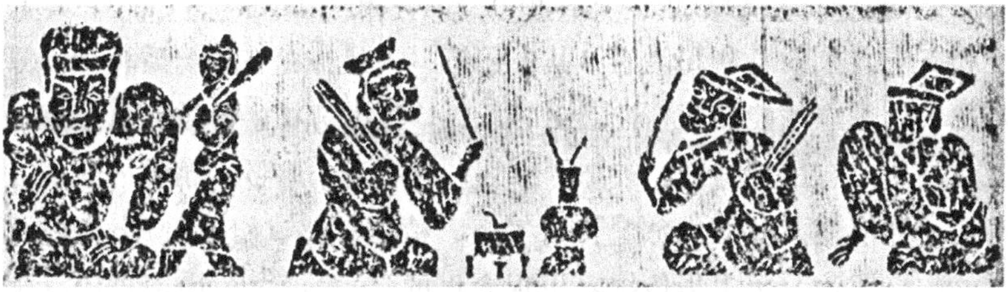

图 4-34 投壶画像石拓片（南阳汉画馆）

（八）养生术的日趋完善

“养生”一词，原出《管子》，原意是保养生命以达长寿。体育文化与养生有着天然的内在联系，相互依存，相互促进。养生，离不开科学的身体运动和适度的体育锻炼；而体育文化，必然包含着探索人体、平衡阴阳、愉悦精神、祛病强身、增强体质的内涵和功能。通观人类生活的历史，始终围绕的矛盾核心是：对生命的热爱和对失去生命的恐惧。因而，养生是中国传统文化中的重要课题。养生离不开精神和物质两个方面。精神方面包括养生的哲学思想和理论体系、个人的健康理念和内在修为，以及宽松和谐的社会氛围；物质方面主要包括医疗卫生事业的发展、个人的健身实践，以及良好的生态环境等。中国的养生理论与实践历史悠久、博大精深、方法众多、独具魅力，反映了儒、道、佛及诸子百家的思想精华，汇集了我国劳动人民的聪明才智。从人文初祖伏羲到中华民族始祖黄帝，从中华养生文化的创立者彭祖到春秋战国时期道家和儒家对养生的深入探讨，中华民族独具特色的养生理论体系和实践不断完善与发展。在此主要集中分析秦汉时期的养生思想和医药事业的发展，

1. 秦汉时期的哲学养生观

《淮南子》又名《淮南鸿烈》《刘安子》，由淮南王刘安及其门客一同编写，是秦汉时期养生思想的代表作品。该书以先秦时期的道家思想为基础，兼采儒、墨、法、阴阳等各家思想的精华部分，对宇宙本体论大胆地提出了假设，并提出了道、天人、形神等新的养生哲学理念。

《原道训》是《淮南子》第一篇文章。它探讨了“道”的基本特征、作用及其变化的基本规律，提出了“养生”的观点。它把混沌无形的“元气”看作宇宙万物的始祖，认为宇宙万物都产生于“元气”，进而指出：“夫形者，养之舍也。气者，生之充也，神者，生之制之，一失位则二者伤矣。”其中“形”指代人的肉体及器官，“气”是流动在躯体中的无形物

质，“神”指人的思想意识。三者相互依存，相互贯通，相互转化，共同决定和支配着人的寿命和健康。其中，精、气是神存在的物质基础，只有充足的气血供应才能保证精神活动的需要，过度劳神会导致心血亏虚，表现为心神不宁、精神抑郁、神志异常等；只有清心寡欲、精神内守、与天地沟通，才能使人气血充沛、神清气爽、精力旺盛、身心健康。这种形、神、气的三元论，是中华传统养生观念里的“三宝”，为中国古代养生奠定了“形神合一”的哲学基础，对后世的养生思想也起到了重要的引领作用。

2. 秦汉时期的中医养生思想

秦汉时期，在有关农业和医药知识的典籍中相继出现了许多养生论述。如《汉书》中多次提到的“本草”，并记录了楼护（字君卿，齐人，祖辈世代行医）从事中医的人生经历：楼护少时随父习医，“诵医经，本草，方术数十万言”（《汉书·楼护传》），“元始五年（公元5年）举天下通知方术本草者……传诣京师”（《汉书·平帝记》）。据史料记载和考古发现，西汉时就有类似“本草”之类的简帛出现。马王堆3号墓出土的帛书药方中记录的动植物药物已达上百种。东汉《神农本草经》共记录动植物药材252种，其中动物性药材67种，都是现代中医仍在广泛应用的。这些药材的属性、功能主治以及产地都列入书中，对治病救人和提高百姓的健康水平起了很大作用。

秦汉时期医学成就和地位最高的医学家，是东汉时期的张仲景（150～154年至215～219年），南阳涅阳县人（今河南省邓州市）。他写作的《伤寒杂病论》是中医史上第一部理、法、方、药具备的经典，因此被后世奉为“医圣”。张仲景的医学理论和实践经受住了上千年的考验，恩泽了一代又一代人。1993年，国际权威医史研究机构——英国伦敦维尔康医史研究所把张仲景列入29位世界医史伟人名单。在养生方面，张仲景提出要以“养慎”来防止疾病的发生。他还特别重视老年养生，从饮食的角度阐述了其中的道理。他说：“此食之味，有与病相宜，有于病为害者，若得宜则益体，害则成疾。”① 这奠定了中国传统医学所强调的防治结合的理论基础，形成了养心、养形、养食等以预防为主的理论体系。

被后世誉为“神医再世”的东汉名医华佗（约145～208年），不仅精通药理、针灸及外科手术，而且也非常重视防病与养生。他主张通过运动来促进身体健康，曾对弟子说：“人体欲得劳动，但不当极尔。”值得一提

---

① 〔汉〕张仲景：《金匮要略》，北京，中国医药科技出版社，2016。

的是，他在传统导引养生功法的基础上，自创了一套新的保健体操，即五禽戏。五禽戏为华佗所创，在古代导引术、吐纳术、熊经术、鸟伸术的基础上，在生理机能和活动特征方面，结合 5 种兽类（虎、鹿、猿、熊、鹤）的功能，顺应人体脏腑、经络和气血的规律，编制而成。换种说法，就是模仿五种动物的形态和动作来舒展筋骨，畅通经脉。这套完整而又连贯的医疗保健体操，具有强身和医疗的显著效果。据史料记载，华佗的学生吴普桑用这种方法强身，活到了 90 岁仍耳聪目明，齿发坚固。华佗的开拓性创举，在中国广为传承，流派衍生，功效神奇，为体育医疗和防治结合的健身理念的确立做出了巨大贡献。华佗的养生理论不仅对中国武术养生的发展产生了巨大影响，也为世界健身医疗理论的发展做出了贡献。

3. 导引术的盛行

导引术历史悠久，独树一帜，是中华民族医学、保健学的重要组成部分，也是中华体育医学宝库中的国粹。导引起源于人们对身体结构、生理功能的深刻认识。它以中医学的经络脏腑气血理论为依据，通过肢体科学的运动，辅以呼吸吐纳以及心意的调控来宣导气血，引治疾病。因此，导引是一种体育养生方式。早期的导引还包括气功和按摩。

“导引”一词最早见于《庄子·刻意》：“吹呴呼吸，吐故纳新；熊经鸟伸，为寿而已矣。此导引之士，养形之人，彭祖寿考者之所好也。”但对于导引的含义，古籍中的解释颇有分歧。隋代巢元方《诸病源候论》将导引解释为呼吸运动。唐代王冰为《黄帝内经·素问》作注说：“导引，谓摇筋骨，动支（肢）节。”将导引解释为肢体运动。还有人认为导引包括呼吸运动和肢体运动，如李颐对《庄子·刻意》的注解：“导气令和，引体令柔。”总之，对导引本质的认识莫衷一是。帛画“导引图”于 1974 年在湖南长沙马王堆 3 号汉墓出土，通过观看帛画可以对汉代导引术一目了然。在“导引图”中可见 44 个不同类型的彩绘人物，做出不同种类的导引动作。不同图画展示不同的导引术形式，导引术名称使用简单易懂的文字在一侧标出。按人体的运动方式，可分为三类：立式导引术、步式导引术与坐式导引术；按辅助器械，可分为徒手导引术和器物导引术；按有无呼吸，可分为与呼吸运动配合的导引术与完全肢体运动导引术。同时，其他导引术还包含静坐冥想导引术与模仿动物动作形态导引术。归纳来看，导引是一项身体和精神共同参与的主动性养生活动，要动静相济、心神兼顾，两者不可偏废，方能起到畅通血脉、强身健体的作用。

秦汉时期，尤其是西汉初年，道家思想成为统治阶级的核心意识形态，道家的无为思想广泛传播和渗透，道教长寿升仙的意识被强化，上层社会对长生不老、得道升仙深信不疑，因此促进了导引术的进一步发展。主要表现为：一是许多著名医家和学者广为实践和宣传导引的科学性和功效，“气沉丹田”的行功要领开始出现；二是大量的导引专著相继问世并迅速传播，也因此带来导引在养生方面的大量应用。这在史记中都有相关记述。例如，《史记·留侯世家》记载：“愿弃人间事，欲从赤松子游耳，乃学辟谷、道（导）引、轻身”；“导气养性”的主张可见于李少君、东方朔等人的著作《论衡·道虚》；汉朝后期的矫慎，在其著作《后汉书·逸民列传》关于导引术的相关论述有“仰慕松、乔导引之术”。东汉时期导引养生在社会广为盛行，养生专家出现。《后汉书·方术列传》相关文献记载，精于导引术的很多养生专家都是方士出身。但是，当时社会导引养生术的主要目的是追求长生不老，因此难免掺入一些神秘玄虚甚至迷信的东西。

综上所述，秦汉时期养生理论体系已初步形成，成为中国传统养生思想的开端。汉代导引不仅在医疗养生领域独树一帜，甚至在现代体操的一些动作上也能窥见它的身影。

三、秦汉时期河洛古都体育文化的特点

秦汉时期基本沿袭了前朝的军事体育文化，体育活动的实用性和军事色彩依在，以满足军事安全的客观需要。例如，武术、角抵和马术等体育活动直接用于士兵的日常训练，蹴鞠更是军队中喜闻乐见的运动项目。伴随着战场作战形式逐渐转变为骑兵为主，马术运动因为以赛马和马上技巧为主要内容，因此得以快速发展。秦汉时期的体育运动具有很强的军事实用性。但我们也看到，由于时代的转换，汉代的体育文化在许多方面也表现出很强的革新创造精神，体育的表现形式更加多样化、专业化、娱乐化和普及化，赋予了体育文化独特的时代特征，形成了中国古代体育史上的第一个高峰。

（一）由军事体育向娱乐体育演变

体育活动分为竞技体育和娱乐体育。竞技体育是指通过有组织、有规则的体育训练和竞赛活动，在体力、心理、智力等方面最大限度地激发与发掘个人或者群体的潜力，主要目的为通过优异成绩获得比赛名次的一种体育运动过程。娱乐体育是指人们以身体活动满足身心愉悦的一类娱乐活

动。秦汉时期的军事体育训练项目属于前者，而角抵、乐舞、“百戏”之类无疑属于后者。

从“文景之治”到汉武帝统治时期，社会安定，世俗生活和社会心理都发生了微妙的变化。人们崇尚无为思想、追求精神娱乐和健康快乐的氛围，过去那种为国效力、好勇斗狠、向死而生的军事文化意识在逐渐弱化，枯燥死板、长时间、高强度的军事体育训练模式也难以为继，客观上需要一场适应社会发展变化的体育文化变革。为适应这种时代的变化，追求趣味性、技巧性、艺术性的娱乐体育逐渐成为体育运动的主流，极大地丰富了人们的精神文化生活。例如，角抵活动不再是一种争斗相搏的手段，而是变为一种带有一定表演成分的游戏活动。秦始皇统一六国后创设乐府，并把带有表演和角力性的“角抵戏”引入宫廷。汉代，角抵戏更是为老百姓所喜闻乐见。《汉书·武帝本纪》中关于角抵戏的记载，规模宏大，轰动京城，几百里范围内的百姓竞相观看。花式蹴鞠出现于秦汉时期，是蹴鞠运动员利用技巧进行花样繁多的踢球表演，蹴鞠表演不受表演场地限制，是具有娱乐表演的特性的体育活动。研究汉代画像石（砖）可知，花式蹴鞠多结合音乐舞蹈进行融合表演，体育表演的难度增大，却更具观赏性。将这些单项的娱乐性体育活动集中起来进行综合表演，就出现了“百戏”这种规模宏大的综合性娱乐活动。“百戏”表演形式多样、场景新奇、色彩绚烂、场面宏大，令人叹为观止。这些新奇的体育表演形式极具视觉冲击力，使观众沉浸在惊讶、狐疑、赞叹、振奋、跌宕起伏等复杂的精神体验之中，实现了表演者与观众的相互激发和精神互动，丰富了体育文化内涵，增加了体育活动的社会功能。由此我们看到，形式和内容是辩证统一的关系——形式的的形成取决于内容，与此同时，形式又反作用于内容。内容丰富的体育运动形式多样、种类繁多，促进了古代体育文化内涵的丰富和发展。

（二）摆脱了军事体育的单一功能，向竞技体育发展

在前面我们定义了竞技体育。它的基本特征包括：①竞技体育是受到体育运动规则约束，有专门组织机构管理的一种制度化、体系化的竞争性体育活动。例如，研究蹴鞠的有关著作，在汉代就已经出现。《蹴鞠二十五篇》是历史上可查的中国最早的一部体育类专业文献，同时也是全球首部可以查询到足球项目的体育专业文献，有据可查的蹴鞠体育项目规则在汉代出现；东汉时期最早可查的蹴鞠项目规则出现在李尤的《鞠城铭》中，标志着蹴鞠活动规则专业化，可以说，由此蹴鞠朝向专业化方向发

展。②以最大限度地发挥身体技巧和智力水平为目的。例如，秦汉时期的“乐舞百戏”，技巧运动形式的主要项目有筋斗、倒立、柔术、戏车、戴竿、绳技等，其中许多项目都需要高度的身体技巧。③以公平竞争、获取优胜名次为主要手段。竞技运动对参赛者一律平等对待，在比赛项目、比赛时间、比赛地点、比赛场地与器材、运动员参赛资格方面，都作出了明确规定，与参赛相关人员都必须在规定运动规则下参与比赛。④公开性是竞技体育的表现形式，在传播力和影响力方面，推动体育运动健康可持续发展。

秦汉时期，中国传统体育项目获得重要发展，体育活动趋向公平性、竞技性和公开性，体育文化内涵初露端倪。虽然在科学化方面还非常薄弱，但在规则化、公开性和竞技性方面有了较大进步。例如，当时的田猎活动已经基本上摆脱了春秋战国时期“顺时讲武”的刻板规定，逐渐具有了娱乐、军事、健体强身等多重性质，成为一项集体性的综合运动。汉武帝时，击剑也发展成为一项体育运动，在长安经常举行击剑比赛。还有蹴鞠、摔跤、投壶、围棋等体力、智力和娱乐活动，秦汉时期就已经有了比较完备的比赛规则，为后世体育文化规范化、制度化发展打下了坚实基础。

不可否认的是，秦汉时期的体育文化是由封建统治阶级主导的，在一定程度上反映了统治者的某种政治意图，主要迎合了王公贵族等上流社会追求感官享乐的需求。

（三）丰富了体育文化内涵

体育文化是指人通过体育活动在改造客观世界、调节自身情感、协调群体关系的过程中所表现出来的时代特征、地域风格和民族样式，包括精神文化（使体育运动渗透进宗教、艺术、学术等文化因子）和行为文化（体育行为、技术、规范、规则等）两大部分。

从文化精神上考察，体育中蕴含两方面内容。①艺术和哲学因子。前面介绍的舞剑、鼓舞，以及与乐舞结合的蹴鞠等体育项目，增添了刚柔兼济、文武兼备的文化内涵，让观众在情景交融中受到了美的熏陶，提高了艺术鉴赏力，在一定程度上起到了提升民众基本素质的作用。还有秦汉时期的武术，它寓和平思想于武功之中，蕴含儒家以和为贵、以退为进、不战而胜的人文精神。②民俗因素。秦汉时期还出现了一种独具特色的民俗体育活动，即在节日来临、节令转换之时，开展群众性体育活动。如作为节令民俗活动的驱傩，是古代的一种驱疫防病活动。据史料记载，汉代宫廷举行的驱傩仪式，先由“中黄门”带领“子”将火炬从宫禁中传至端门外卫士，端门外卫士再把火炬传至五营骑士，五营骑士通过三站相互传递，火炬传至洛水，投火炬于洛水之中。火炬传递过程中，参与火炬传递的卫士与五营骑士达千人之多，可谓一场规模浩大的千人千里越野接力赛。③关于体育的学术成果。这一历史时期，出现了许多关于武技的专业文献：《汉书·艺文志第十》记载《逢门射法》2篇、《阴通成射法》11篇、《李将军射法》3篇、《魏氏射法》6篇、《强弩将军王围射法》5卷、《望远连弩射法具》15篇、《护军射师王贺射书》5篇、《蒲直子戈法》4篇、《剑道》38篇、《手搏》6篇，以及《整鞠》25篇。它们提出了内外合一、形神兼备的宝贵思想。我们可以大体了解到汉朝人对弓箭、强弩、戈、剑等器械的使用技术，以及徒手技击已经有了比较成熟的理论研究成果。这些理论成果无疑来自实战的总结，具有很大的实用性。再比如在蹴鞠、射箭、投壶尤其是棋类方面规则的调整，使新的规则在调动智力、增加应变能力、提高身体协调性等方面均起到更好的作用。

但由于时代的局限性，秦汉时期体育学术研究还没有上升到系统性的理论研究水平，主要是对于一些体育活动的形式、规则、场景等的记载和描述。也因为此，我们在关于秦汉时期体育文化在技术、规则等具体发展方面所作的概括和分析也具有很大的局限性。

（四）体育系统内部各要素之间互动频繁

秦汉时期，体育文化系统内部也在一直进行着积极的互动：军事体育、宫廷体育和民间体育之间，不同阶级、阶层之间，城乡之间，各地区间的封闭隔绝状态逐渐被打破，出现了相互交流、相互影响、互动发展的良好局面，出现了汉代体育的新文化现象。

宫廷体育是汉代体育的主要形式。汉代宫廷体育的发展，一方面汲取了民间体育精华，另一方面引导民间体育的发展并发挥示范作用。

汉朝，不仅宫廷体育和民间体育之间存在交流互动，军事体育和民间体育也彼此影响和作用。一方面，入伍从军是汉代男子的主流价值观，他们就像是一个个文化载体，把家乡富有特色的体育项目带到京城、军营乃至边塞，极大地丰富和发展了体育项目的形式和内涵。另一方面，作为军人，他们一直受到极其严格和较为规范的军事化体育训练，普遍掌握蹴鞠、骑马、射击等高超的技能，当他们解甲归田时，又直接促进了民间体育的进一步发展。

四、秦汉时期社会活动对河洛古都体育文化的影响

体育文化的发展遵循以下规律：它不能独立地存在与发展，而是受到社会经济、政治和文化的影响和制约。但是，这种影响和制约是辩证统一的关系。一方面，政治稳定、经济发展、文化繁荣决定了体育文化的总体面貌和发展演变；另一方面，体育文化也通过自己的特殊作用服务于社会政治、经济和文化。

（一）政治活动对河洛古都体育文化的影响

秦汉时期，河洛地区是控扼东方的战略要地和主要的政治经济中心。东汉时期，洛阳成为东汉京城，河洛区域的社会经济得到快速发展，带动洛阳周边区域人口数量大幅增加，经济发达，社会生产力水平大大提高。洛阳是中国所有古都中建都时间最长、经历朝代最多的地区，其历史长达3000多年。东汉洛阳作为京师，被誉为“当时世界东方的中心城市，也是全球范围内最为繁荣昌盛的国际大都会”。东汉洛阳城居住着皇室、贵族、高官和富豪以及他们的佣人等，大量军队驻扎于此，同时不可胜数的学者、手工业者与商人也生活于此。因此，政治交往中的礼仪活动成为展示礼仪之邦文明内涵的重要形式。例如，汉武帝常以“百戏”等体育综合表演形式来作为接待外国使节的礼仪。汉朝在接收外国体育文化的同时，也在赋予这些体育文化以新的内涵。规模宏大、形式多样的体育文化活动成为统治者显示政治昌明、社会安定、人民幸福的象征手段。异域体育文化的传入更丰富了本民族体育文化的内涵，彰显了汉代各民族和睦相处，文化、体育、艺术共同繁盛的景象。总之，秦汉时期大一统的政治局面，为河洛古都体育文化的发展创造了良好的政治优势。

（二）经济活动对河洛古都体育文化的影响

经济活动对河洛古都体育文化的影响主要体现在两个方面：经济实力的增强和体育器械的改进。前者为体育文化的发展奠定基础因素，后者则为体育文化的发展提供了更为方便的技术手段。

西汉初年社会经济衰落，经过几十年的励精图治，迎来了“文景之治”的繁荣时期。国家经济实力和人民生活水平与汉初相比，都有了明显的提高。据史料记载，粮食年年丰收，粮仓爆满，新谷子压着陈谷子，一

直堆到了仓外；府库里的大量铜钱被搁置多年不用，穿钱的绳子烂了，钱财多得无法计算。因此，一方面，国家有了财政余力投入体育文化领域，另一方面，大多数老百姓也有了参与体育活动的经济能力。

生产力的提高直接推动了科技的进步，冶铁业的发展带动了铁制工具大量出现，同时也使武器的内容更加丰富，不仅质量精良，长短形态也多样化，使运用改良器械进行健身运动成为可能。例如，由于铁剑逐渐代替了青铜剑，客观上推动了武术在民间的普及，武术的健身作用开始受到广泛重视。

（三）文化融合对河洛古都体育文化的影响

秦灭六国建立统一政权，客观上促进了各地的文化交融活动。虽然秦始皇“焚书坑儒”的政策给中华文化的传承带来了毁灭性打击，但大一统的政治局面的形成，客观上为不同地域、不同民族的文化交流和融合发展创造了先决条件。汉朝的丝绸之路的开通以及“光武中兴”，更体现了中华民族博大的胸襟和海纳百川的非凡气度，并推动了中华体育文化向娱乐化、多元化方向发展。例如，当安息地区的“安息五案”以及大秦地区的杂技幻术传入中原后，被吸纳融入汉代传统的体育节目中，开创了“角抵奇戏岁增变”的局面，促进了以百戏为主的体育格局的形成，反过来以政治外交的形式反馈给外国各族和周边地区，形成一种双向交互的体育文化传播系统。再如，中华武术在此期间开始出现了各种武术流派交互融合的局面，有关武术的系统性专门性理论由此形成并得到发展。武术和其他体育文化形式实现共融发展，极大地丰富了武术的文化内涵。

五、汉代河洛古都体育文化的双向交流与对外传播

文化之所以能够得到继承和发展，离不开传播这一基本手段和客观过程。汉朝对外开放的国策，强烈地吸引着国外探险家、政治家、旅游者和宗教传播者等跨越千山万水，来到这一富饶神奇而富有变革动力的国度。他们更多的是抱着研究、学习和借鉴的目的而来。在体育文化领域，汉代中外体育文化交流的内容主要集中在蹴鞠、乐舞、武术、棋类、体育养生等方面。

1. 蹴鞠

汉代，蹴鞠运动通过陆上丝绸之路向西传播，最早传入安西地区（今

新疆和田），随后通过战争等途径传入中亚、中欧各个国家。汉室宗女、定远侯班超，以及奔波于联通中外的丝绸之路上的国内外商人都对此做出了不可估量的贡献。《马可·波罗游记》如此描述这种局面：“中人蹴鞠于西地，蹴之以为乐。”当然，蹴鞠对世界产生的最大影响，莫过于通过中外交流传播逐渐演变发展成为深受全球人民喜爱与参与的体育项目——足球运动。

2. 乐舞

汉代乐舞与西域、朝鲜的交流是双向的：一方面，朝鲜半岛的“高丽乐”传到中国；另一方面，汉乐舞以及西域乐舞也传到朝鲜半岛，并经过朝鲜半岛传到日本。西域地区的骆驼载乐也传到汉代。

3. 搏击类

朝鲜半岛等地区的角抵与我国角抵有重要的渊源。汉地的武术以及“道”的精神也传入日本。

4. 围棋

汉代围棋传入朝鲜半岛、印度等地，并且朝鲜半岛地区的围棋制度和精神都与我国存在一定的渊源。

5. 体育养生保健类

印度养生术与我国汉代导引养生术存在一定的历史渊源。

第五章　魏晋南北朝时期河洛古都体育文化

一、魏晋南北朝时期河洛古都体育文化概述

魏晋南北朝时期（220～589年）上承大汉下启隋唐，其间又划分为三国时期、西晋时期、东晋与十六国时期、南北朝（南朝：宋、齐、梁、陈；北朝：北魏、东魏、西魏、北齐和北周）时期。其间有三十多个王朝更迭，大部分时间处于分裂和战乱之中。尽管地缘政治混乱，这个时期的思想界却发生了巨变：①产生了玄学。玄学就是用道家崇尚自然的思想来解释儒家的名教（即儒家提倡的伦理道德和礼仪制度）。两汉时期，董仲舒的新儒学成为主流意识形态。新儒学采纳诸子百家，以阴阳五行为架构，以儒学为基础。新儒学以“天人感应”“君权神授”为核心，后变异为大讲阴阳灾异、宣扬谶纬迷信，致使儒学威信急剧下降，对社会的影响减弱。部分政府官员、民间士子逐渐对“治国平天下”的这种政治理念没有了信心，于是他们就向道家寻求精神寄托，玄学由此勃兴。②道教系统化。魏晋南北朝时期是道教成熟化、定型化的时期。这一时期涌现出葛洪、寇谦之、陆修静、陶弘景等一批著名道教人物。他们以道家思想为依托，结合了封建神学思想，全方位打造了一个新宗教——道教。他们把得道升仙确立为道教追求的终极目标，并成功地使道教成为封建统治者的御用工具。③佛教和反佛斗争异常激烈（尤其在南北朝时期）。东汉时佛教才开始传入我国，佛教信奉者逐渐发展到上层统治者中，不过佛教依然为官方所排斥，因为其并非当时官方认定的主流信仰。而佛教在魏晋南北朝时期获得重大发展，原因有二。其一，由于连年战乱、社会动荡给人民造成了重大的危机，人们逐渐将佛教当成了脱离苦海的精神寄托；其二，北方少数民族统治者为了贬低儒学、“辅助王化”，把佛教放在了至高无上的地位加以推崇，举国推崇佛教。云冈石窟、敦煌石窟与龙门石窟的修建充

分说明了佛教在北魏时期的发展。而诸多的“毁灭佛法”事件也发生在这个时期，因为道、儒与佛教之间的矛盾十分激烈。④儒学受到严峻挑战。儒学受到逐渐兴起的道教与佛教的挑战，汉代儒学一统天下的独尊地位受到巨大冲击。在魏晋南北朝300多年的时间里，没有出现一位儒学大家。尽管如此，儒学的传统并没有中断。儒家知识分子表现出了极强的文化革新意识，不再僵化保守，而是努力焕发儒学的生命力，使魏晋南北朝时期成为上承两汉经学、下启宋明理学的重要发展阶段。由于儒学与政权结合，儒学维护住了其正统地位。

魏晋南北朝时期，古都洛阳多次成为全国政治、经济、文化中心。从表5-1可以看出，这一时期在河洛地区建立都城的有魏、西晋和北魏。魏、晋两代以洛阳为首都，共90年。

表5-1　魏晋南北朝的朝代、时间、都城及开国皇帝

朝代		起讫年	都城	今地	开国皇帝
三国	魏	220～265	洛阳	河南洛阳	魏文帝曹丕
	蜀汉	221～263	成都	四川成都	汉昭烈帝刘备
	吴	222～280	建业	江苏南京	吴大帝孙权
晋	西晋	265～316	洛阳	河南洛阳	晋武帝司马炎
	东晋	317～420	建康	江苏南京	晋元帝司马睿
五胡十六国		304～439			
南朝	宋	420～479	建康	江苏南京	宋武帝刘裕
	齐	479～502	建康	江苏南京	齐高帝萧道成
	梁	502～557	建康	江苏南京	梁武帝萧衍
	陈	557～589	建康	江苏南京	陈武帝陈霸先
北朝	北魏	386～534	平城	山西大同	魏道武帝拓跋珪
			洛阳	河南洛阳	魏孝文帝拓跋宏
	东魏	534～550	邺	河北临漳	魏孝静帝元善见
	西魏	535～556	长安	陕西西安	魏文帝元宝炬
	北齐	550～577	邺	河北临漳	齐文宣帝高洋
	北周	557～581	长安	陕西西安	周孝闵帝宇文觉

这一时期，由于统一的国家政权不复存在，社会矛盾、阶级矛盾、民族矛盾错综复杂，北方战乱频仍，西晋末年以后上百万北方人口南迁，中

原经济发展相对缓慢。另一方面，汉末魏晋时，中原政权对周边少数民族采用的是拉拢与招降的策略，汉族与周边少数民族的沟通交流也慢慢增多，以此来补充逐渐缺失的中原人口。一些少数民族慢慢由骑射转为农耕，学习汉文化思想，并且迁入长城一带甚至黄河流域与关中地区定居发展。汉人与少数民族杂居促进了相互之间的文化交流，丰富了人们的物质和文化生活。体育文化呈现出多元化发展的局面，一方面，与军事战争有关的体育活动进一步规范，骑马、射箭等体育活动更加盛行；另一方面，民间体育活动如武术、蹴鞠、投壶、围棋等逐渐脱离军事或礼仪的束缚，朝着竞技性和娱乐性方向发展。这些都奠定了后世民族传统体育发展的格局。[①] 除此之外，随着民族的进一步融合，少数民族的体育项目如波罗塞戏、歌舞等胡戏也传入中原，并在中原地区生根发芽、日益普及。[②]

但这一时期体育文化的发展带有明显的时代特征：地域上南北发展不平衡且各有侧重。由于北方长期战乱，习武风气浓厚，民间普遍重视技击类运动的自卫防身作用，因此武术、角抵、相扑、蹴鞠、骑射等技击类活动盛行。南方社会比较稳定，再加上大批北方人南迁，为江南地区提供了充足的劳动力和先进的生产技术，经济发展比较快，经济发展水平逐渐超越北方，造成南北经济发展水平失衡。技艺类、休闲娱乐类的体育项目更加受到南方人的重视。

这一时期还存在一个不良的社会现象：博戏盛行。投壶、射礼类博戏，围棋、弹棋等棋类博戏，以及以斗鸡、斗鸭为代表的斗戏成为人们热衷的赌博项目，许多人沉迷其中。

魏晋南北朝时期，以“无为而治”为核心的道家哲学以及玄学的兴盛，使传统的儒家哲学失去了往日的光鲜；与此同时，民间导引、养生得到了相应发展，有关养生的论述大都带有浓厚的崇静卑动、重服食轻导引的倾向，再加上及时行乐思想的主导作用，为观赏性的体育活动和带有赌博性质的博戏提供了机遇与舞台。斗鸡、投壶、射礼类博戏等活动较为兴盛，运动健身的项目明显衰退，对体育运动的发展产生了极为不利的影响。

---

① 赵强:《魏晋南北朝移民运动对民族传统体育发展的影响》,《搏击·武术科学》2008年第6期。

② 刘甫晟:《魏晋南北朝时期博戏及博戏赌博现象初探》,《成都体育学院》2012年第7期。

二、魏晋南北朝时期河洛古都体育文化的主要内容

这一时期，河洛古都体育文化的主要内容包括五个方面。

（一）传统体育项目

这一时期的传统体育项目主要包括射箭、蹴鞠、相扑、骑射、百戏等，其中相当一部分属于军事武术，或从军事技能中逐渐独立出来而演变成为娱乐性体育活动。下面分类进行分析研究。

1. 与军事相关的武术

“武术”一词出现在南朝，一般指骑马、射箭、技击等各种军事技能。南朝萧统所编《昭明文选》中的“偃闭武术，阐扬文令”之句，是迄今历史文献中出现最早的“武术”，其意是停止使用军事武力。而“武艺”一词出现于汉朝，也指各种军事技能。因此，古代的武术与武艺在本质上是相同的，都是与战争、军事训练、防身护体等相关的运动项目。但既然出现了武术的说法，那它与武艺一定有不同之处。我们认为，它们强调的侧重点有所不同：武艺包含礼仪、规则、战术等传统文化成分，而武术更强调个体的攻防技击、好狠斗勇。

概括而言，魏晋南北朝时期，军事武术主要呈现出以下四个特点：①连绵不断的战争促进了军事武术的发展，骑射受到相当重视。②这一时期实行“世兵制”，即世代皆为军籍，很容易使武艺在家族中代际传承。③河洛地区的汉民与周边少数民族之间的移民运动与混合杂居，使他们之间的武艺交流比较频繁，相互借鉴，取长补短。另外，由于南北朝时期军事武艺发展不平衡，因此南北方经常进行武艺切磋。如6世纪初魏孝武帝在洛阳举行的射箭银杯赛，就是南北武艺第一次大规模的交流。《北齐书·连猛传》也记载了北齐和梁朝举行的一场比武，最终北齐人获胜。这些活动促进了南北方军事武艺的平衡发展。④由于印度佛教的传入，僧道习武，给中华民族武术的发展带来了巨大影响。下面按照朝代顺序分别作一介绍。

（1）骑射。骑马射箭，简称骑射。骑射是中国传统的体育项目，早在商代就出现了骑兵，但主要是用于追捕逃亡的奴隶，而不是用于战争。春秋初期，诸侯国也成立了小型的骑兵部队，但参与实战的记载寥寥无几。其主要原因是骑马作战并不与传统服饰相搭，而且当时也没有出现完备的

马鞍装置，妨碍了军事骑兵的发展。这从秦始皇陵兵马俑、西汉兵马俑塑造的鞍具形象就能看出，当时的马鞍垫是用织物或皮革制成的，不适于骑马作战。具有鞍桥的马鞍是在魏晋后出现的。

战国后期，西北边疆地区的少数民族不断大规模侵袭中原地区。胡人身穿短衣，骑马作战，在交战中彪悍勇猛、灵活机动，马术和骑射在战争中大放异彩。赵国位于中国北部，经常受到胡人的进犯。虽然赵军的武器比胡人先进，但是步兵战车缺乏灵活性，加之身着长袍，行动不便，常常导致战局失利，屡吃败仗。为了改变这一局面，赵武灵王决心改易服装，要求军人学习胡人的着装，穿上窄袖的短衣，抛弃笨重的战车，直接骑马作战。这就是历史上著名的“胡服骑射”。“胡服骑射”是赵武灵王采取的军事改革措施，它不仅使赵国彻底扭转了与胡人作战时的被动局面，而且还使赵国一跃成为当时的军事强国。

到了战国后期，许多诸侯国都有了自己的骑兵部队，且与步兵、车兵一起参战，充分发挥了骑兵远程奔袭、机动灵活的巨大优势。从出土的秦始皇陵兵马俑以及西汉兵马俑我们可以看到骑兵部队的庞大数量以及铠甲装备，表明骑兵已经成为战争主力。魏晋南北朝时期，骑兵装备有了长足的进步，甚至出现了重甲骑兵（人、马都装备有铠甲）。

战国之前，中原各国的军队编制是步兵与战车相配合，没有骑兵，更谈不上骑射技术。胡服骑射的风行，使骑射技术在中原地区迅速发展，射箭也成为军队比武训练的一项重要内容。与此同时，由于冶炼技术的发展和兵器种类的增加，适用于骑射的长兵器矛、槊等逐渐取代了刀、剑等步兵使用的短兵器，进一步提高了骑兵的作战能力。

三国时期，魏、蜀、吴不断为统一天下而战，因此都十分重视整军备战和军队训练，习武练兵是平时军事活动的主要内容。统治者还在全国招募习武人才，并对获得军功的人给予重赏甚至厚禄。因此，军民习武之风甚浓。例如，曹操十分重视习武练兵，他不但自己武艺高超，还指导自己的儿子习武操练。曹丕、曹植都善骑射，特别是曹丕从小习武，5 岁即开始学习射箭，7 岁学习骑马，8 岁就能骑射。魏国还实行屯田政策，让农民平时务农，农闲时进行军事训练，战乱时参加战斗。蜀国的诸葛亮创造了元戎、木牛流马等新型武器，这些对士卒的腰力、臂力和耐力都有很高的要求，士兵需要不断接受新的训练，这对军事武术的发展和身体素质的提高是一种很大的促进。这一时期，弓箭仍然是战争中的主要武器。当时人们习射，一是练习准确性，二是练习远射。从当时招募勇士的条件即可看出："引弩三十六钧，弓四钧，立标简试。自旦至中，得三千五百人。"①

这一时期，军事上有了一个重大发明——马镫。中国最早的考古发现表明，马镫最晚出现在西晋。马镫的发明极大地加强了骑兵作战的力量，出现了甲骑具装。甲骑具装是人甲和马甲的合称，是古代重装骑兵的防护装。除了弓箭外，骑兵开始使用穿透力更好的长杆兵器，如槊，即骑兵用的长矛，也叫"矟"。根据《中国军事百科全书·古代兵器分册》主编者、中国社会科学院考古研究泰斗杨泓老先生著述，槊起源于汉朝。在魏晋南北朝时期，重装骑兵在军事上的重要地位和作用，促进了槊的发展和应用。

南北朝时期，南方由于政治经济相对稳定，文学艺术发展较快，军事武术发展较为缓慢，娱乐体育发展得较快。北方则呈现出相反的局面：由于大量北方游牧民族征战中原，尤其是匈奴人，善"弓马之技"，有许多神射手，骑兵的运用也达到了高峰。北方作战多以骑兵为主、步兵为辅，重装骑兵成为打赢战争的重要因素（该兵种的人马均装备有防护性能良好的盔甲和盾牌，武器以长矛为主，以强大的冲击力和优秀的防御力而著称）。例如，北魏太武帝侵宋时以骑兵60万渡淮，直逼长江；梁魏钟离之战中，魏军80万中有骑兵24万，足以说明这一时期骑兵作战的规模远远超过前代。马蹬的发明使骑兵长途奔袭、在马上开弓射箭以及运用穿透力更强的长杆兵器近距离格斗等都更加容易，不仅促进了军队兵种结构的优化，还促进了单骑技术的发展。也因此，骑射在这一时期备受统治阶级的重视，在军事训练和武艺考试中均以骑射为主要内容。例如前面提到的三国时期，不论是军队还是民间都十分重视射术的训练，修建有专门习射的地方。除此之外，国家还实行奖励政策，军队及民间更加重视射箭，就连一些统治者也擅长射箭，如曹操"手射飞鸟"，曹丕8岁能骑射。

魏晋南北朝时期，还出现了专业的射箭比赛，《魏宗室常山王遵传》记载：在洛阳的华林园，北魏孝武帝举行了一次射箭比赛，他在百步之外挂起一个能容两升的酒杯，选19名射手进行射箭竞赛，最后谁射中这个酒杯，谁就可以获得它。这是中国体育史上最早的一次有记载的奖杯赛。

概括而言，魏晋南北朝时期骑射的发展有三个特点：一是单骑战术得以发展；二是重装骑兵战术走向成熟；三是轻骑战术取得突破。《晋书·石季龙》记载："所乘赤马曰朱龙，日行千里，左杖双刃矛，右执绚戟，顺风击之，斩鲜卑三百余级。"重装骑兵走向成熟的标志是防御性增强，

① 孟峰年等：《州武术的形成及特点》，《搏击·武术科学》2009年第2期。

且自身重量远远大于轻骑兵和步兵，还有就是适合重兵作战的新战术的出现。《晋书·刘曜》记载："召公卿以下子弟有勇敢者为亲御郎，被甲乘铠马，动止自随，以充折冲之任。"轻骑战术取得突破，主要是优秀的防护装备将骑射的效果发挥到了最大。虽然重甲骑兵具有攻防俱佳等诸多优势，但任何一场战争都是各种战术的综合运用，不能依靠单一的作战手段。因此，轻骑战术得到进一步的发展，冲击力得以提升。《魏书·尔朱荣传》记载了轻骑的中央突破战术，即驻扎在晋阳的尔朱荣率精骑 7000 人出太行山攻击葛荣的军队。葛荣军队众多，准备采取包围尔朱荣的战术。但尔朱荣得到了消息后亲自上阵，突然在敌人后方出现，采用内外合击的中央突破战术，最后取得了胜利。在东魏和西魏的征战中，也采用了此战术，说明轻骑也可以达到重装骑兵的突击效果。[①]

（2）武术。这里的武术主要是指拳术。两晋时期，军事制度上实行"世兵制"，即士兵全家世代皆为军籍，以兵为业、世代为兵。这种制度使军事技能成为家传，对军事武艺的发展有一定的促进作用。由于战争频发，乡里贵族和地方豪强成为被掠夺的目标，贵族和地方豪强为了扩大自己的势力和防御自卫，建立"坞壁"，组织私家武装。特别是在北方，因战乱造成农田荒芜，农民为了生存，不得已成为依附于贵族和地方豪强的武装。北方"坞壁"的建立，推动了武术在民间的发展。

在此需要强调的是，这一时期军事制度的不断完善，在很大程度上促进了军事武艺的发展。北魏初期采行兵民合一的"部兵制"，后又实行"世兵制"。北朝后期，世兵制衰落，实行府兵制，即兵农合一。府兵平时为耕种土地的农民，农闲时训练，战时从军。府兵参战的武器和战马要求自备，折冲府负责选拔和训练府兵。府兵制不会影响农业的发展，而且从军者随时为战争做好准备，更加适应民族融合时期的社会发展。府兵制对选士的标准有很高的要求。《通典·兵典》记载："选士之科……戈铤剑戟，便于利用，挺身捕虏，搴旗斩将，堪陷陈者；矫捷若飞。"要求府兵既要会捕虏擒拿的拳术，还要会使用长兵器和短兵器，射术也要精通，还对士兵的身体素质有一定的要求，既能跑得快，还要有耐力和攀登跳跃等本领。总之，对士兵的速度、耐力、力量和弹跳等身体素质都有一定的要求。

（3）游泳。除了骑射，由于常年战事不断、长途奔袭，对将士的身体素质提出了更高要求，因此南北朝的军事将领都十分重视跑、跳、投等身

① 苏小华：《论魏晋南北朝时期骑兵战术的新发展》，《浙江社会科学》2009 年第 10 期。

体素质方面的训练。南方因为特殊的地理条件，江河湖海较多，将领更重视对士兵游泳技能的训练，出现了一些游泳高手，如西晋的周处、南朝的周文育等都是游泳高手。

2. 娱乐性武艺

由于对道家无为思想不同层次的解读，人生苦短、及时行乐的思想泛起，娱乐性武术得到了相当发展，表演功能凸显，如手搏、角抵、投壶、棋类等休闲娱乐项目受到追捧。佛教的传入也极大地促进了佛家武术的发展及其在民间的传播。如《高僧传》中有如下记载：少年慧光出家前“在天街井栏上，反踢蹀，一连五百”。梁朝出现了武谱，并完成了“击有术、舞有套、套有谱”的构架，说明武术的理论体系开始走向成熟。由于战乱引起民族大迁徙，北方的匈奴、羯、氐、羌、鲜卑等少数民族纷纷进入中原，建立政权并与汉族人共同居住；中原汉族人为躲避战乱，有的北迁关外少数民族地区，有的南迁长江流域。在此期间，北方出现过几次统一的局面，客观上加速了民族间的融合和文化交流，体育文化也出现了相互交融的局面。不同民族各具特色的体育、艺术等门类互相影响、互相渗透——少数民族向中原地区学习先进的政治制度、经济体制和体育文化，汉族人也从少数民族那里吸收了许多有益的东西。例如，北方少数民族把带有浓郁民族特色的骑射等军事技能传入汉族，又吸收了汉族的儒家文化和武礼，使骑射等军事技能更加规范化，并逐步形成了制度，凸显了其体育的特质；在北朝的百戏中，角抵和蹴鞠是主要内容，军队中也常开展角抵和蹴鞠活动；北朝还把在民间普遍开展的跳绳、蹴鞠等活动引进学校的教育系统中，促进了学校体育的萌生。南北朝时期还举行过大规模的比武活动。与此同时，中原地区受北方游牧少数民族的影响，角力（又称“相扑”）成为一种单独的体育活动，逐渐流行于社会。还引入了一项比较独特的北方少数民族的娱乐性体育活动——射柳。射柳起源于古代鲜卑、匈奴等北方民族古老的祭祀活动，即用弓箭射柳枝，具有浓郁的民族特色。上述种种，为中华民族体育的多元化发展奠定了坚实的基础。下面对这一时期的娱乐性武艺分别加以介绍分析。

（1）角抵、角力和相扑。现代摔跤运动是由角抵、角力和相扑等形式演变而来的。角抵，一是指综合类的角抵戏，其主要表演项目是单人或双人的拳术和赤手搏击；二是指单人或双人专门的角力活动。表 5-2 呈现了角抵与角力、相扑之间的基本关系。

表 5-2　角抵与角力、相扑之间的关系

运动名称	侧重点和区别
角抵戏	包括各类武艺、杂技。杨炫《洛阳伽蓝记》曰："禅虚寺，在大厦门御道西，寺前有阅武场，岁终农隙甲士习战，千乘万骑，常在于此。有羽林马僧相善角抵戏，掷戟与百尺树齐等。虎贲张东渠掷刀出楼一丈。帝亦观戏在楼，桓令二人对为角戏。"天兴六年（403 年），北魏道武帝拓跋珪诏修百戏中亦有角抵戏
角力（也称相扑、相搏）	即二人徒手相搏。这项运动源于古代的角抵。葛洪《抱朴子·崇效》记载，当时贵族子弟经常"计渔猎相掊之胜负"，相掊即相扑也
拍张	即单人徒手表演。南朝晋陵人王敬则就精于此术。据《南齐书·王敬则传》记载："年二十余，善拍张，补刀戟左右。"他由于精于"拍张"而得到了武官职务。拍张可能是近乎拳术套路的表演 《角力记》作者调露子认为："拍张亦角力也，齐书言戏，则徒手相拍击，而后角力也"

三国时期，角抵、相扑活动十分盛行，并被正式列为宫廷娱乐项目。据《魏书·奚康生传》记载："正光二年（512 年）三月，肃宗朝灵太后于西林园。文武侍坐，酒酣迭舞。次至康生，康生及为力士舞，及于折旋，每顾视太后，举手踏足，瞋目颔首，为杀搏之势。"这段记载中的"力士舞"，就是徒手拳搏的武技表演，也可看作后世拳术的原始套路。两晋南北朝时期，受到北方少数民族这种传统文化的影响，以及中原人民在角力上的交流与沟通，其逐渐成为在社会上流行的一种体育项目。角力既是角抵戏中的一项重要内容，也是为当时人们喜闻乐见的单项运动。

西晋时期出现了"相扑"一词。由此我们可以推测，此时的相扑运动已经不再是传统意义上的摔跤或角力（摔跤的主要目的是破坏对方的重心从而使对方倒地，身体力量显得尤为重要），它应该发展出了新的技巧，制定了比较规范的规则，更加接近于今天的相扑运动。相扑主要是一种力量和技巧的较量，而技巧是决定比赛胜负的关键。相扑在技术上大致分为推、摔、捉、拉、闪、按、使绊等。双方要灵活运用各种技术相互进攻，以把对手推倒或者推出圈外为胜（见图 5-1）。

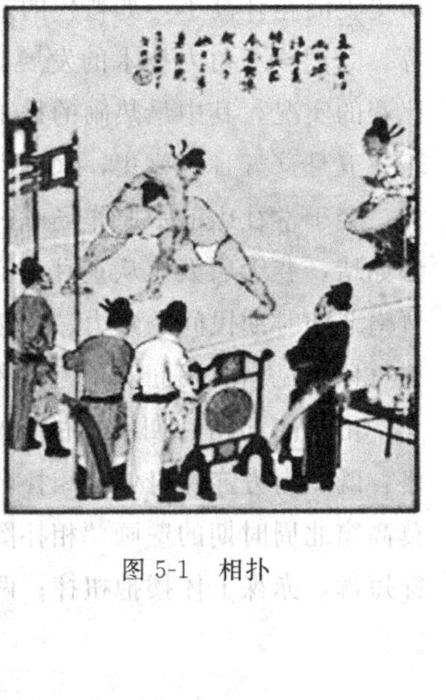

图 5-1　相扑

其实早在秦朝就有了类似于晋朝相扑的体育活动，但当时叫角抵，不叫相扑。湖北江陵市凤凰山秦墓曾出土壁画“相扑图”，画面展示的就是类似于相扑的角抵表演：两个赤身裸背的男子，系着腰带，穿着护裆，一人搂腰，一人弓步站立，准备扭摔；一边还站有一人，双手下按，正在执裁。秦代的角抵属于竞技娱乐。

两晋南北朝时期，相扑既是宫廷娱乐表演项目，也是一项竞技运动。《晋书·庾阐传》记载，东晋时期的文学家庾阐的父亲庾东“以勇力闻”。武帝时，有一个西域人善角力，身手矫捷、勇猛无敌。武帝司马炎招募勇士以铲除之，庾东应选，把西域胡勇扑杀，名震朝野。这一记载说明当时少数民族及中原地区皆有善角力者，且具有自己的独家绝技，有的战无不胜、威震四方。当时各地还经常举行角力比赛。《太平御览》卷七五五引东晋文学家王隐在《晋书》中的记载：“颍川、襄城二郡班宣相会，累欲作乐，襄城太守责功曹刘子笃，曰：‘卿郡人不如颍川人相扑。’笃曰：‘相扑下技，不足以别两国优劣，请使二郡更论经国大理人物得失。’”虽然刘子笃认为角力为“下技”，非安邦治国之术，但至少从侧面反映了襄城、颍川的民众非常喜爱角力运动，两城之间经常互通有无，切磋角力技巧。尤其值得一提的是，在西晋初年还出现了女子相扑。

《角力记》是第一部记载和研究中国古代角抵发展演变历史的专著。据《宋史·艺文志》记载，《角力记》的作者是调露子，但调露子的真实姓名和年代目前无从考证。《角力记》的价值可概括为以下三个方面：①比较详尽地梳理了角抵、角力、手搏、相扑的发展脉络，阐明了角抵、角力、手搏、相扑等名字的历史沿革。②搜集整理了角力的历史资料以及历史上的相扑高手，如晋代的刘子竺、王弘，五代的唐庄宗李存勖、王都等。③记载了角力技术的发展变化。《角力记》的后一部分还记录了摔跤比赛的实况，其中最热闹的是正月十五上元节：“五陵、鄱阳、荆楚之间”于“五月（五日）盛集，水嬉则竞渡，街坊则相拂（扑）为乐”，“约至上元，会于学社山前平原作场……或赢者，社出物赏之，采马拥之而去。观者如堵，巷无居人。从正月上元至五月方罢”。这些史料真实地反映了魏晋南北朝时期民间的角力、竞渡等节日民俗活动。在某些考古遗迹中我们也可以窥见当时民间对角力的喜爱。

由于南北朝时期民族的大融合，一方面，相扑呈现出不同的地域风格：既有南方赤裸身体的相扑，也有北方穿着衣服进行的相扑。这从敦煌莫高窟北周时期的壁画“相扑图”（见图 5-2）可以观察到。图中两个人只穿短裤，赤裸上体搂抱扭摔；两旁站立的两人束着腰带，穿着长袍，等候比赛。图中显示的摔法是抱腿摔，属于我国古代相扑的摔法。大同市出土的北朝石砚上的“相扑图”，也是两个身穿长袍的人互相扭摔。另一方面，相扑的动作和步法日趋程式化和规范化，出现了武术套路，“口诀”和“要术”等武术理论也初见端倪。随着拳术套路的发展，武术器械套路也有了很大的发展，有刀盾表演，枪、刀、剑表演等，另外还有类似于杂技的刀、剑、戟等兵器的抛掷表演。这些反过来又促进了武术套路的发展。

图 5-2　敦煌莫高窟相扑图（北周）

（2）蹴鞠。蹴鞠在我国有 2000 多年的历史。中原地区出土的旧石器时期的石球，一些学者认为它最初可能是用于狩猎、战争或习练的工具，偶尔用于球类游戏活动，后来发展为软质的球。魏晋南北朝时期，由于社会动荡和人口大规模迁移，在汉代以前作为军事训练项目的蹴鞠运动逐渐传播到周边地区，朝着竞技性和娱乐化方向发展，推动了蹴鞠运动的大众化（见图 5-3）。

图 5-3　古代蹴鞠

魏晋时期，蹴鞠的发展主要有以下几个特点：第一，传承了前朝蹴鞠的娱乐性，其表演功能更加完善。例如，三国时期经常开展蹴鞠舞表演，男女均可参加，有单人、双人和多人等不同形式。在鼓乐的伴奏下，人们一边击鼓一边踢鞠，有足踢、膝顶、后勾、单足停鞠等多种动作。《太平御览·魏略》记载了中国历史上首位蹴鞠师孔叔林，此人不仅鞠技高，而且善于讲解，宋太祖非常喜欢，常伴随宋太祖左右教其踢鞠。皇家还在一些饮宴场合进行蹴鞠表演。第二，竞赛性蹴鞠进一步发展。魏晋时期的蹴鞠比赛多是在鞠城或鞠室中进行，有裁判公平执法。《三国志·魏明帝纪》记载了建安初年曹操带领随从蹋鞠、博弈的场面。魏国还出现了专业的蹴鞠师，类似于现代的足球教练员，对蹴鞠做专门的研究。第三，蹴鞠用于训练士兵和军中娱乐。例如，曹操曾招募蹴鞠师训练军队，以提高士兵的身体素质。吴国也把蹴鞠当作训练军队的重要手段，令蹴鞠师开馆立学，对蹴鞠进行专门的研究。[①] 第四，出现了击鞠，即骑马持棍击球，类似于今天的马球运动。有关击鞠的最早记载是曹植在公元220年《名都篇》中描述的京洛少年“连骑击鞠壤”。因此，击鞠活动最晚在三国时期就已经出现。[②]

南北朝时期，由于战争频发，社会动乱，制约了社会经济文化的发展，蹴鞠运动发展缓慢，直到唐宋时期才迎来第二次高峰。

(3) 骑射。这里的骑射，指的是活跃于民间的骑射表演，与军事骑射有一定的差距。魏晋南北朝时期，游牧民族在强大的骑兵进攻优势下，逐步向中原地区推进并先后取得政权；他们不但善于骑射，而且鼓励骑射；不仅男子善骑射，就连妇女也习武练功，且在战争中起着非常重要的作用。因此，中原地区受此影响，开始盛行骑射。

据史料记载，东魏权臣高欢（496～547年）是鲜卑化的汉人，为了巩固自己的统治地位，他与北方的游牧民族联姻，先后娶了尔朱荣女和柔然公主为妃。据《北史·后妃传》记载，高欢在迎娶柔然公主为妻时，尔朱后迎接于木井北。公主引角弓射翔鸱，立中且落地。尔朱后拉长弓斜射飞鸟，也一发而中。高欢非常高兴，说：“我有二位妃子可以与我共同抗敌。”由此看出，北方民族妇女习射是普遍现象，就连北朝的宫女也能骑马射箭。《魏书》记载，广平（今河北邯郸一带）人李波之妹李雍容就是一位骑射高手，李雍容能飞跃至飞驰的马背上，还能左右开弓，且逢射必

---

① 张树军：《蹴鞠源考》，《体育学科》2009年第11期。

② 兰雷等：《中国古代蹴鞠的起源、发展及消亡》，《鲁东大学学报》2008年第3期。

中，她的武艺很多男子都无法企及。还有众所周知的代父从军的花木兰，也是北朝的女中豪杰。①

随着民族交融的进一步加强，汉族妇女在游牧文化的影响下，也开始学习他们的射箭技术，出现了许多优秀的神射手。如北魏宣武灵皇后胡氏是今甘肃泾川人，那里是多民族聚居地，胡氏受游牧文化的影响，擅长射箭。《魏书·皇后列传》记载，胡氏在西林园命侍者射箭，不会者惩罚之，自己射针孔，中之。她又攀登至鸡头山，射象牙簪，一发中之。从这段文字可以看出，宣武灵皇后的箭法可以说是百发百中，堪比游牧民族女子。

关于这一时期民间武术的发展，不同身份的人群习武的目的各有不同。一些人通过习武来谋取前程，因此习练武术注重实战性，以期建立战功。民间拳师为了方便记忆，还将格斗技能编成连续的动作进行传习，并把武术要点编成口诀要术，在习练的过程中进行传颂，有的甚至著书立说。这些都为后世民间武术的发展奠定了理论基础②。

（4）举重。举重起源于古代人们的实践生活，是由基本生活演变而来，同时也是健身和习武的手段之一。

举重物的竞技活动在中国古代经历了三个阶段：一是举生活用具，二是举石制的重物，三是举木铁制的重物和其他重物。根据所举的重物不同而起不同的名称，如拓关、扛鼎等，都是古代举重物活动中的器具。

夏、商、周三个朝代就出现过很多以举重物出名的人物，如夏桀“能伸钩索铁，手搏熊虎”；殷纣“能倒曳九牛，扶梁换柱”；有穷氏国君寒浞的儿子“能陆地行舟”。这都反映了当时举重物的流行程度。春秋战国时期，中国文物资料和史籍中逐渐开始出现与“拓关”和“扛鼎”有关的记载和描述，“拓关”就是举城门上的大木门闩，“拓”就是举的意思，“关”则是城门上的大门闩；而“扛鼎”就是举烧食物的大锅。汉代的主要举重物活动还是以扛鼎为主，主要是用来表演，方式也越来越多样化。张衡在《西京赋》中描写长安城的娱乐表演时说，在纷繁的百戏歌舞表演中，也有“乌获扛鼎，千斤若羽”，充分说明在当时扛鼎已经成为社会中的一种主流娱乐项目。

晋以后，“拓关”逐渐代替了扛鼎。晋成帝曾屡下诏书，要各地官员把能“翘关”（即“拓关”）的力士选入军中。但在此时“拓关”已经有了变化，由原来的举起城门上的大门闩，逐渐发展为用一种铁杠来专门当作举重器具。

---

① 李炳海：《从北朝骑射女杰到唐代女侠传奇》，《中国文化研究》1996年第14期。

② 邱丕相等：《中国武术导论》，北京，高等教育出版社，2010，第196页。

（5）百戏。魏晋南北朝时期虽然战乱不断、社会动荡，但歌舞娱乐活动在社会生活上并没有销声匿迹，比如乐舞有了较为广泛的发展，当时宫廷和豪门世族有专门的歌舞艺伎，甚至在宗庙祭祀中都有类似表演。我们在佛教艺术作品中都可以看到优美的舞蹈。如敦煌壁画中的“天宫伎乐”。《洛阳伽蓝记》记载：“常设女乐，歌声绕梁，舞袖徐转”“得往观者，以为至天堂。”反映了北魏京城洛阳景乐寺大斋时的舞蹈场景。尤其在南北朝时期，舞蹈传到了北朝，西北少数民族的“龟兹乐”“西凉乐”“西戎伎”等乐舞也被带进了中原，促进了各民族间舞蹈的大交流，使“百戏”的内容更加丰富多彩，当时的人们也把“百戏”称为“杂技”或“散乐”。《旧唐书·音乐志》载：“散乐者，历代有之，非部伍之名，俳优歌舞杂奏……如是杂变，总名百戏。”史书记载“百戏”的内容较多。

曹魏时期，曹操父子都喜欢戏乐，特别是魏明帝每年都要举行百戏演出。《三国志·魏书》就记载了青龙三年（235 年）于芸林苑中举行百戏的场面。《三国会要》也记载：“后汉正旦，天子临德阳殿受朝贺，奏食举之乐。乐毕，作鱼龙曼延。魏犹有夏育抗鼎、巨象行乳、神龟舞、背负灵岳、桂树白雪、画地成川之乐。”一些考古文物也再现了三国时期百戏的热闹场面。如安徽马鞍山吴国朱然墓出土的漆案“宫闱宴乐图”，有杂技艺人表演杂技，乐舞艺人表演吹箫、敲鼓、击钹、柔术、武术、跳丸等，展现了吴国百戏的精彩场面。西晋傅玄的《正都赋》真实生动地再现了晋时百戏演出的情景。《周书·崔猷列传》记载：“时太庙初成，四时祭祀，犹设俳优角抵之戏。”北魏道武帝拓跋珪在天兴六年（403 年）冬，“下诏增修百戏，以备殿庭宴飨”①。据文献记载，北周建立初期，祭祀太庙的时候就有“俳优、角抵”之类的节目。北周宣帝时期（559～580 年），百戏更加兴盛；南朝宋、齐、梁、陈诸朝也都钟爱百戏。梁朝统治者更是重视乐舞以及百戏等表演项目。天监四年（505 年），梁武帝为了恢复礼乐制度，专门命人掌管礼乐，在三朝元会时先于太岳殿设乐。②

从文献的记载可以看出，魏晋南北朝时期百戏的种类繁多，其中有继承汉代百戏的种类，如杂技类、幻术类、格斗类、俳优类、假形扮饰类、傀儡戏类、杂舞类等；③ 也有一些引进或创新的杂技类别。杂技类主要有胡檐橦、肉飞仙、“寻橦”类、猿骑、肚上载竿、齿上顶竿等；幻术类主要有断舌复续、天台山伎、左慈幻术、空竿钓鱼、金盆种姜、火中金莲、

---

① 〔北朝·齐〕魏收：《魏书·乐志》，北京，中华书局，1974，第 376 页。

② 常乐：《魏晋南北朝百戏的演出与禁毁》，《河北北方学院学报》2009 年第 3 期。

③ 李吕婷：《魏晋南北朝百戏研究》，《武汉音乐学院学报》2007 年第 7 期。

须弥山、黄山、飞遁远去、拔井、种瓜、酒脯搬运、杀马、剥驴、钵内生莲、吞针等；格斗类主要有辽东妖妇、五兵等；杂舞类主要有杯盘舞、安乐伎、苏莫遮等；假形扮饰类主要有凤凰衔书伎、辟邪伎（见图5-4）。其中创新的表演内容，一是来自南方特色节目与北方游牧文化融合，二是来自与西域各国（龟兹、疏勒、康国、安国、高昌）以及天竺、高丽等国的文化艺术交流。

图5-4　百戏俑图

总之，魏晋南北朝时期，百戏内容和形式不断推陈出新，对社会各阶层产生了巨大的吸引力。另外，这一时期的百戏还有一个突出特点，那就是出现了歌舞戏的表演形式。它不但继承了汉代的角抵戏和巾舞戏，而且还加入了一些故事情节，更加具有看点。有一些节目的发展相当于后世的戏曲表演，如从西域流传到南朝的歌舞剧《上云乐》《代面》《苏中郎》《拨头》《踏谣娘》等。[①] 综合来看，这一时期观赏性的活动呈现过度发展的态势，运动健身的项目明显衰退。

（二）中原传统棋类

1. 围棋的发展

在三国时期，许多著名的军事家都是围棋高手，如曹操、孙策、陆逊等，他们的棋艺相当高超（见图5-5）。“建安七子”中的王粲也是围棋高手，他的记忆

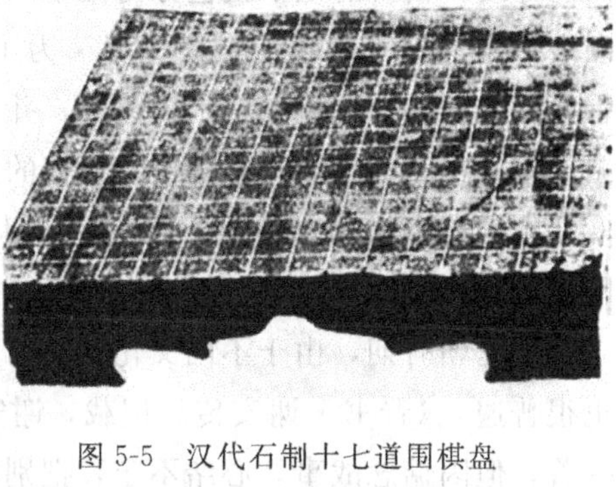

图5-5　汉代石制十七道围棋盘

① 李吕婷：《魏晋南北朝百戏研究》，《武汉音乐学院学报》2007年第7期。

力非凡，对围棋的棋盘、招法都非常熟悉，只要是他看过的棋局，都能准确摆好。

由于玄学的兴起，宫廷内外、文人学士也都崇尚这项清雅的活动。围棋被这些文人雅士称作“手谈”而成为宴会交往的主要内容，贵族统治者也喜爱博弈。

《晋书·贾充传》记载，惠帝的儿子司马遹，常召贾充等入宫，“弈棋争道”。《南史·萧惠基传》记载，宋文帝也喜爱弈棋，曾令围棋名手褚思庄与会稽太守羊玄保对棋，并录成“图局”，供其观赏。南朝，皇帝让手下品棋已经成为常态，可见当时棋类活动之普遍。另外，南朝评棋的规模也很宏大。《南史·柳恽传》记载：“梁武帝好弈，使恽品定棋谱，登格者二百七十八人。”可见其规模之大。梁武帝也擅长弈棋，而且对弈棋理论相对精通，著有《围棋赋》《围棋品》《棋法》等。

南北朝时期，围棋等级已分为“九品”，这从晋人范汪等撰写的《棋九品序录》可以看出。当时围棋名家众多，南方官员中有王抗、褚思庄、柳恽、萧道成、夏赤松、羊玄保等，北方有悉罗腾、范宁儿。《册府元龟》记载：“后魏有范宁儿者，善围棋，与李彪使齐，齐武（帝）令江南上品王抗与（弈），宁儿制胜而还。”《十六国春秋·前燕录·悉罗腾传》载：“北燕有悉罗腾，工围棋，穷究其妙，独步当时，莫与为俦。俄而北平乐抄少携出，与（罗）齐名。”《周书·异域列传》记载，“百济国”有各种杂戏，“然尤尚弈棋”。

在围棋的规制上，魏晋南北朝时期也做了相应的创新，改变了原有的“十七道”的围棋棋盘，创新成“十九道”的围棋棋盘，即总共三百六十一路，进一步增加了围棋的难度。但人们对围棋更加着迷，沉浸于围棋的高手层出不穷。为了鉴别人们的棋艺水平，建立了“棋品”制度，出现了棋艺等级。当时的围棋技艺分为九个品级，棋艺最高级别者称为“入神”，以表示其棋艺所达到的最高境界。为了鼓励围棋的发展，甚至还以棋设官。除此之外，还建立了围棋州邑，并多次举行大规模的比赛。据文献记载，梁武帝时期，举行过两次大规模的围棋比赛，参加人数多达百人，妇女儿童均有参加。由于围棋技术发展迅速，再加上许多文人的广泛参与，围棋理论也日趋成熟。

南北朝时期，由于不同文化冲突与交融的特殊社会氛围，用围棋赌博也很普遍。《晋书·谢安传》记载，谢安与谢玄曾弈棋赌别墅，谢玄棋高一着，但因惦念战事，心绪不宁，把别墅输给了谢安。《南史·羊玄保传》也记载了宋文帝与棋手羊玄保弈棋赌郡，玄保胜利，以补宣城太守。当时有些学者曾对围棋进行评论，认为围棋虽为雅戏，但不可久为之，否则就像吃饱了昏昏欲睡似的。如《颜氏家训·杂艺》即认为不能经常下围棋，否则会令人烦躁、沉溺入迷、昏乱不安、糊涂，旷废时日。

2. 弹棋的发展

弹棋出现的较晚，在西汉末年才开始流行，但下弹棋的人不多，主要局限于宫廷里的人以及王公贵族和士大夫。西晋初年的文学家傅玄在《弹棋赋序》中曾这样记载弹棋的起源：蹋蹴鞠衰竭人的体力，不是皇帝的尊贵身体能够抵御的，于是根据其身体状况发明了弹棋。由此可以推测，弹棋是一种为了满足帝王的娱乐需求而发明的博戏活动（见图 5-6、图 5-7）。关于弹棋是如何玩的？晋人徐广在《弹棋经》里有说明：弹棋是两个人进行的棋类游戏，有黑棋和白棋各六枚，先进行列棋，上下互击之。《弹棋经》只是简单地介绍了弹棋的游戏规则，至于详细的弹棋玩法，文献记载较少。

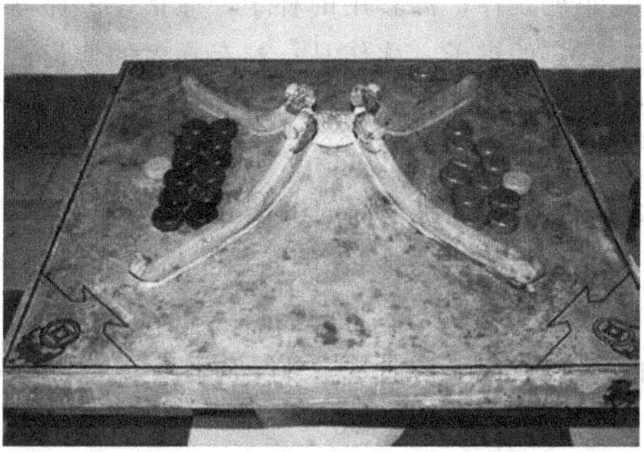

图 5-6　弹棋图（济宁市市中区文化馆复原）

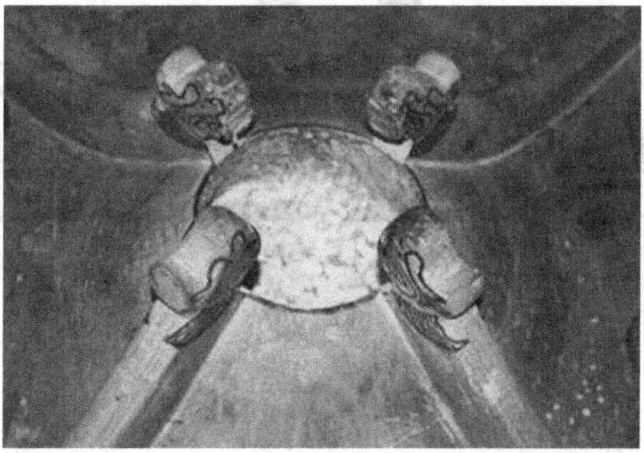

图 5-7　弹棋棋盘

《世说新语》中也记载了有关弹棋的内容：三国时期非常流行弹棋，但曹操要求宫人厉行节俭，尤其对赌博类的游戏严加管制，因此宫里的人只能偷偷进行弹棋活动。到了魏文帝时期，由于曹丕对弹棋的爱好，宫中弹棋活动盛行。① 曹丕是弹棋高手，还作过一篇《弹棋赋》，谈到了弹棋做工的精美。或许是宫中的示范作用，弹棋被“正名”为雅戏（《弹棋经后序》中有记载）。一些人甚至认为弹棋具有消除忧愁、释放不良情绪的作用。

3. 樗蒲的传入

樗蒲（chū pú）是一种类似于掷骰子的棋类游戏。之所以称为樗蒲，是因为刚流行这种棋的时候，掷彩用的骰子是用樗木做成的，后来也有人称其为五木、呼卢、掷卢。《晋中兴书》和《太平御览》中记载樗蒲是西域胡人的游戏，胡人用樗蒲进行占卜。

东汉马融在《樗蒲赋》中记载，樗蒲游戏的道具主要包括：供行棋所用的樗蒲盘，也就是枰；掷彩用的杯子，即梧；供计算齿彩用的矢；下赌注用的筹；行棋的棋子，称作马；刻有彩名的博齿，一共有五个。据《宋史》记载，樗蒲的玩法是手执“五木”，往“杯”中掷，按所掷彩数，执棋子在棋盘上行棋，也可以吃掉对手的棋子，以先走到尽头者为胜。这五木可以排列成六种不同的组合，即六种彩。最高彩叫“卢”，由全黑组成；排在第二的叫“雉”，由四黑一白组成；其余四种称为杂彩，即“枭”或“犊”。贵彩可以连续掷彩，或打掉棋子，或过关，杂彩则不能。由此可以看出，樗蒲是一种复杂多变的棋类游戏（见图 5-8、图 5-9）。

图 5-8　樗蒲图

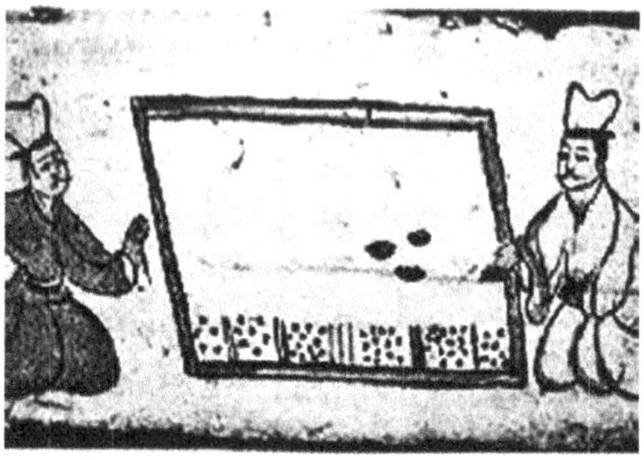

图 5-9　樗蒲图

① 〔南朝·宋〕刘义庆：《世说新语》，朱碧莲等译注，北京，中华书局，2011，第 167 页。

樗蒲在最初发明的时候，只是一种玩法复杂烦琐的棋类博戏，但随着社会风气以及樗蒲游戏自身的演变规律，人们删繁就简，将其简单化，只以投掷骰子比大小来决定胜负，由此加快了游戏速度。人们认为这种游戏规则主要靠运气取胜，随机性较大，相对比较公平，因此樗蒲再次受到人们的喜爱。但当时也有很多人反对王公贵族沉湎于樗蒲博彩，如西晋的庾翼的上司陶侃就反对樗蒲。①

樗蒲除了具有博戏功能之外，还有人将其神化，认为樗蒲具有占卜的功能。如李松福《古今图书集成·博物汇编·艺术典·博戏部》记载：慕容宝（355～398年，十六国时期后燕政权第二位皇帝）的父亲认为慕容宝三次掷的都是“卢”，相信这是上天让他反前秦苻坚而复国。

4. 棋类在民族融合下的发展

魏晋南北朝是一个特殊的历史时期，战乱频繁，政权交织更迭，客观上带来了民族间异质文化的碰触和交融。体育文化作为民族文化的一个重要组成部分，是各民族文化交融的一个重要方面。在这一历史背景下，棋类游戏的类型逐渐增多，比较流行的主要有长行、握槊、波罗塞戏及双陆等。② 关于握槊、长行、波罗塞戏及双陆（见图5-10、图5-11）的起源以及它们之间的关系，古文献中有很多记载，比如唐人李肇的《唐国史补》、宋人高承的《事物纪原》、宋人洪遵的《谱双·序》、明人谢肇淛的《五杂俎》、清人方以智的《通雅·戏具》、宋会群的《中国传统博弈文化》等。这些著作大都认为，握槊、长行、波罗塞戏及双陆均是曹魏时期从西域传入的，虽然名称不同，但它们属于同一类博戏。但也有人认为这几种棋类游戏不论在发明者还是在行棋的规则方面，都有一定的差异。我国著名学者宋会群通过对文献以及这些博戏的考察和研究，认为握槊是公元6世纪初传入我国，而此时我国已有双陆棋，双陆的形制并非源于握槊，可能是胡人的握槊传入中原后与中原的双陆融合，产生了新的双陆形制，新的双陆棋经过进一步的融合演变，出现了“长行”。也有学者认为：双陆棋和握槊游戏是在三国初期由异域传入中国，又名“波罗塞戏”。③

---

① 〔唐〕房玄龄等:《晋书·陶侃传》,北京,中华书局,1974,第89页。

② 宋会群等:《中国博弈文化史》,北京,社会科学文献出版社,2010,245页。

③ 郭双林等:《中华赌博史》,北京,中国社会科学出版社,1995,第35页。

图 5-10　周昉（传）《内人双陆图》

图 5-11　双陆棋

总体上说，魏晋南北朝时期，棋类游戏的名称比较混乱，加之古代文献记载参差有别、真假难辨，学者们意见纷呈、各持己见。因此，握槊、长行、双陆、波罗塞戏这四种博戏到底是名称不同、形式相同的棋类游戏，还是名称和形式都不同的棋类游戏，还需进一步考证。但学者们一致认为这一时期的棋类游戏得到了较快发展。

（1）握槊的发展状况。握槊是类似于双陆的一种博戏，相传三国时期由西域少数民族传入（见图 5-12、图 5-13）。《魏书·术艺》记载："赵国李幼序、洛阳丘何奴并工握槊。此盖胡戏，近入中国……"魏晋南北朝时期，上至皇室成员，下至普通百姓，都十分喜爱这种活动。《北齐书》记载，从皇族到要臣都酷嗜握槊棋戏；《北齐书·和士开传》记载：武成帝常使和士开与胡皇后对坐玩握槊，孝瑜向皇帝进谏："皇后乃母仪天下，不能与臣下对坐玩乐。"皇帝采纳了他的建议。北方少数民族在每年的正月初一举行射戏饮酒活动，其中也有棋类握槊。但握槊的具体玩法已失传。

图 5-12　握槊

图 5-13　握槊棋盘

（2）双陆的发展状况。双陆是一种棋盘游戏，据考证，它是三国时期结合了波罗塞戏和六博的特点而创制的。关于双陆名称的由来，《资治通鉴·神龙元年二月》记载："双陆者，投琼以行十二棋，各行六棋，故谓之双陆。"

双陆的棋盘呈长方形，棋盘长边两侧有两个半月形的门，梁即双陆棋盘长边半月形门两边的 6 个圆点。双陆的器具包括：枰，也就是棋盘；马，即棋子；骰子，掷采用的。棋子呈锥形，有黑色和白色的棋子各 15 枚。游戏规则是以掷骰子的点数决定棋子的行进步数。人们在进行双陆博戏时，用竹筒摇晃骰子，然后倒出。骰子有 6 个面，即一至六，然后根据骰子的数目行棋。白色的棋子从左走到右，黑色的棋子从右走到左。一方的棋子先入宫，即全部走入对方的六梁，就获得一盘胜利，可以得一筹，赢得十五筹算一局。下双陆棋虽然有运气在里边，但更多的是诀窍和才智，有智力的因素，因此有人称之为"智人戏"。

从博具来看，魏晋时期的双陆（见图 5-21）与汉代盛行的六博（见图 5-14、图 5-15）有一些相似之处，但也有许多不一样的地方。相似的地方是：双陆棋盘上长边两侧各有 12 个圆点，而六博棋盘上则有 12 曲道；双陆有骰子，六博有"基"，与骰子的功能相似。不同之处在于双陆棋盘呈长方形，六博呈正方形；六博在行棋的过程中是依曲道而行，容易出现双方争道的情况。

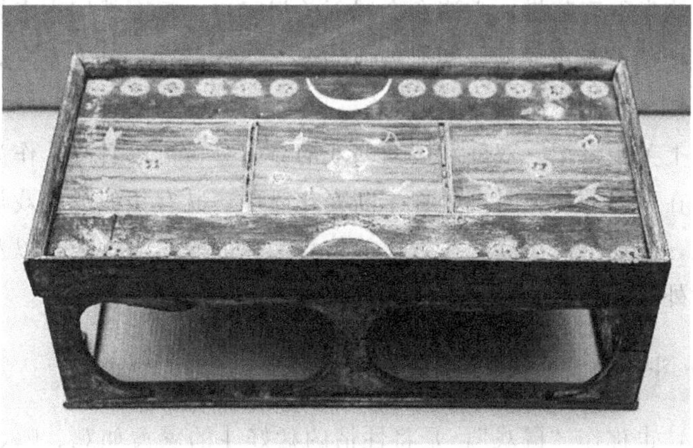

图 5-14　双陆棋盘

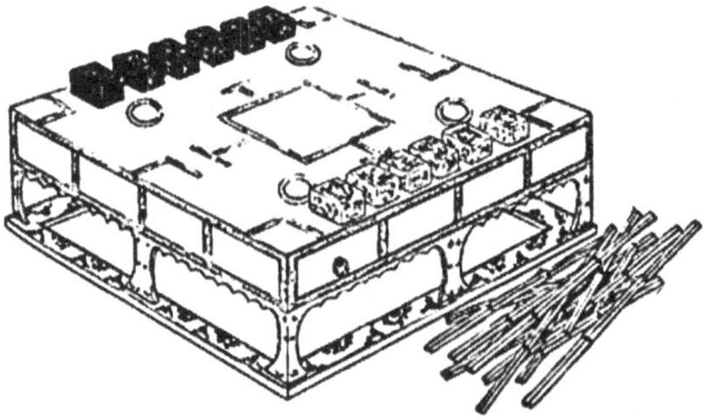

图 5-15　六博棋盘

从洪遵的《谱双》、无名氏的《双陆格》、佛经的《二谛义》等文献记载考察，双陆棋与波罗塞戏在行棋的规则上也有一些相近之处。例如，双方轮流投掷，如果遇到对方的孤子可以打下，但不是孤子的则不能打。但有人认为，双陆的这一规则是在发展过程中吸收了波罗塞戏的特点而形成的。波罗塞戏是一种模拟军事战争的游戏，也称握槊。《大般涅槃经疏》记载它是梁武帝时期伴随着佛教传入中国的。①

据《南史·侯景传》记载，南北朝时期的北方人喜爱玩握槊，而南方则较为盛行双陆和长行。《梁书·鲍泉传》记载：梁元帝之子方诸不懂军事，只喜爱下棋、喝酒自娱自乐。侯景的叛军到了，百姓奔走相告，此时方诸正与鲍泉下双陆棋，方诸命令属下关门闭户。叛军就用火来烧城，没有人能够抵抗，叛军攻入城池，城池陷落。② 当时的人们认为握槊和双陆跟围棋一样，是高雅游戏。

从以上关于握槊、双陆和波罗塞戏的介绍分析可以看出，作为棋类游戏，它们在不同的历史时期处在不断变化之中，既有相似的游戏规则，又各有特色，体现了汉民族与少数民族体育文化的交流与融合，以及中国传统文化对外来体育文化的融入。③

（三）斗戏的发展状态

斗戏，也称作“鬬戏”，是将性情凶猛好斗的家禽如鸡、鸭、鹅等放在一起，通过一定的技巧利诱、引逗或驱使它们相互攻击，使它们争胜负

① 杜朝晖：《“双陆”考》，《中国典籍与文化》2006 年第 6 期。

② 〔唐〕姚思廉：《梁书》//〔清〕永瑢等：《四库全书》第二百六十卷，上海，上海古籍出版社，1987，第 265 页。

③ 路志峻等：《丝绸之路上的胡戏——双陆之考析》，《敦煌研究》2009 年第 5 期。

以取乐的一种博戏，流行于魏晋南北朝时期。《史记·苏秦传》记载的斗戏出现的时间较早，大约在春秋时期既已出现并流行。

1. 斗鸡

斗鸡是一种与普通的鸡不同的品种，又称为“咬鸡”和“打鸡”，这种鸡以擅长打斗而闻名于世，主要是供人们娱乐和竞赛用（见图5-16）。斗鸡一般为公鸡。两鸡打斗，一是为了争夺食物，二是为了争夺配偶。它们以死相拼，直至战斗到最后一口气，相当惨烈和刺激。有关斗鸡的最早记载见于《左传·昭公二十五年》：季平子和郈昭伯斗鸡，为了使鸡斗得更加激烈和更具观赏性，季平子在鸡的羽毛上漆、上胶，使鸡翅膀像铠甲一样，而郈昭伯在鸡距上扎上金属刀子。另外，《史记》《汉书》中也曾多次记载斗鸡，如“临淄甚富而实，其民无不吹竽鼓瑟，击筑弹琴，斗鸡走狗，六博蹋鞠者”。

图5-16　魏晋盛行的斗鸡（刘祯 绘）

三国时期斗鸡盛行，是人们相聚作乐的重要项目，王公贵族也乐此不疲。曹丕、曹植等贵族子弟都十分喜爱斗鸡。曹植在《斗鸡篇》中描写了斗鸡的场景，一方面刻画了斗鸡时紧张激烈的场面，另一方面说明了斗鸡给人们带来的极大乐趣。为了观赏斗鸡，魏明帝曹叡还在今河北省魏县筑起了斗鸡台，并经常在此观赏斗鸡。

魏晋时期盛行在寒食节时斗鸡。当时斗鸡的场面十分壮观，观看人数众多，斗鸡场面激烈，从早到晚，胜负难分。如西晋人傅玄在《斗鸡赋》中描述道：“五色错而成文兮，质光丽而丰盈……”应玚也在《斗鸡诗》中写道：“双距解长绁，飞踊超敌伦……从朝至日夕，胜负尚难分。”在北周人庾信的《斗鸡》、陈朝人徐陵的《斗鸡》、北周人王褒的《看斗鸡》、梁朝简文帝的《斗鸡》等史料中也都有斗鸡场面的记载和描述。

随着斗戏的发展，至南北朝时期，斗戏的种类更多，有斗鸡、斗牛、斗鹅、斗蟋蟀、斗鸭、斗鹌鹑等。斗戏逐渐成为人们日常生活中重要的娱乐活动。

2. 斗鹅、斗鸭

魏晋南北朝时期，人们迷恋斗鸡、斗鸭、斗雁和斗鹅（见图 5-17）。斗鸭是指使鸭相斗的博戏。《西京杂记》记载有鲁恭王斗鸡鸭。这一时期，不仅社会上热衷于斗戏，就连一些帝王对斗鸭、斗鹅也非常感兴趣。三国时期，魏文帝曹丕就嗜好斗鸭，他到处求购良种鸭用来搏斗。《江表传》中有魏文帝专门派遣使节去东吴，向孙权讨取斗鸭的记载，可见当时东吴出产的斗鸭名震四方，也说明有人专门驯养善于打斗的鸭子。由于斗戏成风，一些官员无心公职。《三国志·陆逊传》中记载了当时的一些官员喜欢斗鸭而不思进取，陆逊对此非常反感。

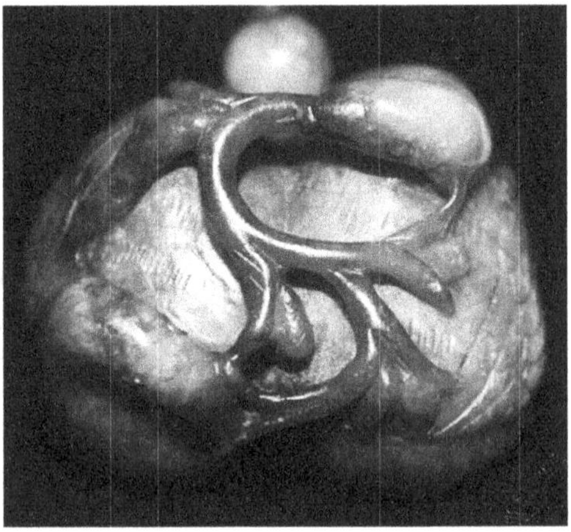

5-17　斗鹅玉器

西晋太康年间，举秀才的蔡洪是一位玩斗鸭的资深行家。他写了一篇颇有名气的《斗凫赋》，栩栩如生地描述了当时斗鸭的精彩场面。他认为在诸多的斗戏中，最为精彩的就是斗鸭。南北朝时期，《宋书·王僧达传》记载，王僧达生病时还被斗鸭戏吸引，在杨列桥上观赏当地的百姓即兴组织的斗鸭比赛，可见当时民间斗鸭之风甚为兴盛。南朝宋文帝时期的陆探微收藏有一副《斗鸭图》，但该图已失传。郭泮溪在《中国民间游戏与竞技》中也有很多关于斗鸡、斗牛、斗蟋蟀、斗鸭、斗鹌鹑、斗鹅等斗戏的论述，可以进一步参考研究。①

（四）民间信仰中的河洛古都体育活动

魏晋南北朝时期，由于国家、民族间的尖锐冲突以及社会的剧烈动荡，人们生活在无奈和痛苦之中，特别需要精神慰藉。人们希望有超越人与自然能力的鬼神存在，或者希望有一个彼岸世界或者来世能够实现他们今生的愿望。与这些未知世界发生联系、寄托愿望的一个重要方式就是祭祀。这些活动成为民间的一种信仰。在这些祭祀活动中，贯穿着一些娱乐类和体育类活动，受到人们的喜爱。

---

① 刘甫晟：《魏晋南北朝时期博戏及博戏赌博现象初探》，《成都体育学院学报》2012 年第 7 期。

1. 舞龙

舞龙，又叫“玩龙灯”，是中国古代传统节日特别是春节、元宵节时举行的体育活动。关于舞龙的起源，最早的记载出现在春秋战国时期，人们为了祈雨和祭祀，模仿龙的样子舞动。西汉大儒董仲舒的《春秋繁露》里记载了汉代舞龙祈雨的场面，人们身穿各色彩衣，舞起各种颜色的龙，祈求天神降雨，五谷丰登。张衡在《西京赋》中对百戏中的舞龙也作过生动的描述。

从汉朝开始，舞龙逐渐脱离了单纯的祈雨功能，向娱乐性方向发展。它集武术、舞蹈、民族鼓乐、文化等于一体，通过鼓乐的击打节奏，将武术和舞蹈动作有机地结合起来，既柔美多变，又刚劲有力；既具有观赏性，又具有健身功能。尤其是在春节和元宵节等大型节日里，人们欢快地舞动长龙，场面热烈，情绪激昂，增添了节日的欢乐气氛，也饱含了人们对美好生活的祈愿。

2. 舞狮

据文献记载，舞狮大约出现在三国时期，每逢春节、元宵节和大型喜庆活动，都会进行舞狮表演。舞狮是中华民族独具特色的传统体育活动，也是优秀的民间传统艺术。由于各地的风俗习惯不同，舞狮中的狮子表现出不同的风格，可分为南狮和北狮。南狮以写实为主，多以嬉戏玩耍为表演内容，又叫“文狮”，流行于广东、湖南等南方地区；北狮注重神似，伴有高难的武术动作，技巧性高，主要表现狮子的威武勇猛，又叫“武狮”，流行于中国北方。

据说狮子最早并非产自中国。公元 87 年，一些西域国家为了与汉室结交，将象征吉祥的狮子运送到中国，这一吉兽和它威武的模样很快受到了人们的喜爱，逐渐发展成狮子舞。南北朝时期佛教兴盛，狮子被看作吉祥的象征，以舞狮来辟邪。

3. 射礼

射礼是中国古代流传的射箭时的一种礼仪，以射击比赛为主要表现形式，但也包含了礼乐、宴饮等内容。因此，射礼不仅仅是纯粹的射艺，它的文化内涵深厚，是礼仪中嘉礼的一种，被称为“立德正己”之礼，在古代主要用于祭祀、宴宾、竞技、选拔人才等。射礼在西周时期被列为“六艺”的主要内容。孔子也非常看重射艺，因为它既是一项强身健体、防身自卫的技艺，同时承载着中国文化的内涵（见图 5-18）。

图 5-18　射礼

从文献典籍来看，射礼可分为大射、宾射、燕射和乡射四种。大射，又称大射礼，是天子、诸侯、卿大夫在祭祀前为挑选参加祭祀的人而举行的射礼；宾射，是诸侯朝见天子或诸侯相会时举行的射礼；燕射，又称燕射礼，是诸侯、大臣在平时宴饮之后举行的射礼；乡射，又称乡射礼，是地方官为荐贤纳士、教民礼让而举行的射礼，《仪礼·乡射礼》有详细的记述。

魏晋南北朝时期，河洛古都的射礼虽然没有之前流行，但仍然有文献记载了射礼活动。如《晋书·武帝纪》以及洛阳出土的《晋辟雍碑》中都记载有射礼活动。《晋辟雍碑》中记载的射礼，有乡射礼、大射礼的进行时间，即泰始三年（267 年）十月、泰始六年（270 年）正月、泰始六年十月；有立碑时间，即咸宁四年（278 年）十月。《晋书》中记载有乡射礼的场面，《晋书·武帝纪》记载："（270 年）冬十一月，幸辟雍，行乡饮酒之礼，赐太常博士、学生帛牛酒各有差。"①

4. 投壶

投壶是我国古代的一种礼仪活动，相传是由射礼演变而来的，也是士大夫饮酒作乐时玩的一种竞技性投掷类游戏。② 由于投壶是射礼的变异，采取射礼的礼仪，繁文缛节较多，后经过民间改良，逐渐删减了一些繁文缛节，娱乐性凸显，因此受到人们的喜爱。

魏晋南北朝时期，投壶方法和技巧越来越高超，花样增多，娱乐性也进一步增强。三国时期投壶的器具也有了一定的变化，投壶酒器由专门的

---

① 〔唐〕房玄龄等撰:《晋书·武帝纪》,北京,中华书局,1974,第 148 页。

② 《中国体育百科全书》编委会:《中国体育百科全书》,北京,人民体育出版社,2001,第 319 页。

工匠铸造，壶高增加，脖子长、肚子大，装饰非常华丽，但这种壶一般是贵族所用。据史书记载，三国时期的诸葛瑾就喜爱在会客时以投壶、博弈、樗蒲作乐。随着投壶游戏规则的发展，不但文人雅士喜爱玩耍投壶，就连武将也对投壶产生了极大兴趣。如魏文帝手下的大将张郃擅长投壶，他与诸葛亮对战时就曾以投壶比试。[①] 这一时期，不仅参与投壶的人数众多，而且一些人的技术也相当精湛。魏国邯郸淳所作《投壶赋》中有关于连投的记载："然后观夫投者之闲习察妙，巧之所极，络绎联翩。……爰爰兔发，翻翻隼集，不盈不缩，应壶顺入，何其善也。每投不空，四矢退效，既入跃出，荏苒偃仰。黾勉趋下，馀势振掉，又足乐也。"[②] 从这里可以看出投壶者技艺的高超，他们的投壶技艺妙趣横生，娱乐性很高，连投连抓的技巧已成为投壶的一般技艺。北齐著名学者颜之推在《颜氏家训·杂艺篇》中也记载："齐梁期间，有世家的子弟，即汝南的周璝、会稽的贺徽，能够一箭连续投射四十余次。"更有甚者，有人能隔着障碍或蒙着眼睛投壶。有文献记载："王胡之善常投壶，可以闭着眼睛非常精准的进行投壶游戏，而且当时投壶所用的壶口非常小。"[③] 另有记述："在投壶外设置屏障，隔着屏障投壶，没有投掷失败的。"[④] 说明当时投壶玩家的投壶技巧非常高超。

晋朝时开始出现妇女玩的投壶游戏（见图 5-19）。《太平御览·晋书》记载：晋朝石崇有宠姬擅长投壶，能够隔着屏风往壶里投掷，技艺非常高超。晋代也对壶进行了改进，在壶口旁增加两耳，耳小于口，因此投壶的花样增多，投壶的花式就有"依耳""贯耳""倒耳"等。由于魏晋南北朝时期道教盛行，投壶也融入了道教文化，受道家影响很大，投壶成为修道成仙的重要途径。王褒的《弹棋诗》、著名的道教理论家葛洪的《神仙传》、张华的《博物志》里都有相关记载。

概言之，这一时期，投壶作为从射礼演变而来的项目，既有射礼的礼仪，又降低了难度，游戏性和娱乐性更强，受到了王公贵族、平民百姓的追捧，盛行一时。

---

① 〔晋〕陈寿:《三国志》,北京,中华书局,2007,第 7 页。

② 韩格平等校注:《全魏晋赋校注》,长春,吉林文史出版社,2008,第 70 页。

③ 汤球撰,黄爽辑,乔志忠校注:《众家编年体晋史》,天津,天津古籍出版社,第368 页。

④ 柴剑虹:《敦煌学与敦煌文化》,上海,上海古籍出版社,2007,第 103～106 页。

图 5-19　投壶

（五）魏晋南北朝时期河洛古都体育养生

魏晋时期，玄学、道教和佛教兴盛，受此影响，导引养生得到了快速发展。这一时期的养生方式主要有导引和服药。由于人们受道家思想的影响，崇静卑动，再加上当时某些名人的主张（如葛洪在《抱朴子·内篇·金丹》中说，虽然他习练过武术，却主张服药），服药成为人们养生的首选。尽管如此，仍有人热衷于研究导引术。如陶弘景，虽然师承葛洪，但他所著的《养性延命录》一书载有“五禽戏”的练法，说明他更加注重导引对于养生的作用。

1. 体育养生思想的形成

汉代至魏晋南北朝这一阶段，是河洛古都养生思想和理论走向成熟的重要时期。这一时期，道教的盛行为养生思想的形成提供了理论指导，道教的宗教组织为养生术提供了实践的可能。这一时期的养生学主要是以神仙信仰为发展动力。据西晋养生家葛洪《抱朴子·内篇》一书记载，这一时期的养生家形成了导引行气、房中、服食三派。

南北朝时期，人们更加重视生命和追求得道成仙，道教正是利用人们的这一心理大力发展养生思想，特别是王公贵族对养生术极为关注。由于玄学的盛行，人们不大重视肢体活动的导引，偏重服食灵丹妙药，追求长生不老和得道成仙。魏晋南北朝时期的养生思想，奠定了养生学的基本思想和原则，如这一时期的重要著作《太平经》《养性延命录》《黄庭经》

《抱朴子》《周易参同契》等都体现了重人贵生、形神兼养、众术合一的思想，为后世养生学的发展提供了重要的理论参考。

首先，玄学对养生思想产生了极大影响。玄学又称新道家，是道家融合儒学后以一种新的方式表现出来，是魏晋时期崇尚老庄的一种思潮。“玄”最早见于《老子》一书。玄学在哲学中是一种与辩证法相对的唯心主义哲学思潮，主要研究圣人有情无情、本末有无、声无哀乐、公私、养生等问题，代表人物有向秀、何晏、王弼、阮籍、嵇康、郭象、僧肇、张湛等。汉末战争频繁，社会矛盾尖锐，玄学成为南方士大夫的精神依托，也是他们养生意识的体现。此时的饮食深受玄学思想的影响，“服食养生”的出现，就是玄学思想的最好体现。

玄学养生分为四个阶段。

第一阶段，静以养生，返璞归真。静以养生又叫“正始玄学养生”，是在东汉末年儒家经学衰微的基础上发展起来的，一些儒学名士归隐山林后创立的，盛行于三国时期。其代表人物王弼认为养生应以静为主，动生于静。因此，在养生活动中，应“以静制动”；王弼在强调静的同时并没有否定动的作用，《易·大畜》认为动是静的现象，静是动的根本，二者并不对立，强调“动静有适”。王弼的另一养生理论是“返璞归真”，他认为应用“无”去克服和阻止人们的各种欲望和邪念。他还教导人们顺应自然，效法自然，只有做到返璞归真，才能长寿。王弼的养生理念与现代气功学有着惊人的相似之处，都认为人体只要进入一个高度纯净的状态，就能充分发挥其潜能，延年益寿。他所追求的“无欲无求”的修炼理论也符合现代养生的基本理念，对现代气功学和养生学有深远的影响。

第二阶段，形神相亲，表里相济。此阶段产生于三国后期，代表人物嵇康认为人的精神因素会影响人的生理功能，如果不注重调整自己的情绪，精神长时间处于紧张状态，将会产生身体疾病。因此，他提出养生需保神，要注意情绪心理的健康。同时，嵇康还提出了养生要注意养形的问题。在形体修养理论方面，要求人们要注意生活起居，要注意食物的搭配，因为不同的食物对人体有不同的营养成分；营养过剩亦不符合养生之道。

第三阶段，性命之说。西晋的郭象提出了“性命之说”，他认为“性”是不可改变的；“命”包含有“命运”的意思，就是强调顺其自然，不要去做改变自然的事情，表现出消极保守的养生态度。他还提出了“生死气化”之说，告诫人们不要在情绪上悲观，怨天尤人，要学会乐观对待。

第四阶段：虚静养生。此阶段产生于东晋时期，这一时期儒、道、佛三教合一，代表人物张湛提出虚静养生的主张，虚静就是无知无为。他告诉人们不要“实怀厉害而不敢言，心有物我而不敢分”。[①] 真正的无知无为要做到心寂然而无意想，口默然而自吐纳。

其次，道教对养生思想的影响也十分巨大。道教是我国土生土长的宗教，战国时出现了“神仙”生活方式，信奉者具有一定的养生方法。西汉时期，吸收了老庄、墨家的思想，逐渐形成了宗教体系，最初的道教逐渐形成。东汉时期，黄巾起义的首领曾利用道教养生祛病，形成长生不死的理论，还有了自己的神书《太平经》，组织过大规模的武装力量。

魏晋时期，战争频繁、政权更迭迅速，人民流离失所，生活痛苦不堪，为寻求精神慰藉，玄学受到人们的重视，道教发展迅速。魏晋时期，道教继承了先秦时期“重人贵生”的养生思想，认为要做到长生不死，人们应当加强自身的锻炼和养护。道教的经典著作《太平经》就提出了重视生命、养护躯体的主张。这一时期，道教徒提出了许多锻炼身体的方法，如存思、行气、导引、服食、辟谷、内丹术和外丹术等。

存思，也叫存想，是魏晋南北朝时期在道教徒中流传甚广的一种修炼方法，主要以精神修炼为主。晋代葛洪《抱朴子·对俗》曰：“知龟鹤之遐寿，故效其导引以增年。”行气是以呼吸吐纳为主配合意念引导的锻炼方法，现在流行的六字诀即属于行气的一种。导引是通过肢体的俯仰屈伸等动作，活动关节、畅通血脉的养生方法，这种养生方法在《吕氏春秋·古乐》《庄子·刻意》《抱朴子内篇·杂应》《养性延命录》《太清导引养生经》中均有记载。三国华佗的“五禽戏”“八段锦”也是著名的导引养生方法。

服食又称“服饵”，是指利用服食药物以求长生的养生方法。服食在《史记·封禅书》《黄帝杂子芝菌》《太乙杂子黄治》《抱朴子内篇·仙药》《服气精义论·服药论》等著作中均有记载。服食的药物可以分为金石药和草木药两类，草木药有茯苓、枸杞、槐子、打造、杏仁、人参、地黄、桃仁、五味子等，金石药有石英、雄黄、钟乳石等。

辟谷又称“绝粮”，也就是不吃五谷杂粮以求长生的修炼方法。因为道教认为人的身体中有阻碍人长生不老的三尸，三尸是靠五谷杂粮而存活的，只有灭除三尸才能长生成仙。这在《太清中黄真经》中有详细的记述。

外丹术是指用炉鼎来烧制黄金、水银、铅粉等矿物类药物，旨在炼出

① 罗时铭:《中国导引强身术》,合肥,安徽科学技术出版社,1991,第5页。

长生不死的仙丹让人服食，从而长生成仙的修炼方法。后来道教还认为只要在炉鼎内按照“道生一，一生二，二生三”这一规律来炼制药物而服食之，也可达到长生不死的效果。外丹所炼制的丹药具有毒副作用，常令服食的人中毒身亡而最终被内丹术取代，但道教的外丹术对古代化学发展有着重要的意义。

内丹术是依据外丹的修炼原理而形成的修炼方法，炼丹的炉鼎是人的身体，药物是精气神，火候的大小即人的意念的强弱，依据阴阳五行规律进行修炼，最终长生不老，得道成仙。

魏晋时期，养生已成为道教的主要内容，东晋以后主要以内修为主，注重“以人为本”，否定佛教“苦行”的修炼观念，追求“自娱自乐”的养生理念，这为河洛古都体育文化的娱乐性和游戏性找到了理论渊源。

河洛古都的引导术——“五禽戏”在魏晋南北朝时期也有了一定的发展，扩展为八个招式，形式多样，体系完善，是现代健美操的雏形。北朝时期，养生术得到进一步的发展，北魏时期达到繁荣。魏晋时期的引导术与现代体育的功能相同，这对河洛古都体育的发展有着重要影响，开辟了中国养生术的新局面。

最后，佛教对养生思想的影响也不容小觑。魏晋南北朝时期，河洛古都由于受战乱和民族融合的影响，文化日趋多元化。这一时期，佛教成为当时社会的主流教派，南北寺庙达数千所，僧尼十万。这时流行的佛教与儒教和道教相互融合，共同影响着养生文化，如北魏寇谦之本信奉道教，但在佛教传入我国后，吸取了佛教的轮回转世之说丰富其道教理论。南北朝时北魏僧人昙鸾也因其身体有恙而追寻江南名士陶弘景修习神仙方术，著有《服气要诀》《调气方》《论气治疗方》等受道教思想影响的养生著作。由于受政治长期分裂的影响，南北朝时南北方的佛教有着很明显的区别，南方以辨析理论为主，北方则以静坐冥思为主。

佛教在魏晋南北朝时期开始中国化。三国时期是佛教对道教吸收的开端，佛教大胆吸收道教的神仙方术和灵魂不死、鬼魂崇拜观念，使佛教出现方术神灵化。魏晋时期，佛教进一步吸收道教理论、老庄思想和玄学理念而丰富发展自己的理论，形成了佛教般若学派的“六家七宗”理论。

佛教认为任何人都不可能长生不死，生老病死是正常现象，因此反对人们贪恋执着，应将更多的时间用于学佛修道。佛教虽不追求长生不死，但认为应珍惜生命，凭着愿力和禅定力可以有限延长人的寿命。

2. 导引的形成与发展

导引是指通过肢体运动来调纳呼吸，引导气的运行的一种养生方法。

导引术是一种养身、祛病的方法，是模仿猴、鸟、熊等多种动物的肢体语言进行身体锻炼，以达到养生祛病的目的。导引术来源于生活，可以追溯到原始舞蹈，这些舞蹈不仅能使人们快乐，还能消除疲劳和病痛，强身健体。原始的武舞是健身养生的初期阶段，是后世导引养生产生的源泉。①

现存全世界最早的导引图谱是1973年在长沙马王堆汉墓出土的帛画（见图5-20），该帛画上有44个导引图式。三国时期华佗把导引术归纳为“五禽戏”，比较全面地概括了导引养生的特点，但华佗的“五禽戏”已经失传。南朝时陶弘景的《养性延命录》记载了华佗的“五禽戏”，并模仿虎、熊、鹿、猿、鸟五种动物的形态，编制出了一套导引功法。

图5-20　马王堆三号墓出土西汉帛画“引导图”

南北朝时期，葛洪（见图5-21）、寇谦之等对其加以改造，创编了龙导、蛇屈、虎引、龟咽、兔惊、燕飞、猿踞等养生术，认为导引应大胆创新。葛洪的养生术包括养形和养神，提出了养形要在导引（见图5-22、图5-23）、行气、服食、卫生等四方面修炼自己。葛洪还认为养神的目的是以神化形，方法是专心入静，不染红尘。葛洪的养生术后来为道教所传承并作为一种修炼方法，道教也对其进行了改造和发展，以导引为锻炼身体的重要方法。

图5-21　魏晋导引名士葛洪

① 郭文茜:《中国导引术与印度瑜伽的比较研究》,《福建师范大学学报》2013年第18期。

图 5-22　导引

图 5-23　导引

魏晋南北朝时期还十分流行一种呼吸锻炼法，名为“六字气诀”，即通过鼻吸口呼，呼气时默念“嘘、呵、呼、呬、吹、嘻”六个字音来调节人体的心、肝、脾、肺、肾、三焦，从而袪除疾病、延年益寿（见图 5-24、图 5-25）。当时道教、佛教徒中都有练习者。

六字气诀最早见于梁朝陶弘景的《养性延命录·服气疗病篇》。六字诀可以锻炼身体，治病防病。“吹”字可以袪风，“嘘”字可以散淤滞，“唏”可以去除烦恼，“呼”可以袪热，“呵”字可以下气，“呬”字可以解极。由上可以看出，六字气诀是一种呼吸时配合默念口诀治病的锻炼方法。

魏晋南北朝时期，玄学、道教、佛教三家都为导引养生的发展起到了促进作用，三家殊途同归，共同创造了河洛古都灿烂辉煌的导引养生文化。单独的一项运动或一套锻炼身体的动作是不足以风靡全国的，只有以一种学说或信仰作为载体，才能使其得到传播。因此，这几种学说的出现对于导引养生文化的发展有非常重要的贡献。

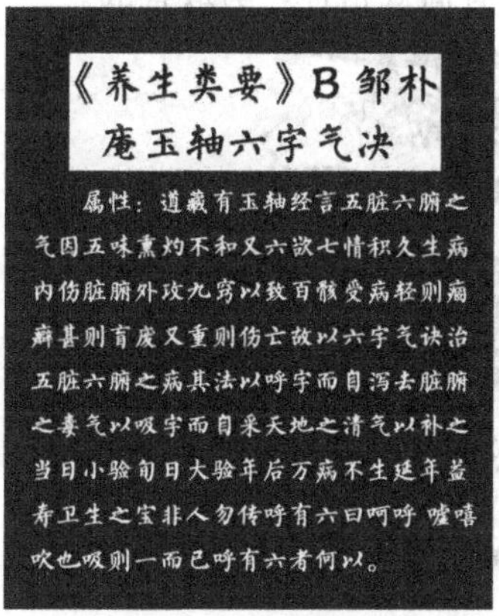

《养生类要》B 邹朴庵玉轴六字气决

属性：道藏有玉轴经言五脏六腑之气因五味熏灼不和又六欲七情积久生病内伤脏腑外攻九窍以致百骸受病轻则痫痳甚则盲废又重则伤亡故以六字气诀治五脏六腑之病其法以呼字而自泻去脏腑之毒气以吸字而自采天地之清气以补之当日小验旬日大验年后万病不生延年益寿卫生之宝非人勿传呼有六曰呵呼嘘嘻吹也吸则一而已呼有六者何以。

图 5-24　六字气诀

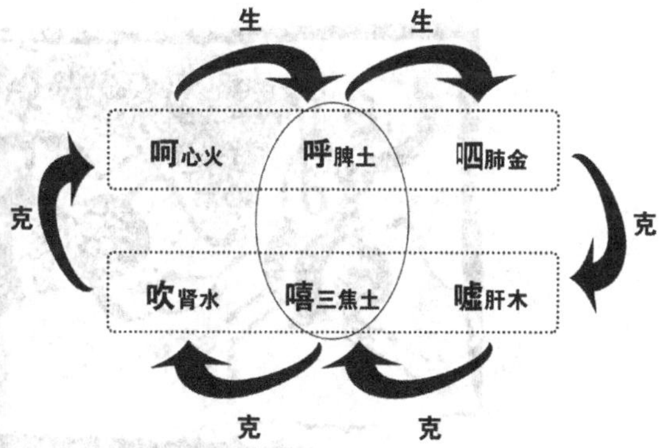

图 5-25　六字气诀名称

（六）与体育有关的文学作品或诗词

1. 有关蹴鞠的古文学作品或诗词

“蹴鞠”一词，最早载于《史记·苏秦列传》，三国时期蹴鞠很盛行。

2. 有关马球的古文学作品或诗词

三国时期曹植的诗《名都篇》对蹴鞠运动进行了详细的描述。曹植在这首赋当中所提到的击鞠，说的就是马球运动。曹植还对身佩宝剑骑马的京洛少年进行了详细描述，其中还涉及斗鸡、射猎等游戏。五代时，后蜀花蕊夫人在《宫词》一诗中详细而生动地描述了后宫妃子打马球的场景。

3. 有关博戏的古文学作品或诗词

曹丕的文学侍从王昶在《三戏论》中对博戏评价道：“《礼记》有投壶之宴，《论语》称博弈之贤，兹三戏者，君子末事，不足为也。樗蒲、弹棋，既不益人，又国有禁，皆不得为也。吾见坐围棋而死，近事非远。昔晋侯以投壶丧，宋公好博弈亡，岂不哀哉？诸戏中唯有射者，男子之事，在于六艺。若欲戏，惟得射而已，其余不得为也。”这一时期的博戏有投壶、樗蒲、弹棋等。

4. 有关马戏的古文学作品或诗词

马戏，又称马术，是古代驯马和马上技艺的统称（见图 5-26）。马戏一词最早见于汉代桓宽的《盐铁论》。据记载，马戏在公元前 3 世纪末就已出现，三国时马戏表演很多，据《三国志·魏志·文昭甄皇后传》记载，皇后八岁时，外边有骑马和马戏术，她的家人和姐妹都去观看，唯独皇后不去观看。魏晋南北朝时期，马戏进一步发展。北朝有民歌曰：“李波小妹字雍容，褰裙逐马如卷蓬。左射右射必叠双。”说明北朝妇女骑马的普遍和骑技的精湛，她们性格豪爽，和男子一样具有尚武精神，勇敢善战。

图 5-26　马戏

5. 有关围棋的古文学作品或诗词

晋代葛洪的《西京杂记》中有许多关于围棋的论述，如“杜陵人杜夫子善弈棋，为天下第一人”。人们讥讽他浪费时间，杜夫子说：“精其理者，足以大裨圣教。”

6. 古文学作品或诗词中的射猎

魏晋南北朝时期的射猎有两种。一种是娱乐性质的射猎，人们通过骑马和射箭活动感受运动的快乐和满足，如曹丕和张华的《游猎诗》，描写的都是骑马奔驰，拉弓射飞鸟的欢乐。除了娱乐性质的射猎外，还有一种具有军事演习功能的射猎，以彰扬皇帝的武威。因此，魏晋南北朝时期的射猎受到贵族及平民的喜爱。由于射猎活动的娱乐性逐渐凸显，一些王公大臣开始反对这种娱乐性的射猎活动，特别是反对帝王进行这种娱乐性质的射猎。王朗、鲍勋的《谏文帝游猎疏》，栈潜的《谏太子田猎夜还》中均明确表明了帝王出猎的不利因素：“若逸于游田，晨出昏归，以一日从禽之娱，而忘无垠之衅，愚窃惑之。”但这也从另一个侧面说明了当时人们对射猎活动的喜爱。这一时期的文献也记载了射猎工具的种类，主要有三种：第一种为带绳子的箭，即弋；第二种为弩；第三种为弹丸。魏晋时傅玄著的《走狗赋》，赋中赞叹良犬既具有鹰的迅捷，也具有虎的勇猛，称赞了良犬在参与打猎时的突出表现。①

三、魏晋南北朝时期河洛古都体育文化的特点及形成原因

（一）体育文化由独尊趋向自觉

汉王朝在兴盛过后，逐渐走向衰败，国家权力土崩瓦解，地方侯国迅速崛起，三国鼎立，战乱频繁，政权不断更替，地方纷纷割据自立，政权四分五裂，统一的经济和文化形态随之瓦解。魏晋南北朝时期的河洛古都经济文化受到了破坏性的冲击，以儒家为代表的文化体系遭到破坏，人们的理念也从单一的儒家文化中剥离开来，再加上玄学、道教和佛教的渗透，个人的人格和意识得到了全面的释放，思想活跃，体育文化开始由儒家独尊走向自觉。这一时期，河洛古都体育文化脱离了儒家文化的藩篱，吸纳新的体育思想，形成了新时期的体育文化特征。例如，随着民族融合

---

① 史超等:《从魏晋体育文学看魏晋体育》,《河北体育学院学报》2013 年第 4 期。

的深入，儒家文明束缚下的射礼被北方游牧民族的骑射代替，导引和养生在儒家、道家和佛家思想的融合下进一步发展，促成了新儒学的产生，以新儒学为代表的文化成为河洛古都政治、体育文化的核心。

（二）多元性、开放性是河洛古都体育文化的主要特征

随着儒家文化独尊地位的衰落，道家、佛家和玄学的融入，魏晋南北朝时期文化朝多元化方向发展。民族融合的深入，使儒家文化受到新文化的冲击，并不断地完善和发展，形成各种不同的流派，呈现出开放性的特点，各流派之间相互交融，互通有无，取其精华，去其糟粕。因此，魏晋南北朝时期，河洛古都的体育文化有两个显著的特征：多元性和开放性。河洛古都体育文化作为这一时期整体文化的一个小的分支，向着多元性和开放性发展，如西域的胡旋舞以及一些经济体育项目不断传入中原，与中原原有的体育文化融合，形成了新的体育项目，如“象人”“狮舞”等。这些融合发展的项目受到同期人们的喜爱，成为宫廷和宴请的主要娱乐项目。

（三）神学崇拜色彩融入河洛古都体育文化

以新儒学为代表的文化多元化使体育文化也朝着多元化的方向发展，而此一时期宗教文化在特殊的社会环境中快速兴起。

道教是本土文化，是中国原有的宗教，在此一时期发展迅速。道教的教义以《道德经》为基础，同时还吸纳了儒教、佛教、法家、阴阳家和墨家的思想；老子是他们供奉的教主，希望通过修炼，达到长生不死。一些民间宗教的鬼神信仰也渗入体育文化之中，最初的鬼神信仰是人们除了依赖自然之外又对自然感到恐惧，对一些生活中不能解释的现象认为是有神秘力量的存在，因此人们就通过想象创造了鬼神。而魏晋南北朝时期，人们处于战乱的不稳定的生活状态中，更希望有鬼神等神秘力量存在，鬼神观念在这一时期渗透到生活的方方面面，包括体育文化。如一些民间宗教组织宣称他们崇拜的鬼神能保佑他们度过劫难，他们传习的一些拳法或者导引术是神仙下凡传授的，或者是神仙附体让其传授的，目的是取得人们的信任。

佛教产生于古印度，东汉时期传入中国，佛教的不修今生修来世的教义与中国传统文化相违背，但魏晋南北朝时期佛教对其自身进行了改造，认为人人都可以成佛，因此外来佛教在此一时期也拥有了广阔的发展空间。佛教的一些理念也深入到体育锻炼方法中，如佛教的念咒语，使人们通过默念咒语的同时练习硬气功，意为硬气功的抗击打力和爆发力是神赐

予的力量。当然，也有一些科学的锻炼方法，如在练习导引术时，为了诱导意念注入身体的某一部位，反复默念，如六字诀，反复默念“嘘、呵、呼、呬、吹、嘻”，用以影响心肝脾肺肾，抵御疾病，延缓人体的衰老。

虽然魏晋时期的宗教神学崇拜有一定的迷信色彩，但鬼神的行为和力量在当时的历史背景下是人内在思想的一种真实体现，是人们的价值愿望得以实现的一种途径，这种信仰可以弥补人们生活的缺憾。①

四、河洛古都体育文化受魏晋时代风尚的影响

（一）摒弃繁杂的礼仪规范，使体育继续朝着娱乐性和竞技性方向发展

汉代以前虽也有过文化的百家争鸣，但汉代的独尊儒术以及礼教的束缚，体育被统治阶级视为“末技”和“下技”，甚至以杂技为主的百戏都曾经被禁演，还有一些儒学的代表人物认为围棋、弹棋等博戏类体育为玩物丧志之举，不适合人们过多参与。这些思想极大地阻碍了体育的正常发展。魏晋南北朝时期，由于社会环境发生重大变化，人们感觉生命如此短暂和脆弱，社会上享乐主义成风。在这种社会氛围下，体育成为人们娱乐的工具，使一些体育项目在本质上发生了某种程度的改变，围棋、投壶、博戏等带有赌博性质的游戏空前兴盛，体育活动主要比赛的是难易程度，并增加了诸多花样，目的只有一个——娱乐众人。例如，投壶受到人们的深度喜爱，部分贵族训练了一些投壶艺人，专门用以享乐。据史书记载，有一个因非常擅长投壶而曾经受到齐武帝的奖赏的人叫柳挥之。这些事例可以说明，投壶、围棋等博戏类活动的兴盛。因此，这一时期不管是围棋还是投壶，其本质已完全改变，围棋不再是军事将领锻炼能力的“小战场”，投壶也不再是最初由射礼演变而来的宴会礼仪活动，而是娱乐大众的工具。除此之外，弹棋、围棋等体育活动也朝着娱乐化方向发展，且有大型比赛活动。如南北朝的大比武活动、射箭银杯赛，杂技、相扑、围棋等娱乐性较强的活动均受到人们的热捧。由此可见，这一时期体育的发展逐渐摒弃了先秦时期的烦琐礼仪，娱乐化和竞技化是这一时期体育发展的重要特征。

① 隋鹏翔:《魏晋南北朝时期体育文化透视》,《兰台世界》2012年第9期。

（二）改变习武活动的本质，突出娱乐性

魏晋南北朝时期，受整个社会大环境的影响，习武活动的本质也有了改变，士族习武成为专供统治阶级享乐的工具。他们轻视习武的军事和文化内涵，倾向于习武的娱乐性和游戏性，就连射箭也与投壶、围棋一样，成为专供统治阶级娱乐的工具。士大夫射箭称为“博射”，与“兵射”有着本质的区别，注重形式花样、动作姿态等方面，华而不实，毫无用武之地，这为后世武术套路的舞台表演奠定了基础。虽然当时的统治阶级改变了习武活动的主要目的，并影响了整个社会对习武活动的看法，但仍有少数庶族和平民百姓坚持对习武活动的传统看法，不认同士族对习武活动本质的改变。他们习武的目的是谋取前程，习练的武技是实用的军事武艺，具有实战性，他们期望在战场上骁勇杀敌，立下赫赫战功。因此，军事武艺在一些庶族将领的带领下仍有明显的提高。如《马槊谱》问世及一些口诀要术的总结，对当时军事武艺的发展具有重要的作用。

五、魏晋南北朝时期河洛古都体育文化中渗入的哲学思想

（一）道家哲学思想融入河洛古都体育文化

道教是以老子、庄子为代表的哲学思想，包括魏晋南北朝时期发展起来的魏晋玄学，崇尚自然，无为而治是道家思想的核心。魏晋南北朝时期，社会享乐主义成风，体育文化的本质发生了重大变化，实用性降低，竞技性和娱乐性凸显。此时，道家的以人为本、内外兼修的哲学思想借助道教的风靡运用到导引养生文化中，道教借助道家哲学和神仙方术习练导引养生功法，在民间有着广泛的影响。道家思想冲击着上层士族体育文化的浮夸之风，人们的自我意识开始觉醒，并逐渐认同道家的思想，道教养生成为人们关注的焦点，并促成个体民主意识的觉醒。这一时期，道家哲学思想与导引养生术有着较为紧密的文化联系。道家的精气神理论运用到道教的修炼理论中，并结合神仙方术达到精足、神旺的目的，因此道教认为“人们通过修炼可以得道成仙”。另外，道教的行气、吐纳、服气等养生术是以道家的“练气”为基础的，道教的内丹功被广泛融入养生文化中，为魏晋南北朝时期体育文化的发展注入了新的活力，为后世武术与道家气功的结合奠定了基础。

（二）注重自然养生之道

魏晋南北朝时期，中国进入了一个战乱频繁、政权更迭迅速的时代。战乱使人们对生命看得异常珍贵，现实世界的残酷使人们的生命时刻面临危险，享乐主义存在的同时，人们出于对生命本能的需要，更加注重养生之道。他们推崇道家哲学，主张清静无为、顺应自然。在具体的养生实践中，他们重视导引养生，但后期向炼丹服食转化。这一时期的养生家认识到养生不能只养形，还要养神，如葛洪认为："形神相卫，莫能伤也。"他强调养生要形神并重，才能避免邪病入侵。同时，他还认为，神是精气等一切生命活动的核心，只有形神具养，才能达到养生的最高境界。魏晋时期的另一位养生家嵇康也非常看重"神"的作用，他还进一步提出了养形神的方法。魏晋时期注重的养生文化是以道家的"道法自然"和嵇康提出的"越名教而任自然"为理论基础的，这与"只有顺应自然，摒弃物欲，才能达到养生目的"的现代养生理念极为相似。

综上所述，魏晋南北朝时期，政权更替频繁，社会动荡，河洛古都也遭到毁灭性的破坏。由于战乱不断，平民及庶族通过习练实用武术来谋取功名，使武艺技术在军中明显提高。他们总结出一些武器的使用方法，用口诀要术等概括出来，还出现了《马槊谱》一书。此外，受整个社会大环境的影响，局势动荡，人们发觉生命非常有限，应珍惜当下的生活，享乐主义在社会上弥漫。体育作为享乐的手段，冲破了汉代及以前体育的繁杂之礼，朝着竞技性和娱乐性方向发展，这也是当时社会人们娱乐的工具。受整体社会氛围的影响，河洛古都体育文化也朝着娱乐化的方向发展，一些娱乐性较强的项目，如投壶、斗鸡、弹棋、双陆、围棋在河洛古都非常盛行。这种注重娱乐的社会风气也使武技类体育活动发生了根本性的改变，已从军事搏杀的实用技能转变成专为统治阶级享乐的工具，并被他们斥为"不及之末学"。他们习武的目的主要以娱乐性和游戏性为主，所习练花哨的、夸张的武术已与军事武术大相径庭，虚妄无用。但一些庶族习武的目的与士族有很大的不同，他们习武的目的是为了改变自身的状况，能够改变自己庶族的身份，追求功名，实用技击性仍然是他们习武的主要目的。他们在战场上奋力杀敌，涌现出一些杰出的庶族军事将领，为军事武术的发展起到了积极的作用。值得注意的是，虽然士族文人习练的武术已与军事武艺大相径庭，技击性不强，主要以娱乐性和竞技性为主，但这些武艺套路为后世武术套路的表演性开辟了道路，为武术套路的表演功能提供了广阔的舞台。

魏晋时期，受玄学、道家和佛家思想的影响，人们的思想观念从儒家和礼教的束缚中解脱出来，人们的思想和人格也开始逐渐觉醒，河洛古都体育文化开始由独尊转向自觉，再加上玄学、佛教和道教的兴起，人们对个体生命的掌控由被动变为主动，导引养生成为人们关注的焦点。

南北朝时期，战乱频发，政权更替频繁，完全颠覆了中央集权的政治主体，河洛古都地区的人民不得已从古都不断涌向周边其他地区，周边的人民也不断涌向古都，这种移民运动使古都体育文化呈现出交融性、多元性和开放性的特征。

第六章　隋唐时期河洛古都体育文化

一、隋唐大运河概述

隋唐时期是中国历史上最强盛的时期。大业二年（606 年），隋炀帝在洛阳开启了一系列宏大的工程建设，以洛阳为中心带动中原与南北各地区经济、社会、文化的交流和商贸发展。他筑长城、修驰道，开凿了沟通中国南北的大运河。

隋唐大运河的开凿对推动我国古代河洛地区经济繁荣发展起着重要作用，成为我国古代政治、经济、文化发展不可或缺的组成部分。隋唐大运河从杭州开始，经过河洛，终至涿郡，是打通南北水陆交通的主要渠道，是连接南北经济的大动脉。黄河流域是华夏文化的核心区域，隋唐时期，华夏文化发展轨迹开始逐渐由河洛地区向外扩散。隋唐大运河历史价值巨大，隋唐大运河对推动我国古代南北发展、东西交流具有无可替代的价值，晚唐诗人皮日休描绘隋唐大运河："尽道隋亡为此河，至今千里赖通波。若无水殿龙舟事，共禹论功不较多。"（《汴河怀古》）大运河流经河洛地区的通济渠段，是隋唐大运河连接黄河、淮河的主要渠道，对河洛地区的整体影响较大，特别是对该地区的经济、文化、政治、军事等方面具有深远的影响。隋唐大运河主要经历了以下几个阶段。

（一）先秦至南北朝时期的积淀

吴王夫差为了扩大自己的势力范围，决定北上伐齐，他调集众多民工，开挖运河。运河始自扬州，东北流经射阳，到淮安后流入淮河。此段运河全长170 千米，是隋唐大运河最先修建的一段，引长江之水入淮河，成为连接长江和淮河两大河流的纽带。

（二）隋朝修建与成型

隋灭陈完成中国统一之后，隋炀帝杨广即位。为了更好地掌控江南地区，巩固国家政权，使中央政府完全掌握长江三角洲地区的丰富物资，促进江淮地区经济发展，公元605年，隋炀帝排除非议，下旨开凿大运河。此工程由杰出工程家宇文恺主持，调集百万民工，开通通济渠和永济渠。通济渠以东都洛阳城为起点，向东南绵延近两千余里，逶迤而入淮水下游的泗州，纵横中原，沟通黄淮两大水系。隋唐大运河的主体部分是在隋炀帝杨广这一历史时期逐渐开凿形成的。

（三）唐朝进一步完善

唐朝，政府决定对大运河进行进一步的修整和开凿，大致分为四大工程，分别是四次疏浚汴渠，五次疏浚邗沟，三次治理江南的运河，二次开凿丹灞水道、三次治理褒斜道。此外，还疏浚了嘉陵江故水道，治理了灵渠和黄河汾水道。需要补充的是，以上所列举的修整次数只是约数，并不代表准确的数字。据考证，由于隋唐大运河通塞状态不定，故整个修整疏浚的工程是经常进行的。由此可以看出，唐王朝对隋唐大运河的修整花费了不少心血，付出了很大的努力。经过长期的修整，运河的支流、干流等都得以修复，河流畅通，河运发达，这促成了唐王朝时期漕运兴旺发达的繁盛局面。

（四）宋元明清的修葺和改善

北宋时期，开封为首都，西京在洛阳，河洛之水作为洛阳、陕西、河东向汴梁运货的交通枢纽，其水运十分发达。在后来的各个朝代，统治者为了维护自身的切身利益，都相继使用和修筑了大运河。元朝，元世祖忽必烈将首都定在大都，即今天的北京，自此全国的政治和经济中心逐渐转移到大都。虽然隋唐大运河被继续使用，但由于其是南北走向，并不笔直，兜转迂回的河道导致采用这条航线时既费时又费力，还费钱。忽必烈意识到，如果开辟一条直通南北的河道，航运则可以节省大量时间、金钱，既快捷又经济。忽必烈于1289年将此想法付诸实践，下令开凿了直通南北的会通河。会通河北起临清，南至东平路（今山东境内）的安山，且在北京和通县间又开通了通惠河。通惠河与原来的旧河道连接，使杭州和北京间可以直达，不用绕道洛阳。由于这些河道的开辟，隋朝挖掘的部分河道使用率降低，久而久之，河道淤泥阻塞，日渐荒废。较隋唐大运河而言，人们将元朝开凿的河道称为京杭大运河。虽然这条大运河依然连通的是北京和杭州，但由于大幅度东移，运河全长仅有1794千米，比隋唐大运河缩短了800千米，这就是目前我们所看到的京杭大运河，并给后人留下了“流成的杭州，漂来的北京”的佳话。虽然“洛河漕运”逐渐衰退，但是伊河和洛河的地方货运依然繁忙，直到20世纪50年代初期，洛河和伊河上仍然是舟楫如梭。

二、隋唐时期河洛古都体育文化概况及繁荣的原因

隋唐时期的体育文化不仅传承了中国传统的体育项目，如蹴鞠、角抵、秋千、竞渡、弈棋、导引，以及各种民间娱乐消遣性的活动等，还发展和扩大了体育范畴，把击鞠（马球）、木射以及某些女子体育项目等涵盖其中。综合来看，唐代体育文化的发展，主要归结为以下四个方面：①以诗歌等文学形式展示当时的体育风貌。在唐代诗歌的众多题材中，体育是其中的一个重要题材。这些体育诗歌的大量出现，在一定程度上反映了唐朝大众体育的良好发展状况。②大众体育普及程度有了很大提高。在包容、开放的社会氛围下，体育获得了极大的发展空间，民众对体育的热爱和参与程度达到了一个历史性的高峰，公平的体育竞技观念日益深入人心。③出现了一些创新性的体育项目，如驴鞠、由击鞠运动演变而来的步打球、木射（类似于今天的保龄球）等，极大地丰富了体育文化生活，进一步提高了人们参与体育活动的兴趣。④打破了封建社会对女性参与社会活动的歧视和束缚，使女子体育在中国体育发展史上留下了浓墨重彩的一笔。

（一）河洛民间体育活动的主要内容

隋唐时期河洛民间体育活动主要包括蹴鞠、马球、角抵、拔河、竞渡、围棋、百戏等，以及独具特色的驴鞠、木射等女子体育项目。另外还有一些富有民族特色的节令性体育活动，如元宵观灯、寒食蹴鞠、春游、端午竞渡、重九登高等，极大地丰富了当时人们的社会文化生活。

1. 蹴鞠

蹴鞠早在汉代就比较普及，唐朝农业生产急速发展，促使足球发生变革。发达的经济、富足的人民，促使社会体育需求增长，从而使蹴鞠具有了多样化的运动形式和较大的发展。所以说，唐朝经济的繁荣是促进河洛

地区蹴鞠变革和发展的内在因素和动力，从而使蹴鞠这项大众化运动达到了一定的阶段性高度。

从上一章的介绍分析我们可以得知，由于战争频发、经济发展缓慢、民生落后，南北朝时期蹴鞠运动发展十分缓慢。

继汉代蹴鞠出现第一次高潮后，唐代蹴鞠运动迎来了第二个高峰。其主要原因在于唐朝中期前后社会生产力快速发展，人民生活水平有了很大提高，国强民富；与此同时，鞠的制作工艺取得开创性突破。根据史料记载，唐朝足球制作工艺的改进具体表现在球的结构上。①球壳由原来的两片皮革材料合成，发展为由八片尖头皮缝成，使球的形状更圆；②球壳内部的填充物由原来的毛发类改为充气式。这种生产工艺上的变革减轻了球的重量，增大了球的弹性，从而扩大了蹴鞠运动参加者的年龄范围，带来了踢球方法和踢球技术的变革，推动了蹴鞠运动的大众化，使蹴鞠这项大众运动达到了新的历史高度。正如唐代仲无颇《气球赋》云："气之为球，合而成质。俾腾跃而攸利，再吹嘘而取实。尽心规矩，初因方以致圆；假手弥缝，终使满而不溢。苟投足之有便，知入门而无必。时也广场春霁，寒食景妍。交争竞逐，驰突喧阗。或略地以丸走，乍凌空以月圆。"[①] 唐代充气足球的出现，是当时世界的首创，充分体现了中华民族的开创性思维。根据世界体育史记载，英国发明吹气的足球比我国晚了三四百年，是在 11 世纪。

通过考察考古资料发现，与汉朝时期的足球制作工艺相比，隋唐时期足球制作工艺在内外结构的制作方面均有了显著发展。充气足球的出现，是我国劳动人民创造性智慧的集中体现。另据仲无颇的《气球赋》和马端临的《文献通考》考究，唐代的蹴鞠在比赛规则和比赛场地方面也进行了改革与创新。据马端临的《文献通考》考证："蹴毬盖始于唐，植两修竹，高数丈，络网于上为门，以度毬。毬工分左右朋，以角胜负。"（《文献通考·乐考二十》）这说明充气球的出现，对球门高度有了新的要求，也相应地改变了蹴鞠的某些比赛规则。当时的蹴鞠比赛一般是单球门，虽然提高了蹴鞠者的技术要求，但也增强了蹴鞠运动的观赏性。在元朝汪云程的《蹴鞠图谱》中，我们可以直观地看到当时单球门比赛的基本情况。

唐朝还出现了另一种新型的蹴鞠玩法——单带球门间比赛。中间隔着球门的间接对抗。场地中央设一个球门，两根高高的竹竿上挂一网，网的上部要有一个直径一尺左右的洞，称为"风流眼"，装饰华丽。双方各在

---

① 张裕涵：《唐代百戏研究》，临汾，山西师范大学硕士学位论文，2015。

一侧，以球不落地、射门“数多者胜”。共设置一名正裁判、一名副裁判。双方各上场7名队员，其余队员分别两边站立。比赛规则大致如下：开球后球不能落地，落地则输一筹，把球踢过球门算赢一筹。双方队员都有明确的职责和分工，球头的职责是专门把球踢过风流眼，其他队员都要努力保持球不落地，并为球头创造度球的机会。比赛可以进行三局或者五局，赢一局称其为一筹，“拔得头筹”“略胜一筹”等成语即源于此。

比赛规则方面，出现了以单球门进行比赛的方式，其历史依据是《蹴鞠图谱》，该图谱清晰记载了当时单球门比赛的情况。从图谱中可以看出，单球门比赛对队员技术动作的要求相当高，能够增强蹴鞠运动的观赏性与欣赏性。

比赛之外，蹴鞠踢法呈现多样化特征。比如，十人以内不同人数的不同组合踢法、女子“白打”踢法、球不落地情况下比踢高的踢法即“鞠”，等等。有些踢法相当复杂，如头、肩、背、胸、膝等不同部位的触球规定以及球能控制在身体前、后、左、右、上、下的不同方向与部位，使球围绕身体全方位运动。据史载高俅就精通此技。

唐朝还有“寒食蹴鞠”的体育习俗，该运动形式因为是节日活动，平民百姓也可参与，因此相当普及。王维有诗云：“蹴鞠屡过飞鸟上，秋千竞出垂杨里。”白居易诗云：“上苑风光好，中桥路直平。蹴鞠尘不起，泼火雨初晴。”这些诗词都形象地描写了“寒食蹴鞠”的情形。王建在《宫词》中描绘：“寒食内人长白打，库中先散与金钱。”由此可知，皇宫内的宫女们也在寒食节蹴鞠，此实则为取悦皇室与统治阶级的一项体育手段。

我们把唐代蹴鞠与汉代蹴鞠做一个简单的对比，就可以发现唐代开创了蹴鞠运动的新时代。①汉代的鞠是用熟牛皮制作，中间填充毛发，为实心球，缺乏弹性，踢得很低，所以球门就建在地上，这就是所谓的“穿地为鞠室”。唐朝对制球工艺做了改良，外边用八片皮革缝制成圆形皮球，内用动物膀胱作为内胆并吹起，球体既轻便又具有很大的弹性，既可以踢高也能踢远。高球门就出现于此时——在两根三丈高的竹竿上设置一个球门，称为“络网为门以度球”，极大地推动了蹴鞠技术的发展。诗人王维在《寒食城东即事》中赞叹道：“蹴鞠屡过飞鸟上，秋千竞出垂杨里。”可见当时踢球技术的高超。②在踢法上，汉代所用的是分队对抗、直接比赛，“僻脱承便，盖像兵戍”，队员们可以有身体接触，横冲直闯、动作粗暴，球场如同战场。到了唐代，对抗形式有所改进——双方队员在两边，中间隔着球门，以射门“数多者胜”，使蹴鞠具有了人文味道。③由于球体工艺的巨大改进，降低了踢球的强度，提高了踢球的技巧性，唐代出现了“白打”，即女子足球。一般是踢高和踢出花样为能，而不用球门。唐朝诗人王建在《宫词》中的描述，说明宫内寂寞的宫女们在“寒食节”这天开展蹴鞠活动，以踢球为乐趣。唐代女子也有非常优秀的球技。唐人康骈在《剧谈录》中写了一个女子踢球的故事：有个小官吏名叫王超，在京兆府，有一天在长安城胜业坊北街走过，“时春雨初霁，有一三鬟女子，年可十六八，衣装褴褛，穿木屐于道侧槐树下；值军中少年蹴鞠，接而送之，直高数丈，于是观看渐众”。军中的少年踢漏出来的球，这个三鬟女子居然能够穿着木屐接住，把球踢了数丈高，可见唐代女子在蹴鞠上也具有巾帼不让须眉的非凡气度。④在节令民俗活动中增添了“寒食蹴鞠”活动，以此追思那些逝去的亲人，别有一番人文气息，客观上也促进了人们对蹴鞠运动的喜爱和蹴鞠运动在大众中的普及。

从上述大量史料来看，当时的蹴鞠运动在制作工艺方面有所发展、运动技术走向复杂化、运动规则有所改进和逐步完善、运动技能有所提高、运动功能有所丰富等，具备了现代足球运动的因素。概而言之，唐代蹴鞠运动基于球体制作工艺的重大创新，带来了蹴鞠运动的一系列新的变革和发展，为现代足球运动奠定了结构性的基础。

2. 击鞠

击鞠是一种前所未有的传统体育活动，也是一项贵族运动。它把骑马和蹴鞠两种运动结合起来，也叫作“击球”或者“打球”，现在通俗的说法是“马球”。关于马球运动的起源，学界众说纷纭，莫衷一是，目前尚没有统一的观点。一种观点认为，马球起源于汉代的蹴鞠，东汉后期，曹植在《名都篇》中有“连翩击鞠壤，巧捷惟万端”的诗句，因此可以推断击鞠在东汉时期就已经出现。还有一种观点，认为马球是唐代初期由波斯（今伊朗）传入，当时称“波罗球”，再由藏蒙等地传入都城而风靡长安。我们认为马球运动的发端不能单纯归结为外来传入，而是两者在历史创造的契机下相互借鉴、有机结合、互动发展的产物。因为传统蹴鞠中国早已有之且日趋大众化，而南北朝时期后重甲骑兵获得了很大发展，在军中出现蹴鞠与骑术相结合的马术游戏也就成为可能。唐朝初年，马球运动逐渐成为训练骑术和马上砍杀技术的一种有效手段，由此带动了马球运动在民间和全国的推广。

马球是一项舶来的球类运动，据学界的研究考证，马球是在隋末唐初由波斯（今伊朗地区）经吐蕃传入中原，当时称“波罗球”，三国以后逐步流行起来，唐代发展到鼎盛时期。一方面是因为汉代开辟的丝绸之路为唐代体育文化的开放与交流提供了平台，马球运动就是这个开放与交流时代的成果之一；另一方面是唐朝对民间养马采取鼓励政策，因此马匹资源充足，这成为马球运动在唐朝达到顶峰的强大基础。马球是唐代最具代表性的一个体育项目（见图 6-1）。

图 6-1　唐代三彩打马球俑

唐代马球运动主要盛行于军队和宫廷中。在军队中，由于唐太宗李世民对骑兵十分重视，改革了骑兵装具，用轻骑兵取代了南北朝时期的重装甲马，于是马球运动派上了用场，成为军队练武习战的方法之一。为了巴结皇帝以及仕途的顺畅，许多大臣高官以及富豪子弟也纷纷学习骑马、打马球，宫城和禁苑里还出现了正规的马球场，一时之间，马球运动风靡宫廷；天宝六载（747 年），唐玄宗专门颁诏，将马球作为军队训练的课目之一；至唐代后期，马球运动的娱乐功能凸显。

击鞠用的球有拳头那么大，原料是一种质地轻巧并且非常柔韧的特殊木材，球体中空，外面涂上各种颜色或绘制各种图案，制作工艺颇为讲究，就像一件精美的艺术品，称为“彩球”，唐人诗歌中也常称其为“珠球”“画球”；也有用兽皮缝制的，中间填充毛发类、织锦等物，称为“软球”。由于鞠击者是骑在马背上击球，所以球杖很长，球杖顶端弯曲如偃月，可以挡住速度非常快的马球。《资治通鉴·唐纪》中专门记录了击鞠的基本规则：击球的人在球场两边，教练把球放在中间，然后大家一起骑马去追球，先拿到球并且打进球门的算赢，第一个进球门的是第一名，剩下的继续击球，第二个进球门的是第二名，依此类推。

与蹴鞠相比，击鞠不仅成本高昂，对技术要求也更高，但对于那些击鞠高手和观赏者而言，却更具有刺激性和趣味性。这项运动在两晋南北朝时消失，在盛唐时期重又流行。从历史文献记载可以看出，唐朝的击鞠深受皇族的喜爱。据史书记载，唐玄宗李隆基年轻时是非常有名的击鞠高手。唐高宗在安福门楼都能看到皇宫外面有人在玩击鞠；中宗也喜欢击鞠，并且还建造了球场；唐代皇陵中也有击鞠图；甚至唐代的军队中都有有击鞠特长的人。这都说明击鞠在皇宫中是大受欢迎的。

唐睿宗景云年间（710～712年），吐蕃派遣使者迎娶金城公主，唐玄宗做临淄王时，与驸马杨慎交、武延秀、嗣虢王李邕等四人，与吐蕃使团中的十位球员对垒，临淄王“东西驱突，风回电激，所向无前”[①]，取得了最终的胜利。当了皇帝后，唐玄宗亦经常看打马球遣兴（《封氏闻见记》卷六“打球”）。唐宣宗在打马球方面更是高手，他既能策马持杖，又能在空中运球，“连击至数百，而马驰不止，迅若流电”[②]，即使军中常打马球的高手也对他高超的球技叹服不已。

除此之外，唐代的军队中也有擅击鞠者，甚至文人学者还有这样的聚会活动，叫作“鞠会”。《唐摭言》中就曾记录新中进士要举行一场击球活动，这些文人雅士击球速度之快、技艺之高，丝毫不逊色于军中的鞠击人才。

1971年7月至1972年9月，陕西省博物馆和乾县文教局发掘唐代章怀太子李贤墓时，在墓道西壁发现了一幅“马球图”，描绘的是唐代打马球的场景。壁画高约2米，长约4米，残留的部分中画有20多匹结扎着尾巴的骏马，均备坐鞍，体态丰满。骏马背上骑的打球者，身着各色窄袖袍，脚穿黑色长靴，头戴幞巾，左手执马缰，右手执偃月形球杖。画面左下端有一击球手，在乘骑飞奔中做返身反击球状。紧跟其后的是三名骑手。画面右边还有十多名骑手，均以各种姿势向前飞奔争球。画面中还有一匹马，枣红色，四蹄腾空，直向争球处奔驰，该骑手着淡绿色袍，红色翻领，未持球杖，是裁判员无疑。从“马球图”可以看出唐中宗统治时期马球运动发展的盛况。

唐代的击鞠也受到不少女子的青睐，一些勇敢的女性也纷纷加入到这项运动中来。但毕竟这项运动对人的体能和技术要求甚高，且具有很高的危险性，于是当时的长安城出现了一种适合女性参加的击鞠形式——“驴鞠”。它因骑在驴上击鞠而得此名，实际上也是击鞠的一种。女子骑在驴上击球，又叫“小打”，用来区别徒步打球的“步打”和骑马打球的“大打”。“驴鞠”大大降低了马球运动的成本和危险程度，但在一定程度上也保留了击鞠运动的刺激性，因此，唐代的一些皇亲国戚、贵族豪绅也喜爱欣赏“驴鞠”。唐代段成式在《酉阳杂俎·黥》中记载：“崔承宠，少从

---

① 梁国力：《唐代马球运动探析》，《内江科技》2016年第9期。

② 李东岳等：《左右军与唐代宫廷体育关系研究》，《体育文化导刊》2018年第4期。

军，善驴鞠，逗脱杖捷如胶焉。”《新唐书·敬宗纪》中也有关于驴鞠的记载：“甲子，观驴鞠、角觝于三殿”。

唐代的击鞠运动几经演变，又出现了一个新的体育项目——步打球，类似于现代的曲棍球。因为是走在地上打球，极大地降低了游戏难度，又有一定的对抗性，因此很受女性的欢迎。这项体育活动在王健的《宫词》“寒食宫人步打球”中有所体现。

唐代经济文化繁荣昌盛，体育有了很大的进步。大众喜闻乐见的体育活动更是丰富多彩，其中最突出的就是女子体育活动的出现和普及。不同于之前女子只局限在舞蹈和杂技中，在围棋射箭方面也都有了自己的造诣。不得不提的是，除了国内的进步，和其他国家的体育活动交流也有了很大的提升。

3. 角抵（相扑）

隋唐时期，河洛地区的角抵游戏也非常盛行。《隋书·炀帝纪》记载“角抵大戏于端门街，天下奇会异艺毕集，终月而罢”，《隋书·柳彧传》描述“近代以来，都邑百姓每至正月十五日，作角抵戏，递相夸竞，至于糜费财力”。这些史料如实地反映了当时民间的角抵活动。《吴兴杂录》记载：“七月中元节，俗好角力，相扑”；《角力记》亦记载：五陵、鄱阳、荆楚之间于“五月（五日）盛集，水嬉则竞渡，街坊则相拂（扑）为乐”。可知角抵运动在当时是普遍盛行的一种集健身、游戏、娱乐的运动项目。正是由于角抵活动深得人心，融入了人们的节日生活当中，所以，无论人们走到哪里，都会把这项运动带到哪里，并把某些思绪与角抵运动联系到一起以平衡和调节自己的心理。《酉阳杂俎》记载：“荆州百姓郝惟谅，性粗率，勇于私斗。武宗会昌二年寒食日，与其徒游于效外，蹴鞠、角力。”唐朝民间喜爱角力的习俗有时也会在某些遗迹中得到体现，例如敦煌藏经洞里就有一幅赤身裸腿、形象逼真的角力图。

前面章节的研究表明，角抵历史悠久，是中国传统体育运动。角抵起源于古代的摔跤，商周时期称为“角力”，是军事训练项目之一；春秋战国时期，徒手搏击的角力有了较大发展，成为军事习武和娱乐竞技相结合的体育项目；秦汉时期角抵归于百戏类，称“角抵戏”（东汉称“百戏”），获得了独立的发展形态；魏晋南北朝时期，角抵又被称为“相扑”，并简化为摔跤运动。到了隋唐，回归“角抵”“相扑”的古老说法。

隋朝的建立，结束了南北对峙的分裂局面，恢复了全国的统一。因隋文帝对艺术不感兴趣，遂于开皇元年（581年）下令将乐工遣出宫中，禁止演奏杂乐和百戏，唯留雅乐供朝庆大典使用，致使角抵戏的发展陷于停顿。隋炀帝由于喜好音乐艺术，解禁了角抵戏，从而使之重新兴盛起来，每年还定期举行角抵戏会演。《隋书·炀帝纪》和《隋书·柳彧传》中的记载，如实地反映了当时角抵戏在民间的兴盛情况。

唐代，“角抵”与“相扑”两个名称并行。它既是军事训练的一项重要内容，也是盛及朝野的一项娱乐性竞技活动，经常以“百戏”的形式出现在皇廷、官府、军队和民间集会等场合。唐朝皇帝多数非常喜欢体育，在诸多项目中就包含了相扑，甚至在皇宫内设置了一个专门进行体育运动的地方，叫内园，集中了各类体育表演的健儿，其中就有专门的摔跤队，名为“相扑朋”，集中了全国的相扑高手，为朝廷娱乐助兴。北宋时期，由欧阳修、宋祁、吕夏卿、范镇等人合撰的《新唐书》中就提到“内园恒备角觝之徒”。所谓“角觝之徒”，就是专门供皇帝观赏的摔跤手。下面集中摘录唐朝皇帝观看角抵（相扑）表演的史料，以佐证角抵（相扑）运动在唐代皇帝们心目中的喜爱程度，也能对唐代角觝发展的基本面貌有一个初步感受。

唐玄宗李隆基“每赐宴设酺，大陈山车、旱船、寻橦、走索、飞剑、角觝”；唐宪宗李纯御瞬德殿大宴群臣及公主，“观击鞠、角剑之戏，大合乐，极欢而罢”；唐穆宗李恒“幸左神策军观角觝及杂戏”；唐敬宗李湛于宝历二年六月“甲子，观驴鞠、角觝于三殿”；唐文宗李昂“幸勤政楼观角觝、蹴鞠”；唐懿宗李漼“咸通中选隶小儿园，寻入相扑朋”；唐僖宗李儇“弱冠登位，为宦官所押，内园恒备角觝之徒，以备卒召”；后唐庄宗李存勖“在藩邸，每宴，私与王郁角觝斗胜。郁频不胜，庄宗自矜其能，谓存贤曰：‘与尔一搏，如胜，赏尔一郡。’即时角觝，存贤胜，得蔚州刺史。”

1991年，西安市东郊唐金乡县主墓出土了一件相扑俑（见图6-2）。俑人是一个男子，头戴黑色幞头，上身赤裸，下身穿三角短裤，左腿抬起，右腿半蹲以脚尖着地，右手向后摆（左臂已残），脚步腾挪，正是相扑手交手时低头猫腰、双腿晃动、两臂前伸、寻找进攻时机的摔跤动作。看其着装与外貌，当为唐代流行的相扑形象。

图6-2　相扑俑

由于相扑所显示的智慧和力量，在盛大节日庆典中往往作为压轴戏放在最后。据成书于宋元时代的《文献通考》记载："角力戏，壮士裸袒相搏而角胜负。每群戏毕，左右军摆大鼓而引之。"也就是说，每当有摔跤比赛时，双方参赛的壮士上场进行比赛决胜，每当比赛结束，两边的军士就击鼓三通，呐喊欢呼。足见其激动人心、场面壮观、声势浩大。

除此之外，在皇宫、官府、军队和民间集会等场合经常有"百戏"上演，其中一个重要的内容就是角抵戏。在民间还有相扑比赛，分春秋两季举行，有时还有女子参加。当时在成都、陕南一带还有擂台比赛，"募桥市壮勇者，于山前平原作场，候人交（比赛），赢者出场赏之，采马拥之而去，观看如堵，巷无居人，从正月上元至五月方罢"①。摔跤比赛竟至万人空巷，可见当地老百姓的狂热程度。《角力记》记载，唐朝末年有一个外号叫蒙万赢的摔跤能手，"拳手轻捷，擅场多胜，受赐丰厚，万赢呼名从此始"。外号"万赢"些许夸张，但也能从中反映了蒙万赢的摔跤技艺之高和唐代摔跤比赛的频繁。关涉唐代角抵（相扑）的历史记载还有很多。唐代笔记小说《因话录》载："文宗将有事南郊，礼前，有司进相扑人。上曰：我方清斋，岂合观此事！左右曰：旧例皆有，已在门外祗候。"翻译过来就是：唐文宗（唐朝第十四位皇帝）要到南郊祭祀，在祭祀之前，有几个相扑力士被掌管祭祀的官吏献上。文宗说："现在观看不合适，因为我正在斋戒！"随从说："相扑手已经在门外等候，并且以往都有这个内容。"由此可以推断，唐朝相扑经常在宫廷中为皇族表演。《酉阳杂俎》记载："荆州百姓郝惟谅，性粗率，勇于私斗。武宗会昌二年寒食日，与其徒游于效外，蹴鞠、角力。"可见这项运动在当时已发展成为社会风俗。

考古工作者在敦煌莫高窟藏经洞发现了一幅描绘两人决斗情景的唐代幡画（见图6-3）。相扑手赤身裸腿、形象逼真，很像现代日本的相扑。图中围观者众多，大家神情专注地观赏着比赛。由此可见，角抵这种集健身、游戏、娱乐为一体的运动项目，也是人们寄托乡愁和心理调节的一种方式和方法，在当时社会是一项深受世人喜爱和欢迎的一项运动。

---

① 张利华:《宋代体育研究》,开封,河南大学硕士学位论文,2013。

图 6-3　角抵

值得一提的是，日本的相扑不仅和中国的角抵类似，也与敦煌莫高窟藏经洞“相扑图”中的相扑打扮一致。日本有关相扑比较确切的文字记载，是8世纪初编撰的《日本书纪》，书内记述第三十五代天皇（641～645年）为了接待古代朝鲜半岛百济国使者，召集宫廷卫士举行相扑比赛。这个文献记载正好和中国唐代相扑发展的时间相一致，并且当时中日文化交流异常活跃。因此，有专家指出，公元4～6世纪，中国唐代的角抵随大量的大陆移民东渡传到了日本。但日本的相扑是否由中国传入，目前还没有发现明确的文字记载。值得一提的是，日本人极为推崇角抵，后来逐渐发展成为日本现代的相扑运动，并进入奥运会大家庭，成为其中重要的竞赛项目。

4. 百戏与乐舞

隋唐时期，散乐百戏包含戴竿、走绳、斛斗、旋盘、蹋球、顶碗、山车、旱船等活动。百戏有时直接服务于皇宫贵族和达官贵人，他们以此来观赏和娱乐，有时还用来向域外民族炫耀，以此来张扬大国的威风。《隋书·音乐志下》记载，公元606年“突厥染干来朝，炀帝欲夸之，总追四方散乐，大集东都”，“以绳系两柱，相去十丈，遣二倡女，对舞绳上，相逢切肩而过，歌舞不辍。又为夏育扛鼎，取车轮石臼大瓮器等，各于掌上而跳弄之”；“每岁正月，万国来朝，留至十五日，于端门外，建国门内，绵亘八里，列为戏场。百官起棚夹路，从昏达旦，以纵观之”。公元610年，“于天津街盛陈百戏，自海内凡有奇技，无不总萃”。

隋朝，隋炀帝喜好歌舞，爱看百戏，推动了洛阳百戏的发展。隋朝的百戏形式和内容较前朝更加丰富，风格独特，盛大程度也超过了前代。《隋书·音乐志》详尽地记载了当时杂技的各种表演形式以及外来音乐的传播情况，是非常有价值的历史文献。据《隋书·音乐志》记载，大业二年（606年）元宵节，隋炀帝下诏洛阳举办一个演出，命令全国各地的演员都要到场，盛情招待来洛阳朝拜的各国宾客。这场演出场面宏大，规模空前，陪杨广看戏的突厥国单于染干非常惊异。再往后，百戏演出的规模越来越大，每逢正月万国来朝，各国使节、各类宾客都留待观看元宵节的百戏。演出时，整个戏场绵延七八里，从端门外到建国门外，蔚为壮观。出场的演员一个个装扮华美，衣锦饰绣，演出阵容超过3万人，为筹备演出服饰竟然把西京长安和东都洛阳供应的缯锦全部用光了。这种奢华的演出，在世界戏剧演出史上都十分罕见。

唐朝，百戏之风更盛。唐高宗与武则天迁都洛阳后，每年元宵节前后都要举行大酺（pú）即大宴群臣，都要穿插百戏烘托气氛、娱乐助兴。唐代著名诗人杨炯曾在洛阳宫的习艺馆担任教职人员，他在《奉和上元酺宴应诏》上用洗练的文字描写了元宵节洛阳百戏的奢华场面："百戏骋鱼龙，千门壮宫殿。"唐玄宗还经常在洛阳城南举行大酺，宰相张说《东都酺宴》说："合宴千官入，分曹百戏呈。"有王大娘者，善于舞长竿。当时观戏的刘宴赋诗道："楼前百戏竞争新，唯有长竿妙入神。谁谓绮罗翻有力，犹自嫌轻更著人。"皇家举办的百戏主要是供皇宫贵族和达官贵人享乐，且带有炫耀国力的政治意图。除此之外，民间散乐百戏也很兴盛，甚至在洛阳寺院中也不时上演百戏，其内容十分丰富，除跳丸、吞刀、吐火、旋盘、筋斗等杂技外，还包括《五方狮子》《旱税》等歌舞戏以及参军戏、杂剧等民间新兴的艺术形式。其中的歌舞戏与参军戏，孕育了具有地方特色的洛阳戏曲。

在百戏表演中，乐舞是贯穿始终、广为欣赏的重要艺术形式。隋唐乐舞融合了各民族乐舞的不同风格，广泛吸收了异域乐舞的独特风情，风格多样，优美清新，举世无双。隋朝有9部乐，唐太宗时定为10部，后又分坐部伎乐6种、立部伎乐8种。唐玄宗精通舞乐，创设了中国古代最早的皇家乐舞戏曲学院——"梨园"。他还自任总管兼教习，培养了众多梨园弟子。在帝王的倾力推动下，唐朝举国好乐喜舞，盛况空前。

事实上，诸多百戏活动内容产生于民间，在民间流传与发展，并在民间回归其价值。可以说，散乐百戏在隋唐流行于民间，唐朝尤为兴盛，其中唐玄宗时期河洛地区尤为兴盛。如唐开元二年（714年），设置在宫外的教坊，在长安和洛阳的就各二所。

5. 拔河

关于拔河（见图6-4），古诗词中有记载。张悦在《奉河圣制观拔河俗戏应制》中这样写道："今岁好拖钩，横街敞御楼。长绳系日住，贯索挽河流。斗力频催鼓，争都更上筹。春来百种戏，天意在宜秋。"形象地描述了拔河的方式与场面，亦可看出拔河在隋唐民间盛况。从历史资料中我们可以判断，隋唐时期拔河已经逐渐成为人们为庆祝丰收的传统体育娱乐运动。

图 6-4　拔河

拔河是人数相等的双方对拉一根粗绳以比较力量强弱的对抗性体育娱乐活动。古时的拔河叫"牵钩"，最早可以追溯到2500多年前的春秋时期。《墨子·鲁问》记载："公输子自鲁南游焉，始为舟战之器，作为钩强之备，退者钩之，进者强之，量其钩强之长，而制为之兵（兵器）。楚之兵节，越之兵不节，楚人因此若执，亟败越人。"记载的是春秋时期越国和楚国两国的水军交战，鲁国的工匠公输子（鲁班）设计了一种兵器，名为"钩强"，用于钩住和阻挡敌船，当敌船后退时就钩住它，敌船前进时就阻挡它。楚国水军运用"钩强"击败了敌军。后来楚国在训练士兵牵拉气力时就采用这种"牵钩"形式。将军指挥，安排两组士兵，手持竹编的篾缆，伴着惊天动地的呐喊和战鼓，用力钩拉牵拖。这种扣人心弦、紧张激烈的军事演练被时人称作"钩拒之戏"。它考验的不仅是士兵强大的力量和技巧，还需要良好的配合，才能发挥最大的效力。这就是拔河运动的雏形。后来这项活动从军中传至民间，成为一种有趣的民俗活动项目。但是，唐以前的“牵钩”还算不上是一项体育活动，主要是以此来庆祝胜利，祈祷丰年。

封演在《封氏闻见记》中记载：“拔河，古谓之牵钩，襄汉风俗，常以正月望日为之。”这说明到了唐代，正式有了“拔河”这个术语，而且已经成为广为流行的民俗活动，通常在每年农历正月十五举行盛大的拔河活动。据史料记载，唐中宗、唐玄宗都非常重视拔河活动，经常在宫中举行拔河比赛。《封氏闻见记》中有这样有趣的记载：在唐中宗时（705～710 年）的一个清明节期间，在梨园毬场举行了一场拔河比赛，“七宰相二驸马为东朋，三宰相五将军为西朋。东朋贵人多，西朋奏胜不平，请重定。不为改，西朋竞输”。712～756 年，唐玄宗还举行过千人参加的拔河比赛。

《封氏闻见记》记载：“古用篾缆，今民则以大麻絙长四五十丈，两头分系小索数百条挂在胸前，分二朋，两向齐挽，当大絙之中立大旗为界，震鼓叫噪，使相牵引，以却者为胜，就者为输”“襄汉风俗，常以正月望日为之。”把拔河运动描述得相当完整，既包括器材的长度、游戏规则，又描绘了拔河的热闹场景。后来，唐玄宗也对拔河给出了自己的解释和理解：“俗传此戏必致丰年”，在他的理解下，他对拔河活动还专门赋诗一首：“预期年岁稔，先此乐时和。”可以推测，拔河已经成为庆祝丰收、娱乐等与生活相关的重要运动，具有健身、娱乐和为节日添加欢快和喜庆气氛等方面的价值。因此，拔河运动成了隋唐民间河洛地区十分盛行的运动项目。

由于统治阶级的重视和参与，普通百姓在民俗节日也常以拔河作为欢庆节日、休闲娱乐的一种方式。在唐代诗词中也有关于这类民俗活动的描述。例如，唐代诗人张悦在《奉河圣制观拔河俗戏应制》中写道：“今岁好拖钩，横街敞御楼。长绳系日住，贯索挽河流。斗力频催鼓，争都更上筹。春来百种戏，天意在宜秋。”形象地描述了拔河运动的环境和场面，同时也说明拔河运动已经成为一项传统的体育娱乐项目。

关于拔河的规则和方法，封演在《封氏闻见记》卷六“拔河”中作了详细的记述。由此可知，最初拔河用的绳子是用竹皮编成的，粗糙勒手，也没有什么游戏规则；唐代改用粗大结实又具有柔软性的麻绳，绳长四五十丈，在大绳两头分系小索数百条，拔河的人将小索挂于胸前，这样更容易发力。游戏规则是：拔河者分作两队，在大绳居中的地方立一面大旗作为中间界限，背对着反向拉绳子。最终“以却者为胜，就者为输”。可见，那时的拔河与现代拔河有所不同，一是拔河双方不是面对而拽，而是背对而拉；二是所用绳子不是一根，而是“两头分系小索数百条”。这样参与的人数更多，场面和规模更大，更能烘托出齐心协力、步调一致、志在必得、气氛热闹的氛围。唐玄宗对拔河活动还专门赋诗一首《观拔河俗戏》：“壮徒恒鼓勇，拔拒抵长河。欲练英雄志，须明胜负多。”（《全唐诗》卷三）由此可见，唐玄宗对拔河活动的认识已经超越了纯粹的娱乐目的，上升到了精神层面。对于普通百姓而言，拔河活动已经成为与人们日常生活息息相关的一项重要运动。

综观上述历史文献，我们认为拔河运动的军事功能褪去，发展为全民性竞技体育。拔河主要具有以下三个社会功能：①庆祝农业丰收的仪式性活动；②皇家宫廷的娱乐节目；③平民的民俗体育活动。

6. 龙舟竞渡

龙舟竞渡（见图 6-5），又称扒龙舟、赛龙舟、扒龙船、龙船赛会等，在中国已有 1500 多年的历史，是一项历史悠久、风格独特的传统群众性娱乐活动，也是一项非常有益于培养勇往直前、坚毅果敢精神，增强人民体质的体育运动。

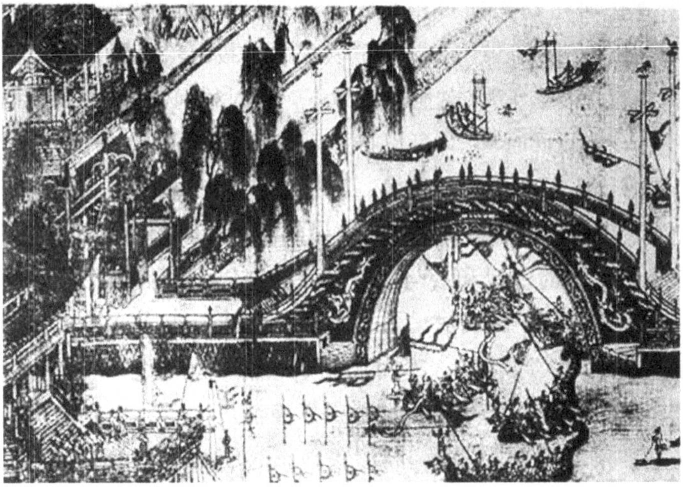

图 6-5　竞渡

对于龙舟竞渡的起源，说法有数种。有一种说法最广为流传，即为了纪念投江的屈原。屈原是我国古代伟大的爱国诗人，他赤子衷心，不肯与贪官昏君同庭共事，获罪被放逐至汨罗江。秦昭王二十九年（前 278 年），秦国派遣大将白起率军队攻入楚国的都城郢，屈原悲痛欲绝，他不想看到自己的祖国为秦国所灭，于是在五月五日这一天投汨罗江而死。当地的渔夫得知此事赶紧划船去救他，但并没有找到他的尸体。于是这种划船的活动一直流传下来，慢慢成为一种民间习俗。每年农历端阳节，人们都聚集在湖畔、江边比赛划船，以此来纪念这位伟大的爱国者。

还有另一种传说，即龙舟竞渡是为了纪念春秋时期吴国的功臣伍子胥。《吴越春秋》记载伍子胥因忠受到了猜疑和进谗，在其死后尸体被抛入江中而成为水神，人们便以竞渡来怀念他。《越地传》还把龙舟竞渡的起源归于越王勾践。以上传说，都缺乏充分的历史依据。据闻一多先生考证，在屈原投江之前的1000余年里，划龙舟的习俗就已在吴越水乡一带存在了（闻一多《端午考》）。浙江河姆渡遗址和田螺山遗址的史前文化表明，早在5000～7000年前，吴越一带就有了竞渡用的独木舟和木桨，可以证明浙江宁波是中国“龙舟竞渡”的发祥地之一。五月初五是古代吴越地区“龙”的部落举行图腾祭祀的日子。因此，在这一天赛龙舟，实际上是一种祭祀活动——通过祭祀龙图腾来祈祷天降祥瑞，避免水旱之灾。我们认为闻一多先生的考证是比较可靠的。

龙舟是船上画着龙的形状或做成龙的形状的船。赛龙舟分为起龙、游龙、竞赛、收龙等几个环节。竞渡在当时来说属于传统项目，最初源于纪念活动，因为诗人屈原跳汨罗江而去世，后人就在他跳江的地方通过划龙舟竞渡来祭祀他。这样一来，这种风俗就流传下来，并逐渐形成一种运动形式。《旧唐书·杜亚传》中有这样的记载：“春中有竞渡之戏，万舟并进，以急趋疾进者为胜。”张悦在《岳州马竞渡诗》中对岳州（今岳阳）举行竞渡的景况进行了描写。最初，用于“竞渡”的舟只是很小的船，直到西周对龙的崇拜和赛舟结合起来，产生了具有审美文化和运动气质的龙舟。晋太康二年（281年），在魏襄王古墓中发现的《穆天子传》一书中，就有“天子乘鸟舟、龙舟，浮于大沼”的记载。在浙江鄞县出土的春秋时期的一件青铜锁上，就刻有当时人们龙舟竞渡的图画。在东南亚各国和中国西南地区发现的在战国中期至东汉的石寨山式铜鼓上，所饰“竞渡”纹更为常见。这些装饰为鸟尾（或龙首）形象，往往被纹饰在船的首尾，船上的人前后排成一行，皆头戴羽冠，做出一致的划船动作，场面热烈而又隆重，充分说明当时龙舟竞渡活动已相当普及。

秦汉魏晋以后，江南水乡经常举行龙舟竞渡。特别是隋唐以后，竞渡被固定在了统一的时间——每年的五月初五“端午节”。除了龙舟竞渡，在这些重大的节日里，还有许多其他的民俗活动，比如跑旱船、拔河、踏青、秋千、放风筝、登高、舞龙、踢毽子以及元宵观灯等。这些都是典型的民俗性传统体育活动。

唐代卢肇所著《逸史》记载：“端午日，盛为竞渡之戏，诸州征伎乐，两县争胜负，彩楼看棚，照耀江水，数十年来，未之有也。”这说明当时不单单是老百姓喜欢这项运动，官员亦热衷并大力提倡和扶持。端午竞渡在刘崇远《金华子杂编》中记载为：“端午日竞渡于钱塘湖，每先数日即于湖畔排列舟舸，结络彩槛，东西廷袤，皆高数丈，为湖亭之轩饰。”可知，端午竞渡场面壮观、规模盛大。亦有史料记载：“郡县村社竞渡，每岁端午，官给彩缎，俾两两较其迟速。胜者加之银碗，谓之打标。”（《南唐书》）由此看来，竞渡还设立了奖励制度，这样一来，大众参与竞渡的积极性增强，竞渡的竞争性、观赏性也获得相应提高。

竞渡盛行于唐代，不但在史料中可以得到查验，在唐诗中亦可领略竞渡风采。唐代是诗人辈出的辉煌时期，众多诗人描述竞渡也就不足为奇。

例如，唐代诗人卢肇的《竞渡诗》，描绘了端午时节龙舟赛上多船竞发，龙腾水上，千人助威，鼓乐喧天的动人场景：

竞渡诗

石溪久住思端午，馆驿楼前看发机。
鼙鼓动时雷隐隐，兽头凌处雪微微。
冲波突出人齐譀，跃浪争先鸟退飞。
向道是龙刚不信，果然夺得锦标归。

诗人李群玉在《竞渡时在湖外偶为成章》（《全唐诗》卷568）中这样描述：“雷电奔逝三千儿，彩舟画楫初射晖。喧江雷鼓鳞甲动，三十六龙衔浪飞。”另一位诗人张建封在诗中这样描述、赞叹竞渡运动：

竞渡歌

五月五日天晴明，杨花绕江啼晓莺。
使君未出郡斋外，江上早闻齐和声。
使君出时皆有准，马前已被红旗引。
两岸罗衣破晕香，银钗照日如霜刃。
鼓声三下红旗开，两龙跃出浮水来。
棹影斡波飞万剑，鼓声劈浪鸣千雷。
鼓声渐急标将近，两龙望标目如瞬。
坡上人呼霹雳惊，竿头彩挂虹霓晕。
前船抢水已得标，后船失势空挥桡。

7. 围棋

围棋是起源于中国的古老棋类游戏。唐代，围棋是流行于文人雅士中的休闲娱乐方式，后来上至王公贵族下至平民百姓也都对这项高雅的棋类游戏十分钟爱。唐代著名诗人刘禹锡在《观棋歌送儇师西游》诗中说："长沙男子东林师，闲读艺经工弈棋。有时凝思如入定，暗覆一局谁能知。今年访予来小桂，方袍袖中贮新势。山人无事秋日长，白昼懵懵眠匡床。因君临局看斗智，不觉迟景沉西墙……"由这种通宵达旦钻研棋艺的劲头，足见京城上层贵族好棋之风之浓厚。

据说唐玄宗李隆基就是一个围棋迷，他闲暇时常与手下大臣对弈。唐代还制定了棋待诏制度，广搜天下围棋高手，专门陪皇帝下围棋，或给皇帝做技术顾问和理论指导。薛用弱的《集异记》中就有这样的记载：为了躲避安史之乱，唐玄宗仓皇逃到了四川，在逃难队伍里就有围棋国手王积薪，他是翰林院的"棋待诏"，具有一流的棋艺。王积薪"每出游，必携围棋短具……道上虽遇匮夫，亦与对手"。棋待诏制度的实行，不仅提高了围棋手的地位，也扩大了围棋运动的社会影响。《集异记》还记载了一个事例：围棋国手王积薪在随玄宗逃难途中，夜晚居住山中一平民百姓家中，熄灯入睡前，听见这家主妇与儿媳竟盲棋对话，王积薪默记棋局，翌日，与她们下棋，深感自愧不如，后来诚恳求教，终于学得"攻、守、杀、奇、救、应、防、拒"等棋理棋法，从此王积薪的棋艺也大有长进。在新疆吐鲁番阿斯塔那 187 号墓出土的唐代"仕女弈棋图"绢画中，绘着一位衣着入时、雍容华贵的妇人，她坐在棋盘旁，手执棋子专心致志地下棋。这正是唐代上流社会妇女尚弈的一个生活写照。正是由于围棋在上层的盛行，特别是皇室对于围棋的热衷，扩大了围棋在社会的影响力，就连佛门之地也被影响，在《酉阳杂俎》中就有佛门之中盛行围棋的记载。

关于唐朝围棋的史料也十分丰富，《旧唐书·王守澄传》《咏棋子赠弈僧》《酉阳杂俎》《咏棋子赠弈僧》《集异记》等均有记载。《旧唐书·王守澄传》记载："初元和中，守澄为徐州监军，遇冀城医人郑注……注敏悟过人，博通典艺，棋奕医卜，尤臻于妙，人见之者，无不欢然。"《酉阳杂俎》描述佛门围棋"一行公本不解奕，因会燕公宅，观王积薪棋一局，遂与之敌。笑谓燕公曰：此但争先耳，若念贫道四句承除语，则人人为国手"；张乔在《咏棋子赠弈僧》中说道："黑白谁能用入玄，千回生死体方圆。空门说得恒沙劫，应笑终年为一先。"可以看出，唐朝围棋在不同阶层之间流行，深受喜爱与追捧。

和汉朝围棋制式相比，唐朝围棋制式发生了重大变化，其棋盘从纵横各17道定型为19道并延续至今。1973年，新疆吐鲁番阿斯塔那唐代张雄墓出土了一个木制围棋盘，就是这样的制式。唐代文学家、书法家徐铉撰的《围棋义例》全面阐述了当时围棋的着法、规则及战略战术。

8. 武艺

隋唐时期，府兵制、武举制的实行，对我国武艺的进步和发展有很大的影响。本来只局限在军事方面的武艺，开始向其他方面拓展，武术逐渐成为了一种运动。隋唐时期的府兵制中要求20岁开始当兵，到60岁才可以免除兵役，并且根据能力分出高低。兵农合一使武艺日趋大众化。武则天时期创立了武举，考试项目里有各种骑射，甚至对胖瘦、力量都有要求，这也直接鼓励了练武之风。

隋朝末年社会动荡不安，民间涌现出一批善武英勇之人，其中有些成了名将，比较具有代表性的当属尉迟敬德。《资治通鉴·唐纪四》记载："齐王元吉以善马矟（丈八长枪）自负，闻敬德之能，请各去刃相与校胜负""元吉操矟跃马，志在刺之，敬德须臾三夺其矟。"描述的是尉迟敬德与李元吉比武，其中取掉枪头和空手夺枪技巧，都带有浓厚的武术色彩。《新唐书·柴绍传》记载："幼悍，有武力，以任侠闻。"《朝野佥载》有云："其弟飞檐走壁，尝著吉莫靴上砖城，直至女墙，手无攀引，又以足指缘佛殿柱至檐头，捻椽覆上。越百尺楼阁，了无障碍。……时人号为壁飞。"唐末，李克用善射，广明元年（880年）北入鞑靼，《资治通鉴·唐纪》记载："时与其豪帅游猎，置马鞭、木叶或悬针射之，无不中。"

（二）隋唐节令中民间体育活动的内容

节令体育活动，是中国最具传统特色和地域特色的民间体育活动。它把祭祀、祈祷、节庆娱乐、社交礼仪等各种社会人文因素融入体育活动中，在中国体育文化系统中形成了一个相对独立的分支。隋唐时期，节令体育活动的开展形式多样、十分频繁。

1. 元宵观灯

农历正月十五夜，因为是新年的第一个月圆夜，古时称为"元夜"或"元夕"。元宵观灯是中国非常传统、古老的活动。据考证，正月十五作为民俗节日是在汉魏之后。东汉佛教的传入，对于元宵节习俗形成有着重要的推动作用。汉明帝为了宣传佛法教义，下令每年正月十五夜在寺院和宫中"燃灯表佛"。所以，正月十五夜的燃灯习俗是与道教文化的影响佛教文化的扩大分不开的。

唐代，元宵放灯的习俗发展成为繁盛异常的灯市，唐中期以后，逐渐发展成一种全民性的狂欢节日。唐人徐坚在《初学记》中这样记载："《史记·乐书》曰：汉家祀太一，以昏时祠到明。今人正月望日夜游观灯是其遗事。"到了开元、天宝年间，皇帝不惜巨资搭建巧夺天工、精美绝伦的灯轮、灯树、灯楼等。同时，百姓也都兴高采烈，以"踏歌"形式来载歌载舞，用"牵钩"之戏营造热闹的场面，此番景象在唐诗和有关历史记载中都可窥见一斑。例如，盛唐诗人苏味道有首《正月十五夜》的诗，描绘了当时人们在正月十五夜观灯的盛况。由此可见，隋唐时期元宵观灯是一种内容丰富、场面壮观、热闹并受各层人物普遍喜爱的一种节令民俗体育活动。

2. 寒食蹴鞠

夏历冬至后一百零五日，清明节前一或二日即谓寒食节。寒食节，亦称"禁烟节""冷节""百五节"。据有关资料显示，寒食节发源地是山西介休绵山，距今已有2640年的历史。经过千百年的演变，各民族、各地域在寒食节逐渐增加了许多新的内容，如蹴鞠、踏青、秋千、牵勾等风俗。其中，蹴鞠就是寒食清明节里的重要体育活动。

唐朝，"寒食蹴鞠"的鞠结构得到进一步改良和创新，由实心球变为充气的鞠，并且踢球的技术方法也得到了相应的提高，蹴鞠内容更丰富多彩，蹴鞠活动更具有观赏性、健身性和娱乐性。例如，白居易寒食节在洛阳中桥上看到蹴鞠时诗兴大发，欣然作诗一首："上苑风烟好，中桥道路平。蹴球尘不起，泼火雨新晴。"晚唐文学家皮日休对洛阳寒食节的蹴鞠和斗鸡活动也是盛赞有加："千门万户掩斜晖，绣幰金衔晚未归。击鞠王孙如锦地，斗鸡公子似花衣。"王建《宫词》云："寒食内人常白打，库中先散与金钱"。韦庄《宫词》云："内宫初赐清明火，上相闲分白打钱。"均描写了宫女们在清明节、寒食节玩球并且获得赏钱的情景。她们玩的是游戏类的"白打蹴鞠"。

3. 春游

踏青，又称"游春""野步"，即农历三月初三出门春游踏青。这一时节，大自然的时光流转让春天充满了生机，正是春耕春种的大好时节。因此，先民们为了感谢上苍的关照，在春天到来之际举行仪式来祭祀农事，由此便形成了风俗，后又逐渐发展成为踏青活动。许多地方在清明节也盛行踏青。杜甫有一首关于清明的诗——《清明》："著处繁花务是日，长沙千人万人出。渡头翠柳艳明眉，争道朱蹄骄啮膝。"描绘了唐代长沙居民清明节倾城而出、踏青游春的情景。唐代还有许多关于春游的诗词。在这些诗中，作者以不同的身份、不同的身世、不同的情怀站在不同的角度分别对踏青这一健身、养生、养性和陶冶情操等作用的活动给予刻画与描述。如诗人张籍在《同严给事闻唐昌观玉蕊近有仙过》诗中写道：“千枝花里玉尘飞，阿母宫中见亦稀。应共诸仙斗百草，独来偷得一枝归。”（《全唐诗》卷386）刘禹锡在《踏歌行》诗中也写道：“春江月出大堤平，堤上女郎联袂行。”（《全唐诗》卷28）诗人描绘了春江大堤的景色，女子春游的景色让诗人感触万千。另外，王涯在《春游曲二首》诗中也对女子春游江边进行了描绘：“万树江边杏，新开一夜风。”（《全唐诗》卷346）杜甫在《丽人行》诗中写道：“态浓意远淑且真，肌理细腻骨肉匀。”（《全唐诗》卷216）细腻地刻画了“丽人”的风姿，暮春景象与风雅丽人的搭配不能不让人在品味之时置身于美好的想象当中。

踏青的人们可以放眼大地回春的清新景象，呼吸春天清新的空气，心旷神怡，精神愉悦；散步还有利于舒筋活血，促进生理的新陈代谢，无疑是一项老幼皆宜的体育活动。

4. 阳春拔河

拔河是我国古老的民间体育活动，具有祈求丰收的意味，历代帝王都非常重视。拔河时间一般定在每年正月十五，但有时也在清明节举行。有史料说明，古代的阳春拔河时间没有严格的限制。唐代帝王也十分重视拔河活动。据《新唐书》等文献记载：唐中宗景龙四年（710年）清明节时，李显亲自驾临来观看宰相、驸马和将相们的拔河比赛。景龙二年（708年），唐中宗还率大臣到玄武门观看宫女们的拔河比赛。

5. 端阳竞渡

端阳竞渡也是一项传统的民俗体育项目。在江南水乡，每年农历五月五日端阳节（又称“端午节”）有民众自发组织竞渡比赛。竞渡活动因具有强烈的趣味性、合作精神和竞技性色彩而收到广大人民的喜爱。隋唐时期，经官府的支持宣传，端午的竞渡活动开展的更加热烈而广泛。据《南唐书》记载：“郡县村社竞渡，每岁端午，官给彩缎，俾两两较其迟速，胜者加之银碗，谓之打标。”长江流域由于地域特点，竞渡之风更盛。每逢端午，沿江两岸的大小城镇水乡就变得十分热闹。人们穿着新装，扶老携幼，先拜祭屈子庙，后开始竞渡龙舟。一声鼓响，船似箭发，两岸欢呼，热闹非凡。

唐代竞渡有以下特点：一是官府提倡，具有节令性和竞技性；二是参与者甚众，是大众性的民俗体育活动。龙舟竞渡的竞技性体现在“爱挂锦彩，从风为标”，即要求参加者不但要在战术、技艺、体力等方面要求很高，而且还要具备必胜的信念、协同一致的团结精神以及顽强的意志等内在的精神品质。大众性主要体现在竞渡时无论高官贵族还是平民百姓，抑或是文人墨客或小孩和妇女，都可以参与其中，要么观赏娱乐，要么呐喊助威。总之，每当端午竞渡时，人们就像过节一样充满期待、喜庆、快乐。尽管时光荏苒、社会变迁，竞渡项目却一直保留至今，这不能不说竞渡具有刺激性、娱乐性、健身性等魅力。

6. 重九登高

王维的《九月九日忆山东兄弟》抒发了重阳节时浓厚的怀旧之情："独在异乡为异客，每逢佳节倍思亲；遥知兄弟登高处，遍插茱萸少一人。"可见，从古至今，重阳节的赏菊、登高是一种情感与体力活动交融的民俗体育活动。古代，重九的"九"字有长久之意，"久""寿"相转，因而在民间，"重九"之数又被赋予了另一种含义，即长寿。这又为重阳节增添了养生和文化色彩。

唐代，重九登高风气之盛，为历代所罕见。我们可以从诸多的唐代诗词中领略一番。例如，岑参在《与高适薛据登慈恩寺浮图》诗中写道："下窥指高鸟，俯听闻惊风。"（《全唐诗》卷198）描述了作者本人的登高经历与感受。杜甫在《九日五首》中也同样写到登高的状况与心境："重阳独酌杯中酒，抱病起登江上台。"（《全唐诗》卷231）从中可以感受到杜甫老年孤独的心境和老当益壮的生命活力。除了文人墨客喜爱重九登高望远之外，皇帝也是钟情于登高。唐中宗李显在重九登高时还专门写下一首诗："九日正乘秋，三杯兴已周。泛桂迎尊满，吹花向酒浮。"（《九月九日幸临渭亭登高》，《全唐诗》卷2）。

从以上诗词中，我们看到了古代重九登高之时诗人在其中寄托了各自的不同的心志。尽管从体育角度看不到直接的健身价值，但深秋登高的确给登高者带来身体和心理上的调剂，在一定程度上起到了健身养生的作用。

三、隋唐时期河洛古都体育文化的交流

汉代开辟的丝绸之路，在历经数百年后，到了隋唐时期，愈发活力四射。唐朝盛世，不仅创造了中华民族的物质文明，也创造了丰富的精神文明，缔造了泱泱大国的国际地位。中国与丝路沿线各国体育文化交流的频繁和程度的加深，为中华体育文化输入了新鲜血液，孕育出空前的繁荣。

在体育文化国际交往方面主要表现在以下方面。

第一，唐朝和朝鲜的体育交往。唐朝和朝鲜的交往比较密切，经常互派使节和留学生，在频繁的人事和文化交往中，中朝两国的体育也有了交流和发展。唐初，“高丽乐”传入中国，之后围棋、蹴鞠、投壶等传入朝鲜。

第二，唐朝和日本的体育交往。中日两国友好往来历史悠久、源远流长，到唐时达到顶峰。630～894年，日本共派遣唐使13次，其中一次竟达500人。体育交往也出现高峰，日本派神射手到中国表演；中国的一些体育项目也被日本使团带回国内，如相扑、礼射、投壶及百戏中的一些剧目，还有蹴鞠和围棋等。这丰富了日本人民的体育文化生活，在某些体育项目上为日本现代体育的发展打下了基础。

第三，唐朝和印度、东罗马的体育交往。唐时，中印两国的交往主要表现在佛教方面，唐朝高僧玄奘到印度取经，印度高僧也到中国留学。印度的养生术就是由印度佛僧传入中国的，被孙思邈辑入《千金方》中。东罗马帝国也先后7次派使节到唐，带来了拳击、摔跤等体育项目，也带回了唐朝的15柱球这类体育游戏。

总之，唐朝的中外交流互动，促进了各民族间的相互了解，也推动了世界体育运动的发展。

（一）唐代中外体育文化交流的主要内容

1. 围棋

唐代，围棋承袭了前朝之制，不但仍然盛行，而且还上升为一种重要的外交手段——利用围棋维系与周边国家间的友好往来。在中外文化交流过程中，围棋最先传到了日本，并由日本又传入百济、高丽和新罗。《隋书·倭国传》提到倭人“好棋博、握槊、樗蒲之戏”。由此可知，围棋在7世纪就已传到了日本。而1980年版的《大日本百科事典》记载，围棋远在1～4世纪就由中国经朝鲜传入日本，而到大和时代（4～7世纪）已经流行于统治阶层。

据大量史料记载，围棋在唐代不但非常盛行，而且还成为当时的一种重要外交手段。“国高弈皆出其下，于是厚遗使者金宝。”由此可见，唐玄宗对新罗王兴光的厚爱和利用围棋手段和朝鲜交流的重视。《杜阳杂编》记载了中日之间围棋的一次较量和交流：“至三十三下，……则谓之镇神头，乃是解两征势也。王子瞪目缩臂，已伏不胜。”① 该记载再一次反映出唐朝通过围棋进行外交的事实，也再一次表述了日本向中国学习围棋技艺的事实。

值得说明的是，目前日本围棋水平在世界上处于领先地位。从史料上探究，日本围棋一说是从中国直接传入日本，一说是从朝鲜间接传入日本，但无论是何渠道，日本围棋文化源于中国古代的事实是毫无疑问的。

2. 蹴鞠和步打球

据史书记载，在唐朝时，日本蹴鞠曾经风靡宫廷。日本的击鞠与蹴鞠游戏是唐代通过日本遣唐使从中国传到日本的，时间大约在 8 世纪。这也是我们目前所能够查阅到日本出现打球记录的最早的历史资料。唐朝把击鞠活动传到日本，另一个历史依据则是源高明所著《西宫记》中的记载：天历九年（998 年），在日本宫廷里面进行马球运动的时候，参与者“衣冠如唐人”。

另据史料，蹴鞠是唐朝时期传入日本的。在一本日本的古代足球专著《蹴鞠九十九条》中更明确、直接地写道：“鞠始于大唐。”镰仓时代（1185～1333 年），武士阶级成为统治日本的上层阶级，蹴鞠在日本开始盛行，后来普及到了日本庶民。今天，蹴鞠依然是日本皇室贵族非常喜爱的日常项目之一。中日之间还举行过击鞠对抗赛，这一点说明了唐朝与国外进行体育交流的历史事实。

起源于唐代的步打球是一种徒步以杖击球的传统球类运动，类似于今天的曲棍球。也是在 8 世纪，步打球传到了日本，有出土实物为证。日本古都奈良东大寺佛殿西北的正仓院中保存有绘有唐代步打球的两条花毡，各长 2.36 米，宽 1.24 米，中央各织着一儿童，周围织着花朵，一儿童左手持弯曲球杖作接球状。日本考古学家经过考证，一致认为该花毡是唐朝时期的一种手工制造品。关于日本步打球起源于中国，也有文献记载。

3. 木射

盛行于唐初的“木射”，通过丝路传入欧洲，尤其在德国产生了深远影响，成为德国“九柱球”——保龄球运动的发端。

有关国外射艺和技巧与中国交流的历史记载主要有《新唐书・东夷列传・日本》《新唐书・东夷列传・新罗》和《新唐书・礼乐志》。《新唐书・东夷列传・日本》记载：“使者与虾夷人偕朝。虾夷人居海岛中。”《新唐书・东夷列传・新罗》记载：“新罗，弁韩苗裔也。……八月望日，

---

① 〔唐〕苏鹗：《杜阳杂编》，北京，中华书局，1958，第 23 页。

大宴赉官吏，射”“又伏伸其手，二人蹑之，周旋百转。”生动地叙述了古代中国与印度之间的体育文化交流情况。

4. 步打球、投壶、双陆、双陆棋

投壶运动最早产生于春秋战国时期，当时用来进行军事训练，后演变为礼仪活动。据《日本的游戏》记载，日本的投壶活动种类就有 38 种以上。这么多的种类是如何产生的呢？有关史料显示，公元 607 年、608 年，日本两次派遣小野妹子一行来中国学习礼仪文化，并且此后还专门派遣唐使和留学生以及僧侣前来学习唐朝文化。最有力的现实证据是在日本正仓院仍然保存着隋唐时期的古壶、古矢等。

奈良时代，从中国传到日本的不只是步打球、围棋等体育项目，还有一种室内游戏，叫作双陆，主要是供贵族娱乐用的。其游戏方法是：两人对坐，先后摇晃竹筒的骰子，摇晃之后再倒出来数点，根据点数挪动双陆盘上的“驹石”；最后，看谁先走到对方的阵内，以先到者为胜。

（二）域外体育文化对河洛地区体育文化的影响

国力强盛的隋唐时期，对外开放的力度让河洛地区的体育文化活动空前繁荣，随着对外交往程度的加深，域外优秀的一些体育项目传到中原地带，特别是作为政治、经济和文化中心的古都洛阳能够较早地获得到传播来的域外信息。比如，印度的瑜伽，中亚的胡旋舞、柘枝舞、胡腾舞等运动项目都为河洛地区体育文化的繁荣增添了新的内容和注入了新的活力。唐代诗人王建在《凉州行》中描绘了河洛人民与少数民族相互学习的现象：“城头山鸡鸣角角，洛阳家家学胡乐。”在这些传入的运动项目中，最值得一提的便是胡旋舞。胡旋舞是从西域传来的舞种，因其节奏欢快、服饰鲜艳、具有鲜明的民族特色，深受人们喜爱。胡旋舞传入长安城之后，成为长安城中最受欢迎和最为盛行的舞蹈之一，记载胡旋舞的史料十分丰富。关于胡旋舞，会在后面的章节中提及。

在研究隋唐时期河洛地区体育文化发展状况，从大量史料中我们发现，自汉朝以来，伴随着古丝绸之路的开通，中国古代的体育文化的发展与中外体育文化的交流有着千丝万缕的联系。从大量史料中不难看出，隋唐时期的河洛地区体育文化保留着一定的胡文化痕迹，尤其是西域和中亚文化，深深地融入了中原体育文化当中。但我们的先人并没有囫囵吞枣地一并照收，而是对这些域外体育文化进行兼收并蓄、和融改造，最终定型为中国的传统体育文化。唐代人们具有良好的开放性和接受能力的，域外体育文化被兼收并用，最终成为古代中国人喜爱的运动内容和形式。① 这里主要介绍马球和河洛地区马上文化的简要产生历史。

1. 马球

关于马球的起源，前面已有分析和论述，在此不再赘述。之所以再次提及马球，是从特定研究角度出发，不得不再次提及马球运动。

随着盛唐时丝绸之路上的体育传播，马球成为极受唐代皇族追捧的外来体育项目。《封氏见闻记》记载，当时长安城里就有胡人打马球了，甚至宫中都有专门为宫廷表演马球的“球工”，相当于皇家马球队的成员。现藏于陕西历史博物馆的唐代“马球图”（见图 6-6），描绘的正是身着窄袍长袖服饰的球员手拿偃月球杖驱马抢球的景象。

图 6-6　马球图

纵观历史，唐代河洛地区的马球运动在其形成与发展过程中深受域外体育文化因素的影响。特别是在唐朝初期，汉代丝绸之路的开辟和拓展，使河洛地区与西域政权及国家的交流与融合更加顺畅，无意中给唐代皇亲贵胄奉献了一个极具刺激性的马上运动项目——马球。

2. 河洛地区马上体育文化

河洛地区是我国古代的中原腹地，因此称为中原地区，原本不谙马上运动，但受北方汉胡文化的深刻影响，山西、甘肃、陇右等地区都大量饲养马匹，养马除了满足军事活动、生活交通等需要之外，还有一个重要原因，就是用于马上运动（见图 6-7）。汉胡文化与马上活动紧密相连，加之唐代又是一个开放的朝代，与域外交流频繁，所以养马、用马和马上运动

① 程鹏：《西域与中原健身文化的融合——隋唐时期的健身文化解析》，《体育科技文献通报》2011 年第 12 期。

就自然成为一种产业。为了适应与马有关的体育活动的开展，养马成为一种有利可图的职业。据史料记载，唐高宗麟德年间，甘肃马匹数达70.6万余匹；唐玄宗开元年间（713～733年），仅陇西一带即有马43万余匹。另有历史学家根据史料推断，早在南北朝时期山西、洛阳一带“胡服骑射”的人数就已经很可观。这些都说明当时河洛地区马上体育文化的形成与北部少数民族的融合是分不开的，融入了域外体育文化特别是汉胡体育文化的重要因素。

图6-7　唐代彩绘陶驯马俑（1988年洛阳拦架沟唐墓出土）

洛阳出土了多件三彩骑马女俑，反映了唐代女性自由奔放、崇尚健康美的精神风貌。图6-8所示三彩骑马女俑，只见马伸颈昂首，双耳直立，体态壮硕，神态自若。鞍上坐一仕女，发髻缺失，身着袒胸窄袖黄衣，颈披黄色帛巾，巾带垂于背后，束绿色长裙，左手勒缰，体态端庄，悠然自得。

图6-8　洛阳地区出土的唐三彩骑马女俑

3. 唐朝乐舞、狮子舞

古代的舞蹈和狮子舞受西域文化的影响比较深，诸多记载都显示出西域文化的痕迹。北朝时期的舞蹈，延续了汉晋舞蹈风格，并引入“龟兹乐”（胡腾、胡旋、柘枝）、“西凉乐”、“西戎伎”等西域少数民族音乐，成为中原地区民族舞蹈的重要组成部分。南朝时期的舞蹈，主要引入北方民族的舞蹈风格，梁元帝萧绎《夕出通波阁观妓》描绘道："胡舞开齐阁，铃盘出步廊。"陈后主"遣宫女习北方箫鼓，谓之代北"。唐代中原舞蹈文化发展受到胡汉文化影响，同时出现两者交融发展的状况。武则天时期，西域舞蹈流行。

唐朝，乐舞经过汉代舞蹈技术的大幅度提升，加之南北朝时中外舞蹈交流的推动，乐舞技术日趋完善，是古代舞蹈艺术发展的又一个高峰。我们从唐朝诗人元稹《法曲》诗中可以领略到西域舞蹈的风采与魅力："自从胡骑起烟尘，毛毳腥膻满咸洛。女为胡妇学胡妆，伎进胡音务胡乐。火凤声沈多咽绝，春莺啭罢长萧索。胡音胡骑与胡妆，五十年来竞纷泊。"唐代诗人王建在《凉州行》中描绘了河洛人民与少数民族融合、相互学习的场面："城头山鸡鸣角角，洛阳家家学胡乐。"据材料记载，杨贵妃擅舞，尤擅胡旋舞，堪称"舞林"高手。胡旋舞就是从西域传来的舞种，因其节奏欢快、服饰鲜艳、具有鲜明的民族特色，深受社会各阶层的喜爱。因此，胡旋舞传入长安城之后成为长安城中最为盛行的舞蹈之一。正是这种民族融合，为河洛地区体育文化的繁荣输入了新鲜血液。

据史书记载，唐代乐舞在许多方面吸收了异域民族的乐舞素材。例如，《新唐书·礼乐志》记载："东夷乐有高丽、百济；北狄有鲜卑、吐谷浑。"可见，唐朝的乐舞来源于不同的地域且内容也相当丰富。例如，当时日本音乐传入中国，被列为宫廷音乐，对唐乐的形成和发展有所影响。与此同时，日本统治者也积极引入唐朝的雅乐，898年将唐乐正式纳入朝廷乐队；唐乐在日本发展为"踏歌"（人们联臂牵手，以脚踏地，边歌边舞），在地方节日集会时都有踏歌活动。在唐朝乐舞艺术的深刻影响下，日本宫廷舞乐带有较为强烈的唐朝之风，后来又分化发展，流派众多。唐朝乐舞在中国传统舞蹈艺术史上具有十分重要的地位。

据历史资料，我国有关狮子的最早记载是在《后汉书·西域传》中。尽管西域狮现已绝迹，有关西域狮的历史资料尚存。玄奘天竺取经时途经高昌，高昌王麴文泰铸金狮子赠送给玄奘，以示对其勇猛无畏人格的敬佩。由于西域人崇拜狮子的勇猛无畏，所以编创狮子舞也是可以理解的。后来狮子舞传入中原地带，以下两则相关史料可以证明这一点：①最初到唐朝长安城进行表演狮子舞的"狮子郎"（舞狮人）都是龟兹人；②新疆吐鲁番阿斯塔那古墓葬中出土的"狮子舞泥俑"属于唐代舞乐百戏彩绘俑系列，说明狮子舞在唐朝河洛地区是非常盛行的，也再次说明西域体育文化对中原体育文化的影响力。

中国传统狮子舞是自汉代由西域传入的假形舞蹈。唐时，最初到长安城表演狮子舞的“狮子郎”（舞狮人）都是龟兹人。唐朝，狮子舞被引入宫中，成为“燕乐”的一个重要组成部分，阵容强大。表演时，由140个人组成的合唱队高唱《太平乐》作为背景音乐，以衬托场面。这说明西域体育文化的优秀成分对中原地区体育文化具有神奇的吸引力。

大量史料表明，隋唐时期的体育文化深深地打上了汉胡文化的烙印，尤其是西域和中亚文化，被有选择地融入了中原体育文化当中。这说明古河洛地区的人们思想解放、不拘一格，对域外体育文化被兼收并用，最终定格为河洛古都体育文化的主要运动内容和形式。

4. 瑜伽

瑜伽起源于公元前2500年的印度，东汉时期随着佛教的传入进入中国。唐贞观年间，玄奘西行求佛法；贞观五年，玄奘到达那烂陀寺拜戒贤为师，得以传授《瑜伽师地论》。瑜伽的传入，进一步丰富和充实了中国传统中医养生学的理论和实践。

印度瑜伽在传统哲理方面是一种基础哲学，它通过精神和肉体的结合，以自我实现为宗旨，从而达到自我与宇宙本源的融合，“自我独存”是最高境界；而中国气功的最高境界是“炼神还道”。但中国养生气功与印度瑜伽的核心思想具有高度的相似性：①瑜伽强调天人合一思想，这在我国的《黄帝内经》中早有提到。②瑜伽和气功都致力于精神和肉体同修，挖掘人体内在巨大的潜能，和人体生理学有相似之处。③中国的气功元气论认为“元气”发于肾，藏于丹田，是人体生命的原动力；瑜伽认为，人体有与中医穴位相对应的部位——“气轮”，通过瑜伽经络“纳弟”来输送生命力。④在功法方面，瑜伽和气功都强调姿势、呼吸、意念三大要素，都有调身、调息、调心的过程。

四、隋唐时期河洛古都体育服饰文化

隋唐时期服饰总的特点是华丽、大气、豪放且款式、花色与品种繁多，具体到性别又有所不同。例如，男子头上戴幞头，足下蹬长靴且袍衫带窄袖和革带扎腰；女子服饰则是绚丽而多彩，并多以开放式的低胸裙装为主进行打扮，这与当时比较开放的社会意识相适应。隋唐时期的裙装主要包括笼裙、春草裙、括罗裙等不同款式。隋唐该时期的女装在中国古代封建历史上独秀一帜，诗人们总喜爱以当时的女装为题材吟诗作赋。例如诗人白居易写道："烛泪夜沾桃叶袖，酒痕春污石榴裙。"（《府酒五绝·谕妓》）杜审言也写道："红粉青娥映楚云，桃花马上石榴裙。"（《戏赠赵使君美人》）从这些诗中可以感受到唐代女子服饰的绚丽与魅力。

唐朝女子体育服装的特点主要体现在以下三方面：①轻薄、柔软，便于运动；②在首饰、衣饰等方面多有侧重；③体现时代气息。

（一）女伎的衣饰

唐朝女伎的服饰比较特殊，与一般的唐朝妇女的服饰有较大区别。唐朝女伎从事的技巧表演职业决定了她们服饰的特殊性，为了在运动表演中体现动作的高难度和精彩度，她们往往是身着轻薄柔软的丝质衣裳，以保证攀爬类动作的安全性和表现类动作的舒展性。史料中有这样的记载："美人兮来从紫闱，为都卢兮衣锦褧衣，凝靓装似如玉，耸轻身兮若飞倏。"（唐代梁涉《长竿赋》）。其中所提到的"锦褧"就是一种轻薄柔软的丝质衣裳。

（二）女伎的发式

唐代女伎在运动时会改变日常的发式发样，往往会将秀发盘于头顶，既能显示一定的装饰性，又能顺利地进行运动。由于攀爬运动中常常带有一些危险性的技巧类动作，如倒立、盘旋、绕竿等，所以她们为了自身的防护，往往会对头发的装束进行改变，否则将影响各种技能的发挥甚至是对安全造成一定的影响。

（三）唐朝球类运动中的女子服饰文化

唐朝是中国历史上主动促进中外文化交流的一个王朝，在开放过程中，它深受西域诸少数民族的影响，在服饰方面吸收了波斯、吐火罗、突厥①、吐谷浑和吐蕃等域外服装的诸多素材，形成了自己的独特魅力。

另外，《旧唐书》记载："武德贞观之时，宫人骑马者，依齐、隋旧制，多着羃䍦。虽发自戎夷，而全身障蔽，不欲途路窥之……永徽之后，皆用帷帽，拖裙到颈，渐为渐露……则天之后，帷帽大行，羃䍦渐息……"这说明唐初妇女平时生活中遮蔽大，多穿羃䍦或帷帽，出门不露脸面；到了武则天时代，唐人便放开"障蔽"，流行"帷帽"，这种服饰文化的改变符合了当时的开放政策与开放思想。

---

① 李刚：《从唐朝诗赋看唐朝体育消费的特点》，《成功》2012 年第 24 期。

五、隋唐时期河洛古都体育文化消费

为了层次清晰和便于研究，我们把隋唐时期古人的体育文化消费情况分成两大类——宫廷贵族的体育文化消费和民众体育文化消费——进行研究。

（一）宫廷贵族的体育文化消费

唐朝，宫廷体育之所以能够高度发展，最重要的一个原因就是有足够的金钱保证。像宫廷马球、宫女步打球、骑射、百戏和大型舞蹈以及团体操等，如果没有足够的金钱，几乎是无法开展的。另外，宫中的体育文化消费还表现在宫中体育游戏和赛事几乎天天都有，甚至就连公主出阁、外国使臣来访都需要举行体育表演。上述各类体育活动，如果没有雄厚的资金保证，是不可能开展的。

（二）平民百姓的体育文化消费

与宫廷贵族体育文化消费相比较，唐代民众的体育文化消费主要是以娱乐性体育活动为主。他们在条件许可的情况下，根据个人兴趣、民族风俗、具备的技能、运动项目的特点等选择不同形式的体育运动，如划龙舟、赛马、下围棋以及拔河、散步和垂钓等。这些运动项目受场地和经费的影响比较小，易于组织，大众自愿参与的热情高，是广大民众喜闻乐见的，也几乎不掺杂任何功利性因素。所以，这些大众性的体育运动文化形式可以说是唐代大众体育运动文化的基本形态。

总之，由于隋唐时期经济和文化发展都达到了前所未有的水平，人们在体育方面的消费有了比较雄厚的物质基础，特别是在上层社会，大型性、娱乐性、刺激性和礼仪性的体育运动常年开展，即便是平民百姓也会在各种节令时期举办具有娱乐性、健身性、驱邪性、祈福性等体育运动，因此体育消费达到了前代所未有的高度。

六、隋唐时期河洛古都体育项目及文化发展的原因

隋唐时期河洛地区体育文化繁荣的原因，主要有三个。一是这一时期

隋唐大运河的开通带动了河洛地区经济繁荣，经济促使人们追求更形式多样化的体育文化活动形式；二是政治环境宽松，开放的政治环境带动了体育文化的发展，便于各国各地体育文化的交流；三是隋唐大运河开通使体育文化交流广泛频繁。隋唐体育文化的发展不仅强身健体，而且丰富了人们的娱乐文化生活，还被后来人和相邻国家和地区运用、继承和发展，最终由它的基本内核构成了中国传统体育文化的重要内容和精神源泉，也是中国传统体育文化基本内核的重要因素，成为现代体育文化的母文化。研究我国体育文化的发展历程离不开对河洛体育文化的研究，离不开对隋唐大运河与河洛地区体育文化发展关系的研究。

（一）河洛地区经济的繁荣

文化属于上层建筑，是在经济基础上产生的；没有社会生产实践和生产力的发展，各类思想和文化艺术等就无从产生，这是马克思主义历史唯物主义的基本原理，也是我们考察研究历史必须树立的正确的历史观。隋唐时期河洛地区在经济上的繁荣富庶，在很大程度上得益于大运河的开凿。

隋炀帝定都洛阳，洛阳成为隋朝的政治、经济、文化中心，加之隋唐大运河的开凿，打开了南北通道，使得洛阳取得突飞猛进的发展。大运河的开通，带来了水上交通的便利，一时间，南北方的商贸交流、文化交流络绎不绝，洛阳成为商贾云集之地，不仅洛阳得到了经济上的发展，洛阳周边地区和运河两岸地区的经济也飞速发展。经济繁荣可以推动体育文化发展，我们可以推断在隋唐经济繁荣发展的大背景下，当时的体育文化一定也有着突飞猛进的发展。

唐朝，河洛地区经济也极为繁荣，历史上的“贞观之治”“开元盛世”就是对当时盛世时期景象的描述。盛唐时期，人们到处开垦农田，粮食丰盈，生活安逸，玄宗时期“人家粮储，皆及数岁，太仓委积，陈腐不可较量”。《元次山集》记载：“开元、天宝之中，耕者益力，四海之内，高山绝壑，耒耜亦满。”唐代杜甫诗云：“忆昔开元全盛日，小邑犹藏万家室。稻米流脂粟米白，公私仓廪俱丰实。”（《忆昔》二首）

在唐玄宗时期，韦坚在长安开凿了广运潭，潭中放置着二三百只小船，不同的船只代表着不同的地区，每一条船只上都放置有来自不同地区的特产，镜、铜器、锦、海味是广陵的特产，沉香、珍珠、玳瑁、象牙是南海的特产，名瓷、酒器、茶釜、茶铛、茶碗等是豫章的特产。由此可见，当时南方地区的物资均可通过大运河运至京师。这些物资不仅满足了朝廷的需要，更丰富了中原地区的市场，促进了中原地区的经济发展。

隋唐大运河不仅促进了经济繁荣，也促进了南北地区的文化交流，使南北文化进一步交融。当经济有了质的飞跃，人们的生活水平也会随之提升；当物质需求得到满足后，人们便会在闲暇时间追求精神上的享受和生活上的娱乐，体育作为富有文化内涵的娱乐活动，在运河经济及其繁荣的大背景下得到了很大发展。可以说，隋唐大运河经济的繁荣推动了河洛地区古都体育文化的发展，具体表现在以下几个方面。

第一，隋唐大运河经济的繁荣丰富了体育活动的形式。运河的产生本身就孕育了多种体育活动形式，如赛龙舟；还有一些是古已有之的河洛传统民俗体育形式，如蹴鞠、角抵、马球、武术、舞龙舞狮、百戏杂技、秋千等。随着丝绸之路的进一步拓展，全国各地乃至各国、各地区间的交流更加广泛和频繁，河洛地区这些传统体育文化形式有的走出国门，日渐繁荣；有的却被外来的体育活动形式取代，日渐衰落。

第二，隋唐大运河经济的崛起十分有利于体育相关产业的进步。隋唐大运河经济的发展不仅使体育活动的方式变得丰富多彩，更推动了体育器材制作工艺的进步，有了专门的体育活动场所，活动环境得到很大改善。前面的介绍分析表明，相比汉朝的蹴鞠制作工艺，隋唐时期的蹴鞠制作工艺有了很大进步，让蹴鞠和我们如今玩的足球有了进一步接近，这也是为什么国际上承认我国是世界足球运动的发源地。不仅如此，马球也有了专门的运动场所。这无疑也是隋唐大运河给体育产业带来积极影响的一个客观证据。

隋唐时期，河洛地区社会经济相当繁荣，河洛人民物质生活丰富，开始追求闲余时间的精神生活享受，譬如在闲余时间从事体育娱乐活动。河洛地区的经济殷实不仅为河洛地区的人们参加体育活动提供了坚实的物质基础，更提供了更多的可能性，于是，便出现了像角抵、蹴鞠、秋千、拔河、乐舞等体育、娱乐、文化活动。[①] 这也从侧面反映出运河经济繁荣对体育文化发展的促进作用。

（二）河洛地区宽松的政治环境[②]

隋唐时期，社会开放包容，河洛地区作为政治、经济、文化中心区

① 储娜等：《汉唐时期河洛体育文化兴盛原因及对我国群众体育事业发展的启示》，《宁夏社会科学》2013年第4期。

② 储娜等：《汉唐时期河洛体育文化兴盛原因及对我国群众体育事业发展的启示》，《宁夏社会科学》2013年第4期。

域，以开放姿态接纳和融合外来文化。其开放的政治环境使各国使臣纷纷来到河洛地区进行文化、政治和交流，他们的到来不仅带来了本国的新鲜事物，也推动了河洛地区的大融合，其中就包括体育文化的融合。一些体育项目通过交流传入河洛地区，河洛地区的体育项目也通过交流和融合走出国门，走向世界。唐代，中日的两国的交流是十分频繁的，中日体育的交往也随着友好往来的增多而愈加丰富。在这些中日体育交流项目中，就包括蹴鞠、击鞠、武艺、棋类等多种运动项目，而现在被称为日本国技的相扑，则为汉朝至南北朝时期从中国传入日本。政治开明开放促进了体育文化的交流与发展，隋唐时期，统治者制定了多种开放的体育政策。

1. 河洛地区统治者所制定的与体育相关的政策

唐代推行了有利于河洛地区体育文化发展的政策制度和方式方法。比如，武则天史无前例地创立了武举，这样从河洛地区选择最优秀的军事人才具有直接的招贤作用，更加有利于推动河洛地区体育运动的健康发展。另外，唐玄宗时期，棋待诏、棋博士也正式设立，这种管理制度的建立极大地推动了河洛地区围棋运动的发展。如此形式的政策倾斜力度使唐代河洛地区的围棋运动得到了前所未有的高度重视。

隋唐时期，推行府兵制和武举制，它们大大推动了武艺的普及和提高。全面考证后可知，尽管这两种制度属于军事范畴，但从实际角度来看，它们都产生了“育体”效果，因此可以把它们作为当时的体育制度予以研究。事实上，当时主要用于军事的武艺也正向着健身、娱乐的“武术运动”演进，且演进的趋势也日益明显。

（1）府兵制。《新唐书·兵志》记载：“二十为兵，六十而免。其能骑而射者为越骑，其余为步兵、武骑、排攒手、步射。”“寓兵于民”使民间普遍习武。府兵制最重要的特点是兵民合一。府兵制要求府兵在平常以耕地为主，没有战争的时候就是平民百姓，耕种之余参与军事训练，以备突然发生的战争；一旦有战事，他们就可以上战场为国杀敌。府兵制始于大统年间（535～551年），由西魏时期的宇文泰创建。该制度初经北周、隋至唐初期，之后逐步完善，到了唐太宗李世民时期该制度发展到完美阶段，唐玄宗天宝年废止，前后历经了约200年的时间。府兵制在各朝均有变化，唐朝府兵制的组织机构在大体沿袭隋朝的基础上又进行了一定的改进，如保持十二卫为最高领导机关不变，府兵制的基层组织鹰扬府改为折冲府。经过改进与发展，唐朝时期的府兵制具有一定的显著特点：其一，“寓兵于农，兵农合一”；其二，中央十二卫督统帅各府，并且军府又相对被集中在关中地区，兵力分布呈外弱内强的态势；其三，有战事则“命将以出”，无战事时则“兵散于府，将归于朝”。

（2）唐朝的武举制度。武举制度和制举武科，是唐代对武术人才选拔的两种方式。武举，史上又称作武科，是科举制度中选拔武术人才的专门科目。武则天在长安二年（702 年）建立武举制，这是武则天选拔武艺之人的开创性举措。《新唐书·选举志》记载：“长安二年，始置武举，其制，有长垛、马射、步射、平射、筒射，又有马枪、翘关、负重、身材之选。”武举制在清光绪二十七年（1901 年）废止，中间断断续续，前后延续了 1200 年。它对我国古代社会发展以及武术理论与技术的发展产生了深远的影响。

在科举史上，武举延续的相对较长，其历史地位和价值都是举足轻重的。武则天创立武举制不仅能够比较科学地选拔人才，被当时的封建社会所利用，而且对武则天来说最重要的一点是捍卫了她的政权。因为武则天的这种制度使大量寒门庶族，甚至草野布衣之士“释褐入士”，特别是那些只识弯弓射大雕的普通武艺人士也进入了统治集团。武举制对中国武术历史来说也是一个崭新的创举，因为，在武举制的作用下，注重武术的风气日浓，这对中国武术的发展起到了一个催化剂的作用。

与隋朝相比，唐代的武举制度考试内容主要由两个方面组成：一方面是长垛、骑射、马枪、步射等四项技能；另一方面是身体、力量、体能等身体条件和身体素质。除此之外，还有材貌、言语、举重等三项基本条件。每一项均有一定的考试方法和成绩评定标准：射长垛的方法比较复杂，就像今天的射靶一样，既有距离、高度和射击姿势的规定，又有根据射中的部位不同而确定不同的“院”别。另外，还有应试者用石弓、六钱之箭引射，如果三十发不出第三院则为中第，如果入中院则为上，如果入次院则为次上，如果入外院则为次①等等标准的规定。

骑射就是骑马射箭，所以又叫马射。考试规定“穿土为埒，其长与垛均。缀皮为两鹿，历置其上，驰马射之”“鹿子长五寸，高三寸。弓用七斗以上力”②。全射中为上，规定或中或不全中为次上，浪费掉全部射击机会的为次。马枪即被测试之人在马上用枪的考试。其考试的具体方法有史料记载：“断木为人，戴方版于顶上，凡四偶人，互列埒上。驰马入埒，运枪左右触，必版落而人不踣。”“枪长一丈八尺，径一寸五分，重八斤。其木人上版，方三寸五分。”被测试之人的成绩评定方法是刺落三版或者四版的成绩为“上”，刺掉两个版的成绩是“次上”，刺掉一个版或者刺不

① 曹青军：《唐朝武举制度及其影响》，《体育文化导刊》2010 年第 9 期。

② 黄聪：《隋唐选武制度述论》，《体育文化导刊》2009 年第 2 期。

中的为最后一等——“次”。步射就是射击草人。《新唐书。选举制》记载：“中者为上，虽中而不法者为次上，虽法而不中者为次。”法为射击时所要求动作的规范性。

除了上述四项技能的测试外，还有举重（即翘关)。《唐六典》对材貌要求的记载为：“翘关者，长一丈七尺，径三寸半，凡十举。后手持关距，出处无过一尺。”《唐六典》对才识应变能力的要求记载为：“应对详明，并有神采，堪统领者为上，无者为次。”《通典》对耐力和承受力测试的记载为：“负重者，负米五斛，行二十步，皆为中第”。唐朝武举考试，武技、力量、身材、体格、才识、应变、耐力、承受力均为考试的重要指标。

综上所述，唐代的武举制度主要考核举重、骑射、步射、马枪等技术；同时参考武技、力量、身材、体格、才识、应变、耐力、承受力等指标。据《通典》中记，(尚书省）给予合格者符印其身，称之告身。告身即录用后所发给被录用者的凭证。被告身之后，获取相应职位。该制度在唐代实施了200年左右，武举制度共施行1200年，除去中间断掉的400年左右，在我国历史上实施了800年左右。上述的各种要求也为民间和军队练武制定了标准，这无疑对民间或军队从事练武起到了一个积极的推动作用。

2. 唐朝达官贵人参与各项体育文化活动非常积极

唐朝统治者大多对体育的兴趣异常浓厚，而且也经常亲自参与体育活动。据历史记载，唐太宗李世民年少之时就喜好弓箭射技，能够“箭穿七札，弓贯六钧”(《贞观纪要·征伐》)。唐太宗还是马球的倡导者。此后，唐朝历代皇帝中多有痴迷马球者，经常策马挥杖，驰骋在球场上。唐太宗还经常在重要的节日组织大臣们参加射术比赛，这种习惯与作风影响了参赛者。皇帝的这种举动势必会形成巨大的影响力，这种影响力也会起到一定的号召作用。

上层统治集团喜好体育运动的举动，势必对全国体育风尚的形成产生巨大的影响力。因此，当时河洛地区的射箭、击鞠（马球）等运动，能够成为风靡全国的运动项目，被发展成为最具代表性的体育文化活动，就不足为奇了。

3. 多民族的文化交融为河洛地区体育文化的繁荣提供了契机

隋唐时期是相对开放的时期，各民族文化融合成为当时社会的一大文化特点。这时期，河洛地区的体育文化内涵得到了极大的丰富。例如，起源于吐蕃民族的马球运动成了河洛地区人们普遍喜爱的运动项目之一，使河洛地区的体育文化内容得到了丰富。另外，受周边地区民族女子地位较高观念的影响，隋唐时期河洛地区出现了妇女荡秋千、打马球、下围棋、跳舞等体育现象。

（三）广泛频繁的对外交流为河洛体育文化的繁荣注入了活力[①]

隋唐时期是相对开放的时期，唐王朝的开放性政策，使中外交流日渐频繁，周边国家经常派使节来中国学习，河洛地区成为了各国文化汇聚之地，这其中就包括体育文化。随着对外交往程度的加深，域外优秀的一些体育项目传入中原地带，特别是作为政治、经济和文化中心的古都洛阳能够较早地获得到传播来的域外信息，例如，印度的瑜伽，中亚的胡旋舞、柘枝舞、胡腾舞等都是较周边地区掌握的早一些，这些运动项目都为河洛地区体育文化的繁荣增添了新的内容和注入了新的活力。

（四）对健康和长寿的追求促进了体育运动的开展

唐代，道教具有巨大的社会影响力，不仅备受皇室尊崇，也吸引了许多普通百姓。道教宣扬人能够通过调息、静养、气功等修炼身心，达到长生不老乃至羽化登仙的境界，客观上推动了体育养生观念的普及和实践的发展，也为中医养生扩大了影响、开辟了道路，体育运动受到社会的普遍重视。

七、隋唐大运河带动河洛地区经济的繁荣

（一）经济影响是大运河对中原地区发展最为直接的影响

古代中国，中原城市的发展离不开大运河的疏通。自古以来有一种说法：洛阳“舟车之所会，流通江汴之漕，控引河淇之运，利俗阜财”；汴州“水路辐辏，实曰膏腴”。大运河不仅促进了中原地区的经济繁荣发展，也促进了中原地区和其他地区的物资交流和文化交流，南北地区的文化交流也日渐频繁，南北地区的文化也逐渐传入中原地区。

（二）茶叶通过大运河由南传北具有文化代表性

唐中期之后，伴随着大运河的水运发展，中原地区的物资和文化流向四面八方，北方的饮茶之风也日益昌盛，多元文化融合促进了中原地区的

---

① 储娜等：《汉唐时期河洛体育文化兴盛原因及对我国群众体育事业发展的启示》，《宁夏社会科学》2013年第4期。

繁荣发展。

永济渠作为隋唐大运河的重要一段，在历史上发挥着至关重要的作用。永济渠始自洛阳，通向涿郡，是战乱时期向北方运输粮饷的重要枢纽，隋炀帝三次征伐高丽时，就是通过永济渠运输物资。五代时期，大运河的开通，改变了湖南“北方商旅不至、境内贫乏”的现状。大运河的开通，促进了水上运输的发展，有利于全国各地商人、官员的来往和文化、物资交流，不仅带动运河沿岸地区繁荣发展，还形成了独具一格的运河特色风俗文化。

八、隋唐运河经济与体育文化的关系

隋唐大运河不仅促进了经济的发展、南北方的交流，更促进了民族的融合，深刻影响了我国的历史进程、文化形态和民族性格。目前，很多专家从不同方面研究大运河带来的历史影响，有的学者研究运河经济同旅游文化发展的关系，有的学者研究运河经济同商贸文化发展的关系。在这里，我们着重研究的是运河经济同体育文化的关系。

体育的发展受到生产力水平的影响，体育的发展过程同社会生产力的变革有着密不可分的关系。在人类主要依靠体力劳动的时代，人们对体育的概念还未完全形成，体育涉及的范围也比较单一，更多的是依附于当时的娱乐、祭祀等风俗活动。因此，如果我们去探究当时体育与社会经济发展的关系，则无法用现在的体育和经济相关的理论去解读和诠释。但是鉴于体育与社会生产力的发展有着密不可分的关系，探究体育的发展有助于探究经济社会的发展历程；相反，探究经济的发展也有利于探究体育的发展历程。因此，研究隋唐时期大运河和体育发展之间的关系，有利于更加深刻理解隋唐大运河经济和体育的关系。我们可以从两个方面解读隋唐大运河经济与体育的关系，一是繁荣的隋唐运河经济在一定程度上促进了体育的发展；二是体育的蓬勃发展为隋唐运河经济的繁荣创造商机。

（一）隋唐大运河经济繁荣对体育发展的推动

位于洛阳盆地的洛河是隋唐大运河的核心，而洛阳又是隋朝的东都，隋唐大运河不仅是御河，还是洛阳最重要的交通枢纽。隋唐大运河的开通为南北方的经济文化发展和交流融合提供了便利条件，大运河开通后，隋唐水运事业发展突飞猛进，其河道沿岸繁荣似锦，车水马龙，洛河之上，商贸船只往来频繁，一派繁荣景象。体育作为当时娱乐活动的一种，在运河经济及其繁荣的大背景下得到了很大的发展。可以说，隋唐大运河的经济繁荣推动了体育事业的发展。

（二）体育活动的发展对运河经济有积极影响

什么是体育的经济效益？无非分为直接和间接两种。而往细里说，直接经济效益就是体育活动举行时各种经济活动所得的经济收益；而间接经济收益顾名思义就是体育活动在实施中，其他产业因为提供住宿、食物或者场地等而间接产生的利益。其实，隋唐体育活动的进步对运河经济的推进也是如此。

一则，体育活动的实施，少不了蹴鞠球、马或者龙狮这些器材的需要。体育活动越频繁，场面越大，加入的人也会越多，那么大家也会不自觉地推动与此紧密相连的经济活动，长此以往，体育产业就会慢慢的大众化。这种经济发展虽然称不上运河经济贸易的重中之重，但也不可否认地助力运河经济持续繁荣。

二则，随着举行体育活动，相关行业也分了一杯羹，有了一个商业契机。就算只是一个简简单单参与体育活动，吃的喝的穿的都有大讲究，参加者不得不和相关产业产生点贸易往来，一来二去，经济链条就动起来了。举个很简单的例子，去其他地方买体育器材甚至自己制作器材都需要衣食住行，所以说体育活动间接地对运河附近的经济发展产生了积极影响一点也不过分。

总之，隋唐时期繁华地区的出现均离不开大运河，很多人才也相聚于此，各自挥发自己的长处，进而开始了买卖、娱乐、办学堂等行为，组成了一个巨大的经济体。体育产业和它们没有什么不同，都是依赖着运河发展自己，也用自己的发展来促进着运河经济。

九、隋唐时期体育文化对中国古代体育文化的贡献

综合来看，隋唐时期体育文化对中国古代体育文化发展的贡献，主要体现在以下几个方面：

（一）体育文化体制的健全和完善

 这里的体育文化体制，是指在有规律的体育运动过程中，在国家层面

（宫廷）建立健全体育文化机构，明晰相互间的隶属关系和权力划分等方面的具体体系和组织制度的总称。

1. 首创武举制

武举制是以选拔军事人才为目的的科举考试制度，即用武举考试选拔武将。公元702年，由唐代武则天首创。史载，此年正月“始置武举，其制有长垛、马射、步射、平射、筒射；又有马枪、翘关、负重、身材之选”。在朝廷兵部的主持下，每年举行一次天下武士考试，并对考试合格的武士授予武职。就是说，唐代的武举主要考马射、步射、平射、马枪、翘关（举重）和负重摔跤等，偏重于考核技术和勇猛顽强的意志力；此外，对考生外相貌亦有要求，要“躯干雄伟，可以为将帅者”等，“高第者授以官，其次以类升”。

武则天创立武举制的本意，是不拘一格地选拔军事人才，让有一身绝技的寒门庶族、草野布衣、普通武士也有机会进入核心机构，更好地捍卫封建政权。这项制度虽然还谈不上成熟和完备，但毕竟是国家层面对军事体制的一种有益探索。从实际效果来看，极大地调动了民众习武训练的积极性，社会习练武术之风渐浓，极大地推动了武术的独立发展和全面普及，从而带动了体育文化的发展。

2. 武举制的考试内容、方法和评定标准

唐代武举制的考试内容主要包括两个方面：一是射长垛、骑射、马枪、步射四项技能；二是力量、体能等身体条件和身体素质。除此之外，还有材貌、言语、举重等三项基本要求。总体上看，武举的难度还是很高的。每一项的考试方法和成绩评定都有统一的标准。这些内容在《唐六典》中都有详细记载。

射长垛的方法比较复杂，既有距离、高度和射击姿势的规定，又有根据射中的部位不同而确定不同的“院”别。

骑射就是骑马射箭，又叫“马射”。其具体的考试方法是：“穿土为埒，其长与垛均。缀皮为两鹿，历置其上，驰马射之”“鹿子长五寸，高三寸。弓用七斗以上力。”[①] 另外，还规定全部射中为“上”，在规定的射击机会当中或中或不全中为“次上”，浪费全部射击机会的为“次”。

马枪，即被测试之人在马上用枪的考试。有史料记载其考试的具体方法：“断木为人，戴方版于顶上，凡四偶人，互列埒上。其木人上版，方三寸五分。”被测试之人的成绩评定方法是刺落三版或者四版的成绩为

① 黄聪：《隋唐选武制度述论》，《体育文化导刊》2009年第2期。

"上"，刺掉两个版成绩是"次上"，刺掉一个版或者刺不中的为最后一等——"次"。

步射就是射击草人。据《新唐书·选举制》载：射击草人时，"中者为上，虽中而不法者为次上，虽法而不中者为次"。这里的"法"就是射击时动作的规范。

除了上述四项技能测试外，还有以下几项测试：①翘关（即举重）。据史料记载："翘关者，长一丈七尺，径三寸半，凡十举。后手持关距，出处无过一尺。"②材貌。据《唐六典》载，"材貌"是身体素质方面的要求，即对外形进行挑选，以身高六尺以上、"躯干雄伟"者为上，以下为次。③穿札和负重。据《通典》记载："负重者，负米五斛，行二十步，皆为中第。"这实际上是对被测试者耐力和承受力的一种综合测试。

综上所述，唐代的武举制度对考生相貌、身材等有要求，主要考核举重、骑射、步射、马枪等技艺。这项制度在唐代实施了200年左右。自唐朝后，这种考试方法被后续多数的封建朝代所延续，成为国家选取武备人才的重要手段。前后大约实施了800年的时间。

（二）完善了体育制度和体育规则

到了隋唐时期，角抵、围棋、导引、蹴鞠等传统体育游戏项目，经过很长时间的发展演变，运动规则日趋成熟，甚至有的项目也基本定型。

1. 围棋制度

唐朝制定了"棋待诏"制度。棋待诏是一种正式的官职，隶属于翰林院，全国的围棋高手可以通过严格的考试被选拔为棋待诏，他们的职责如下：一是专门研究围棋技术，二是参加国家间礼仪性的围棋交流或参加国际比赛，三是陪皇帝下棋或做技术顾问。

2. 蹴鞠规则

唐代蹴鞠较汉魏蹴鞠有了很多变革，主要表现在以下几个方面：①逐渐出现了内部充气的鞠。汉代的鞠是实心的，而唐朝的鞠却是"吹嘘而取实""满而不溢"，减轻了球的重量，增加了球的弹性，为蹴鞠形式和技法的发展提供了技术上的支持。②出现了球门。汉朝的蹴鞠是往对方的鞠室里面踢，唐朝进行了改进，出现了球门。据《文献通考》载："蹴鞠始于唐，植两修竹，高数丈，络网于上，为门以度球。球工分左右朋，以角胜负。"网在上，门在下，互相往门里踢。③踢法变得多种多样。场地和球产生了变化，参加比赛的人数也有了变化，分工越来越明确，所以唐朝的踢球形式变得丰富，球技超前，花样也不断更新。从形式上看，大致可分为有球门和无球门两种踢法。

有球门踢法分为单球门和双球门踢法。单球门踢法就是网在上，门在下，球门在场地中间，两队分别在球门两侧。双球门踢法就是网在上，门在场地两头，和现在的球场极相似。

无球门踢法分为三种。一种是打鞠，也叫“一般场户”。其方法是个人独踢，也可几个人同时单独踢。第二种是白打，也叫“白打场户”。这是一种双人踢球活动。可以两人对踢，也可以多人对踢。女子多喜欢这种踢法。第三种是踢鞠，即将球踢高，踢得越高，球技越精。

（三）丰富了中华传统体育项目

由于丝绸之路的开辟和发展，在对外体育文化交流中，唐代体育在继承和发展中国传统体育的基础上，兼容并蓄地引进了许多外来的体育项目，丰富和发展了中华传统体育。这些被汉民族有效吸收的体育文化，又通过与周边国家的文化交流活动，传播到了周边国家和地区。这些体育项目有的被发扬光大，演变为现代的体育竞赛项目，为世界体育运动的发展做出了应有的贡献；有的则因种种原因，淹没在历史长河中。下面分别加以介绍。

1. 相扑

相扑是在中国古代角抵的基础上，融合西域少数民族的摔跤形式发展而来的一种新的摔跤形式。唐代，相扑既是军事训练的重要内容，又是社会上的一种娱乐和竞技项目。在开放的政治环境下，相扑被传到了周边国家如日本，并成为一项世界性的竞技项目。

2. 马球

马球是舶来品，但在唐朝十分兴盛。马球的发展有赖于养马业的发展和马上运动的开展。天宝六载（747 年），唐玄宗专门颁诏，将马球作为军队训练的科目之一。至唐代后期，马球逐渐向娱乐性方向转变，并成为上流社会一项时尚而又刺激的体育运动。

3. 木射

木射起源于唐代，是一种有趣的球类活动，类似于现在的保龄球。通常是在空间较大的室内进行，在场地的一端并排竖立十五个笋状的平底木柱，每个木柱上用红笔或黑笔各写一字，其中十个柱子用红笔分别写上“仁、义、礼、智、信、温、良、恭、俭、让”，另外五个柱子用黑笔分别写上“傲、慢、佞、贪、滥”。参赛者依次从场地的另一端抛滚木球击中这些柱子，击中写有红字的木柱者为赢，击中写有黑字的木柱者为输，并有赏罚。所以，这项运动亦称为“十五柱球”。这项娱乐性体育活动融入了中国传统道德观念，体现了中华传统体育的人文特色。在游戏中融入道德品质教育的意味，是我国古代很多体育游戏项目的一个共同特征。

4. 步打球

这是一种从击鞠运动演变而来的竞技项目，类似于现在的曲棍球。其运动方式、场地要求和击鞠相同，只是它是在地面上进行击鞠，降低了难度。对于不善骑马又喜欢击鞠的人来说，这是一项很好玩的对抗性体育游戏，妇女、儿童老人都可以参加。

5. 捶丸

捶丸是一种球场设球洞，持杖击球入洞中的球类运动，是从“步打球”演变而来的，大约形成于唐末五代时期。唐朝盛行马球，但骑马打球受伤的风险较大，尤其是身体素质不如男子的女子不宜参与，于是出现了这种徒步击打的打法。后世流传的宋代陶枕中，有一件名为“童子捶丸图”，枕头上面的团画中有一个男孩手持球杖，正在全神贯注地玩击球的游戏。而元朝著作《丸经》专门记载捶丸。根据书中的记载和分析，捶丸和现在的高尔夫球运动非常相似。因此，很多学者判断捶丸在元朝时往西传入欧洲，而当代的高尔夫球项目与中国元朝的捶丸有着一定的渊源。

6. 杂技舞蹈中的体育

隋唐的杂技舞蹈既秉承了南北朝的一些传统项目，又吸收了域外各国的艺术精粹，形成了开朗活泼、健美多姿的独特风格。主要节目有硬功技、绳技、戴竿技、呈力技等，都与体育活动有着非常紧密的关系。

（四）女子体育运动得到空前发展

在中国封建社会中，妇女一般都很少参加体育游戏活动。但在唐朝时，妇女群体中广泛流行击球、射箭、散乐、郊游、田猎、秋千、拔河、蹴鞠、步打球等活动，许多体育运动项目逐渐演变为大众化的体育运动，男女老少都可参与。这就为女子体育的发展提供了良好的条件，并且唐代社会的包容性和女性精神上的自我解放，使女子体育运动蔚然成风。

（五）体育文化的发展反过来促进了运河沿线体育经济的繁荣

辩证唯物主义认为，上层建筑对经济基础具有巨大的反作用。隋唐时期河洛古都体育文化的发展，必然会反过来推动体育经济的发展。其实，隋唐时期体育活动的活跃对河洛地区经济的推动也是符合逻辑的。具体来讲，一是体育活动的展开少不了蹴鞠球、马或者龙狮这些器材的供给。体育活动越频繁，场面越大，加入的人也会越多，那么大家也会不自觉地经营与此相关的经济活动，日积月累，体育产业就会慢慢地发展起来。这种体育经济虽然在隋唐时期发展还十分弱小，不太显眼，但毕竟为后续体育产业的发展提供了经验，开辟了道路。二是随着举行体育活动赛事，为一些人提供了商机。就算只是简单地参与体育活动，吃的喝的穿的都大有讲究，参加者不得不和相关产业产生点贸易往来，一来二去，经济链条就搭建起来了。所以说体育活动间接地对河洛地区运河附近的经济发展产生了积极影响。

总之，隋唐时期河洛地区古都体育文化的繁华离不开隋唐大运河的开凿和通航，进而与体育相关的产业也得以出现，开始有了各类店铺，娱乐场所甚至学堂等，逐渐形成了一个分工协作的经济形式，为宋代市民体育市场的形成和发展提供了启发和借鉴。

第七章　宋朝时期河洛古都体育文化

一、宋朝时期河洛古都体育文化概述

我国历史传统体育文化的演化和发展在宋朝有了一个相对较大的进步。无论是宫廷、军队还是民间乡下，都广泛地开展各种各样的体育活动。

第一，军内体育训练项目。宋代推行的是“偃武修文”国策，总体上是文强武弱。宋代加强了中央集权制，对外采用的是以防守和安抚为主的策略。国家也制定了很多严格的练兵方法，一开始的时候收效甚微，但在王安石开始变法之后，加强了对武学的要求，建立了军事学校来培养专业的武术人才，这些措施对当时军队战斗力的提高起到了非常重要的作用。在军事训练中，主要加强了士兵在弓、弩、刀、枪、剑、棍等方面的技能，还把相扑列为军事训练的内容。北宋政治家、科学家沈括在《梦溪笔谈》对宋朝军队的装备和军人素质有这样的记载：“凡石者，以九十二斤半为法，乃汉秤三百四十一斤也，今之武卒蹶弩，有及九石者，计其力乃古之二十五石，比魏之武卒，人当二人有余；弓有挽三石者，乃古之三十四钧，比颜高之弓，人当五人有余。此皆近岁教养所成。以至击刺驰射，皆尽夷夏之术；器仗铠胄，极今古之工巧。武备之盛，前世未有其比。”可见当时宋朝军人的武功水平。

第二，皇宫贵族体育活动。尽管宋朝内忧外患，皇宫内依然是歌舞升平，在皇宫中圈养了一批有才艺、懂武功的人以满足皇帝的娱乐享受。例如，朝廷内设专门组织“内等子”，有 120 人，设有 2 名管押人员，2 名“十将”（类似教练员），10 名上、中等相扑手，16 名下等相扑，剑棒手 10 名，按照待遇等级“支钱粮有差”；每间隔三年要对“内等子”进行一次测试，“当殿呈试相扑”，接受帝王的检阅与赏赐，不合格者要淘汰，合格者留下进行娱乐和表演，分派到各地任“管营军头”。当朝廷有需要或者重大节日时，朝廷还从民间调集相扑、杂技、乐舞表演者进京表演。

蹴鞠在宋朝宫廷中备受喜爱，争夺激烈、场面壮观的马球运动也是宫廷运动的常见项目。另外，相扑作为重要的娱乐活动也成为宫中的保留项目。上述这些体育活动是宋朝时期都市体育文化繁荣的重要表现，也为当时文人墨客提供了写作和抒发情怀的独特素材。

第三，民间体育社团出现。宋代商品经济比较活跃，北宋京城汴梁、南宋京城临安都是工商业荟萃的大城市。这种商业经济繁荣、市民阶层壮大的情况，有力地推动了市民体育文化生活的繁荣。宋朝民间体育运动承袭了唐代的遗风，多与娱乐游戏有关，主要是在节日期间开展，许多民俗体育项目被传承下来，如荡秋千、放风筝、拔河、龙舟竞渡与踢毽子等。

宋代民间还出现了大量的体育社团，呈现出职业化和商业化的鲜明特征。这种体育团体分为两类：一类是以赚钱为目的的商业性表演团体。例如，职业相扑手组成了“角抵社”，擅使棍棒者组成了“英略社”，擅射弩的则组成了“锦标社”。社团有责任维护艺人的利益，对成员进行技能排练，并组织各种有偿表演和比赛。另一类是以展示表演才华为目的的非商业性表演团体。例如，汴梁、临安等一些大城市开有表演场所，就是所谓“瓦子”（瓦肆），专门用来盈利，表演的内容十分丰富，除了各种戏曲歌舞外，还有舞蕃乐、扑旗子、舞蛮牌、掉刀、舞剑、踏跷、舞砍刀、上竿、相扑、球杖、踢弄等各种精彩的杂技表演。表演者被称为“路岐人”，表演过程被称为“作场”，各种表演团队被称为“社”。瓦肆里的演出经久不衰，但大多集中在一些重要的节日，而高潮就是在“元宵节”期间，届时四方艺人赶赴京城献艺赚钱，京城上下人潮如涌、热闹非凡，各地村社组织也会有“社火”等民俗表演活动。《武林旧事》是成书于元代至元二十七年（1290 年）以前的古籍，描写了南宋都城临安的城市风貌、风土人情，列举了各种临安城盛行的职业体育项目，并记录了每种项目的“奇才之人”，比如角抵的王侥大、张关索、撞倒山，使棒的朱来儿，举重的天武张（举石球），蹴球的黄如意等人……他们身怀绝技、名噪一时，以专业体育表演作为自己谋生的职业。这种群众性的业余武艺组织，也标志着我国武术发展到了一个新的阶段。

非盈利性的体育社团包括各种棋会等。这些社团成员主要由“闲人”组成。“闲人”是指那些具有相当文化素养和文体爱好的富家子弟。这些人虽然无所事事，却也有较高的文体天赋，他们组成高水平的社团，寻找机会为上层社会展示自己的才艺。例如，圆社成员就曾为皇帝表演蹴鞠，其水平不比宫廷教坊的蹴鞠队员逊色。

在乡村，也存在各种习武组织。乡村习武组织的出现和发展还有一个时代背景：在北宋建国的前期，北方辽国屡遭骚扰中原地区，北宋军队在与辽国的对抗中败多胜少。为了守土保家、抗御辽军，地方百姓常结社习武以求自保。当时的“弓箭社”“角抵社”“英略社”等都是比较大的民间习武组织，习练十八般武艺。“十八般武艺”一词就是出现于宋代的典籍之中。比如弓箭社，“百姓自相团结为弓箭社，无论家显高下，户出一人”，可见户户响应。弓箭社内自教自练，平时在家从事生产劳动，一有敌情便披挂上阵、共同抗敌。弓箭社有强大的凝聚力，发展十分迅速，到北宋末年，北方弓箭社成员已达二三十万人，在提高武术技能、维护地方治安、强身健体等方面发挥了重要作用，也推动了中华武术的发展。对宋代民间人士武艺的高强，《杨家将》《水浒传》等小说均有精彩描述。除了大型武术社团，还存在不少中小型社团。其活动内容基本上以练武为主，必要时以武力保护家园，一举两得。当时的河洛地区有庙会、武会和香会，为民间体育的蓬勃发展起到了至关重要的作用。

以上情况表明，随着宋代城市和市民社会的发展，社会体育文化进入职业发展的崭新阶段，较前朝是一个巨大的进步，显示了宋代的体育事业已经进入一个新的繁荣发展时期。

二、宋朝时期河洛古都体育文化的主要内容

宋代的体育文化内容丰富、种类繁多。通过查阅大量文献史料，我们对宋代体育文化形态进行了梳理、归纳与分类总结。

（一）球类项目

宋代球类活动主要是蹴鞠、马球和捶丸。出土文物“蹴鞠纹象牙笔筒”“蹴鞠纹铜镜”“孩儿蹴鞠纹瓷枕”等都反映出宋元时期蹴鞠运动的发展达到了一个新的高潮。宋代的马球在规则方面有重大发展。捶丸也是宋代流行的娱乐项目。

1. 蹴鞠

宋朝，蹴鞠作为古老的传统体育活动，在河洛地区继续发展。北宋统治阶级对蹴鞠的喜爱程度不亚于唐朝统治阶级。宫廷常组织蹴鞠游戏。北宋著名画家苏汉臣还把宋太祖赵匡胤的蹴鞠身姿永远定格在了画面上。这

幅画作叫《宋太祖蹴鞠图》，十分生动地展示了宋太祖赵匡胤和群臣蹴鞠游戏的场面。元代钱选的临摹品现藏于北京故宫博物院，画的是宋太祖和他的弟弟赵光义踢球，大臣石守信、党进、赵普、楚昭辅四位宋朝开国功勋在旁观赏。宋太祖球技甚高，特别擅长种类繁多的“白打”，可使“球终日不坠”。据历史记载，宋徽宗赵佶、宰相李邦彦也极好蹴鞠，后者曾自称“赏尽天下花，踢尽天下球，做尽天下官”。北宋还有一位尽人皆知的反派历史人物高俅也是蹴鞠高手。据宋人王明清《挥麈录·后录》载，高俅本是苏东坡手下的一名小吏，笔札颇工。他依靠高超的蹴鞠技巧，从书童而平步青云到当朝宰相。高俅球技高超，经常陪宋徽宗踢球，赢得了徽宗的赏识。这也从侧面表明当时在京师一带蹴鞠很流行，在人们的娱乐生活中占有重要地位。

蹴鞠不只是皇帝和贵族在宫廷大宴中的表演项目，而且是外交宴会上的重要角色，发挥了国家礼仪的功能。宋朝朝典规定，朝廷的重大宴会等都要有蹴鞠表演。喝了第六杯酒之后，蹴鞠艺人便上场表演。据《宋史·礼志》记载：“（金国）使人到阙筵宴，凡用乐人三百人，百戏军七十人，筑球军三十二人。”另据《宋史·太宗本纪》载：“太平兴国五年，三月戊子，会亲王、宰相、淮海国王及从臣，蹴鞠大明殿。”这就进一步扩大了蹴鞠在周边地区的影响力。此外，宋代还有一批职业球手聚集在北宋汴梁城内和南宋临安城内，他们是当时地位较高的职业球员，以踢球技艺为生，定期在皇宫宴会上表演踢球。

明代的《蹴鞠谱》与元代的《蹴鞠图谱》是中国古代足球的专业书籍，它们对蹴鞠的由来和规则等介绍得非常详尽。据《蹴鞠谱》和《蹴鞠图谱》记载，宋代鞠的制作工艺较唐代又进了一步，球壳由唐代八片尖皮发展成“香皮十二”片缝成，“碎凑十分圆”，可见制作工艺之精细。原料和工艺都有所改进，进一步减轻了球的重量。蹴鞠做成后，为“正重十四两”，约合现在的430克，与现在足球比赛用球重量（420～445克）基本相近。制球工艺的改进促进了踢球技术的发展，既是社会需求的反映，也开启了中国古代足球发展史上的第二个高峰。

就规则而言，宋朝的蹴鞠规则继承了唐朝单球门和无球门的踢法。民间和宫廷内都有单球门踢法，民间多在节日内开展，宫廷内则是在重大宴会或者帝王寿辰时举行。单球门踢法在《东京梦华录》中也有记载：立在球场中央的球门“约高三丈许，杂彩结络，留门一尺许”。队员站两边，各设队长1名，副队长2名，队员10名。鸣笛擂鼓为开场。一边队员先互相“小筑数遭”，即互相颠传数回，然后传给副队长，副队长“小筑数下”，“待其端正”，再传给正队长，正队长则一脚将球踢过去。另一队接到球后，用同样的方法踢回去。如果对方踢来的球威胁性不大，则亦可不经传导，直接踢回。从门中踢过为胜，按照胜负进行赏罚。一般场次多用无球门踢法。唐代创立的双球门踢法在宋朝被取消。但是总体上来看，宋朝的蹴鞠球技比唐朝时要高。

南宋时，还创建了民间足球组织，称为“圆社”（也称齐云社）。它是中国最早的单项运动协会，专门负责组织蹴鞠赛事和推广蹴鞠运动，是民间的专业蹴鞠组织。它还制定了自己的社规，提倡志诚、温良、尊重、谦让等礼让精神，严禁多言、赌博、猖狂、酒色等不良行为，不许做“入步拐、退步踏；入步肩、退步背”等危险动作。这是中国最早的球队章程雏形，对后世体育运动的健康发展具有启发意义。《蹴鞠谱》记载：“若论风流，无过圆社”“人都道齐云一社，三锦独争先”。圆社可以说是中国历史上最早的民间蹴鞠协会，它使蹴鞠走出了皇宫和达官贵人以及军事领域，成为一项大众喜爱的平民运动。

由于蹴鞠运动的广泛开展，两宋时期的许多商人顺势而为，开发了许多商业性的蹴鞠项目。史料记载，当时汴京城里有很多“角球店”和“蹴球茶坊”。社会上还有像今天的职业运动员一样专门靠踢球为生的足球艺人。例如，皇宫内的踢球名手就有苏述、李正等人；在瓦子内的市井踢球艺人则有黄如意、范老儿等人。

2. 马球

宋代承袭了唐代的贵族风气，马球运动风靡上层社会。据史料记载，宋太祖、宋太宗、宋仁宗、宋神宗、宋徽宗等都十分重视和喜欢马球运动，许多皇帝都亲身实践，在球场上驰马挥杆，不亦乐乎。《宋史·郭从义传》记载，宋太祖的爱臣郭从义是马球高手，太祖曾命他展示马球绝技，“从义易衣跨驴，驰骤殿庭，周旋击拂，曲尽其妙”，说明郭从义的马球技术非常娴熟。据《宋史·礼志》记载，每年三月，帝王大臣们都会在大明殿举行盛大的马球赛，皇帝亲临现场。球场上有二人守门，两名卫士手执小红旗大声公布进球得分。马球赛分为两场：第一场是皇亲贵族和高级军政官员进行比赛，第二场是“宫廷职业马球队”进行比赛。同时，球门旁边还设置绣旗二十四面，每队得一筹，在架上插一面绣旗，可见宋代宫廷马球运动的盛况。

北宋宫廷的马球形制大体与唐代相仿，但是球场形制、赛球规则、音乐及比赛服饰都与唐代略有不同。第一，宋代马球比赛的参赛人数不是固定的，少则两人，最多几百人。职务高低者都有，这在唐朝是比较少见的。第二，宋代的马球场比唐代的要大，这是因为参加马球比赛的人数多的缘故。赛场三面用土垒矮墙，一面用锦缎遮挡为观众席。第三，比赛有单门和双门两种形式，规则与唐代类似：两队抢一球，把球打到门里就算得分。比赛用的马大多是产自西域和波斯等地的良种马。第四，有专门的马球服装。衣服是用绣有团花的锦缎制成，并配有镶珠嵌玉的腰带，头戴“垂脚幞头”“软巾”，或斗笠式毡帽，脚蹬牛皮长靴或乌靴。

和蹴鞠一样，宋代马球也被定为一项宫廷礼仪活动，张直方作《打球仪》一卷，李咏作《打球仪注》一卷①。“先是，令有司详定打球仪，戊子，始用其仪，召群臣会鞠于大明殿，上获多算。”② 每年三月，都城汴京的大明殿前，皇帝会在举行的鞠礼上亲自上场打球。球场边会立有24面红旗，双方每进一球被称为得一筹，即得一面红旗。赛后，根据双方获得红旗的多少来判定胜负。据记载，宋太宗太平兴国五年（980年）三月的一次球赛结束后，君臣宴饮庆祝，吟诗作对，从此以后“击鞠诗会”成为惯例。另外，还有宫廷女子马球。据说宋徽宗对女子马球情有独钟，宫廷女子马球队的队长就是徽宗的贵妃崔修仪，队员都是徽宗亲自挑选并训练的，球技也十分了得。

辽、金均十分重视与骑兵有密切关系的马球。辽、金的皇帝贵族多以打马球为乐，或令“百僚会观”，或“令百姓纵观”。金章宗完颜璟即位之初，父丧未葬，便“击鞠于西苑”，受到大臣的谏阻。

3. 捶丸

捶丸是我国古代的球戏之一。宋代皇帝与大臣们都喜欢以捶丸为乐。“又有步击者，乘驴骡击者，时令供奉者朋戏以为乐云。”③ 不仅成人对捶丸流连忘返，就连儿童也非常喜爱这个游戏。如范仲淹的外甥滕甫（成人时为北宋官吏）幼年时“爱击角球”，“每戒之不听”，该句话足以说明幼年滕甫酷爱捶丸运动。这里所说的角球，就是用角骨制成的球，不易击碎。在捶丸的整个发展史上，根据参与范围、参与阶层和参与对象进行考察，捶丸的极盛期为宋、金、元。

综上所述，捶丸在宋代为不同阶层、不同人群普遍喜爱，已经有了捶丸运动的规则制定与限制。

---

① 〔元〕脱脱等:《宋史·艺文志》,北京,中华书局,2000,第5136页。
② 〔宋〕李焘:《续资治通鉴长编》,北京,中华书局,1995,第473页。
③ 〔元〕脱脱等:《宋史·礼志》,北京,中华书局,2000,第2841页。

（二）武术类项目

宋代武术的发展，主要基于以下三个重要因素：一是朝廷的武举制，二是各类武术团社的发展，三是武术器械的发展。

首先是继唐朝开创了武举制后，宋代承袭了唐代的武举制度。武举考试每三年举行一次，宋朝武举“以弓马为高下”，“以策为去留”，不仅考核马上马下武艺，还考核军事边防、法律条令、理论、时务等内容，对考生综合素质的要求较唐代要高。当时没有举重、负重等项目，武艺和体力的要求较唐代低。授予官职的高低和武考的成绩是紧紧相关的。

宋朝培养军事人才的重要途径之一是兴办武学，武学其实就是军事学校。宋朝武学最早是在仁宗庆历年间成立的，然而运行了3个月后就被废止了。到了神宗熙宁年间，在“王安石变法”的推动下，又重新恢复了武学。“使臣未参班并门荫、草泽人并许召京官两员保任，先试验人才弓马，应武举格者方许入学。”① 中央设立有武学，地方同样也设立有武学，地方的武学根据学业的优劣，分为上、内、外三舍，还规定：“凡经三岁校试不得一与者，除其籍。”至神宗元丰年间，确定武学官制，武学由国子监祭酒职掌。北宋的武学为南宋武学奠定了一定的基础，南宋的武学体系基本沿袭了北宋，设武学博士2人、学谕2人，开设兵书、弓马、武艺等课程。据记载：“试验人才弓马，应试武举合格者方许入学，给常膳，习诸家兵法在学及三年，则具艺业保明考试，等第推恩，未及格者逾年再试。”②

这种全国性的武举考试包括骑马、射箭、对策和兵法。宋代对武学的设立，打破了以往儒学对学校垄断的传统，大大提高了武术在当时的地位，也开创了通过军校培养初级武官的新方法，为后世选拔任用军事人才提供了很好的范例。

据史料记载，射箭是武学生员的必修项目，如果生员在武举中考试成绩优秀，则给予优厚的待遇，一律减磨勘。有史料为证：“武举绝伦人辛育等十六人弓应法、弩射得，与三班借差，减五年磨勘。”③ 另外，对于那些策义不合格但弓箭技术绝伦的人才也会破格录用；对于策义和武艺都非常优秀的人员，朝廷十分重视。例如，1073年宋神宗“诏武举人策入

---

① 李英等：《宋代“武科”中的体育文化解读》，《广州体育学院学报》2006年第3期。

② 张利华：《宋代体育研究》，开封，河南大学，2013。

③ 〔清〕徐松辑等点校：《宋会要辑稿·选举》，上海，上海古籍出版社，2014，第5594页。

优等，武艺又入优等，与右班殿直”[①]。宋徽宗时各州也设置了武学，武学内容有实践部分和理论部分，实践部分是武艺和军事能力等，理论部分是兵法、对历代战争的分析等。武学学员根据成绩分为上舍、内舍、外舍三个等级。“试马射以六斗，步射以九斗，策一道，孙吴、六韬义十道五通，补内舍生。武艺策略累居下等，复降外舍。”[②]

其次是民间武术类社团的产生和发展。关于宋代各类武术社团，在本章综述中已有介绍和分析，在此不再赘述。

最后是武术器械的发展。宋代的所谓十八般武器，大多数属于战场上的武器，但在军事训练中往往采用代用品，以保障士兵的生命安全。弓弩是宋朝时期用于战场上的主要兵器，枪、刀也是近身作战的重要兵器。宋代枪的形制主要有双钩枪、单钩枪、环子枪、素木枪、锥枪、梭枪、槌枪等，常用的刀有笔刀、剑棹刀、屈刀等。这些武器装备的使用因人而异、因事而异、因环境而异。例如，刀小巧便于携带，既可防卫也可进攻，成为宋人喜欢用的一种武器；而枪的杀伤力相对较强，因此在马上对阵中使用比较广泛。另外，棍棒的杀伤力虽然弱一些，但棍棒有取材方便的优点，故宋代的兵器种类中也有棒、轮、杵、杆等兵器。这些丰富的兵器种类带动了军事武功的发展，也推动了中华传统武术向更高层次发展。综合来看，宋代有朝廷举办的军事学校，有社会各类武术团体，习练内容包括十八般武艺，使中华武术获得了极大的发展。其标志之一是宋代武术套路已比较完善，如“宋太祖三十二式长拳”、“天下无敌手”之杨家梨花枪等。宋朝的武艺上接汉唐，下启明清，在我国武术发展史上是一个非常重要的转折点。

（三）相扑、角抵之类

宋代相扑运动的发展十分迅速。《都城纪胜》记载：“相扑、争交，谓之角抵之戏；别有使拳自为一家，与相扑曲折相反。”在汴梁、临安等都市的演艺场所“瓦子”里，经常有相扑表演。在各种民间节日时，汴梁万胜门外常有大规模的杂剧、百戏表演，其中也有相扑节目。宫廷节日宴会之时，也有名为“内等子”的表演者进行相扑表演。民间相扑运动也相当常见，仅杭州城内外用于表演的“瓦舍”就不下十余处。参加者是各地膂力过人之人。在竞技时如果获头赏，可以赢得旗帐、银杯、彩缎、锦袄、

---

① 诸葛忆兵：《宋代科举资料长编·北宋卷》，南京，凤凰出版社，2017，第721页。

② 陈新华：《中国古代射箭史研究》，苏州，苏州大学，2017。

官会、马匹等奖品。当时有名的相扑手有“周急快”“董急快”“王急快”“赛关索”“赤毛朱超”“周忙撞”等。另外，女子相扑在民间进行公开表演始于宋代，表演时“先以女数对打套子，令人观睹”。

(四) 田径类项目

中国古代没有“田径”这个词，但是与田径含义相同的词有“走”“掷”“逾高”“绝远”等，若翻阅中国古代体育史的话，就会经常发现这些带有田径概念的文献资料。长途奔袭能力在重大战役当中发挥着重要作用；投掷能力既是人类获取生产生活资料的一种必备技能，又是古代战场上具有重大杀伤力的能力。在宋代开展的投掷运动主要是军队中的投石和标枪的投掷，投壶以作休闲活动之用，击壤则为强身健体之用。

1. 走

古代战争与现代战争截然不同，当时的战争胜败与军队的奔跑能力有相当关系，如果士兵的奔跑能力强的话，则占据巨大的军事优势，奔跑成为战争胜负的关键因素。为此，古代军事活动中非常注重长跑训练和招募跑步能力强的人入伍。在宋代，善跑者总被委以重任，例如执行一些传令、探子、伏击等特殊任务。另外，商业化的发展也促进了跑步人才的需求。宋代在邮递行业出现了急脚递，沈括在《梦溪笔谈》里记载，宋朝用来传递的驿站分为马递、急脚递和步递三种，马递和步递就是用骑马和步行来传递信件，急脚递的速度也是很快的，能达到日行400余里。担任急脚递的人选都是从军中选拔而来的能跑的人，可以说他们是史上最早的长跑专家。他们对于距离远的信件采用接力的方法，既保证了传递的时效性，又能避免过度疲劳，对我国现代群众体育的发展产生了深刻的影响。

2. 投石

投石，即用手或石机投出石头，是古代的一种狩猎谋生的重要手段，后来因其具有强大杀伤力被运用到军事领域，并作为一种重要的军事手段被列入军事训练中。因此，投石在古代有四种作用：一是采集果实和狩猎；二是军事训练（练膂力）；三是战争（远程攻击敌人）；四是消遣和娱乐。宋代的投石活动主要是为了消遣和戏乐。但以手投石可以锻炼投石者的臂力和准确性，具有一定的体育功能。

3. 投壶

在中国古代，投壶是一种礼仪性的射箭活动。一般情况下，古代的投壶场所有三种：室中、堂中、庭。投壶距离一般为两矢半，即两个箭身的长度，约现在的七尺远。

宋代投壶情况基本上沿袭了过去的方法。这种娱乐活动在宋代相当盛行，平民百姓、帝王将相、达官贵族或文人墨客莫不以此为乐。如宫廷中："宫廷燕闲，讲读经史，无为南面，或鼓琴、投壶、习射以颐养神性。"① 再如，司马光在洛阳居住待客时："司马温公既居洛，每对客赋诗谈文，或投壶以娱宾。"② 投壶活动可以说是渗入了各种日常生活中，给人们带来了精神和身体上的享受。总之，投壶运动在宋朝时期具有礼仪待客、娱乐消遣和养生求寿的作用，因此受到各个阶层人士的喜爱。

然而，也有不少人以投壶游戏作为罚酒之用，于是宋代大儒司马光感觉到投壶的这种做法有悖于古礼，对投壶过于娱乐化的趋势颇为不满，后来就写了《投壶新格》，希望通过这篇文章来改变投壶的不正之风，且希望投壶活动能发挥教育功能。

4. 击壤

击壤活动历史悠久，是我国历史上出现的一种古老的游戏。据《太平御览》记载："释名曰：击壤，野老之戏也。玄晏曰：十七年，与从姑子果柳等击壤于路。"③ 这是迄今为止所发现的对击壤的最早记录。该记载中，"观者"认为击壤是尧帝所赐，击壤老人却予以否认。从这个记载中我们可以判断，击壤活动出现甚早，对发明者无从考证。

资料显示，壤的形制是木制的，形似鞋状，长 1.4 寸（1 寸约为 3.3 厘米），宽约 3 寸，且上宽下窄。击打时不限人数，参与者先把一壤斜插于地上，投者后退到规定的距离，拿手中的壤投向地上的壤，然后看谁击的准确，中者即为胜利者。在宋代，击壤主要是孩童的一种游戏。另外，击壤的形制也不只局限于木制，也有使用砖头、瓦块或者石头制成，只要能够通过击壤活动来达到娱乐的目的即可。

5. 标枪

标枪在旧石器时代叫梭镖，是一种带镞的投掷工具，用来狩猎，又称作投枪、投矛、短矛、镶枪等。因为它具有一定的较远距离的攻击性，所以后来标枪被当成投掷武器运用于军事活动之中。有史料对宋代两人斗武作了如下记载："甲与乙有隙，两相斗敌，背牌护身，远以标枪，枪尽挺刃而前。"④ 梭枪，是宋代人对标枪的另一种称谓，当时梭枪被广泛地运用到军事活动中。另有史料记载："实录曰：旁排自牟夷始也。或曰旁排，

① 〔元〕佚名撰，李之亮点校：《宋史全文》，哈尔滨，黑龙江人民出版社，2005，第 1962 页。

② 〔宋〕王辟之撰，王友仁点校：《渑水燕谈录》，北京，中华书局，2006，第 102 页。

③ 〔宋〕李昉：《太平御览·儒棋击壤》，北京，中华书局，2006，第 3351 页。

④ 〔宋〕朱辅：《溪蛮丛笑·对刀》，上海，集成图书公司，1909，第 11 页。

近世兵杖中有镖牌，盖出溪洞之蛮。熙宁中，王师征交趾，其法乃盛传于中国，至神宗设于行阵，令诸军习之也。”① 从史料中我们看到，标枪是从南方传入中原的，并非中原所发明。

那么，宋军何时把标枪作为正式兵器加以制造并运用到军事活动中的呢？“太宗闻南方多以标枪旁牌为兵器，命有司制之。上即位令内臣萧延皓取广德兵教习之。至是试于便殿，颇精练。上以为可用捕贼守隘，故增置焉，仍选神威等兵充其数。”② 由上述史料可以推断，在宋代军营中大规模使用标枪的时间，很可能是在宋太宗时期，在战争中从南方蛮夷那里学习来的。经过时间的推移和战争的磨炼，标枪在宋代也演变出其他的种类，有飞梭枪、飞梭刀等各种类型。遗憾的是，这项军事武艺在河洛地区没有发展成为一项竞技运动，而是作为一种武技延续至今，但在一些边远的少数民族地区仍然保持着它的原始风貌。

（五）水上项目

宋朝，河洛地区水上项目的繁荣发展主要表现在两个方面——竞渡和弄潮戏水。有关这方面的资料主要有宋代周密的《武林旧事》、宋代张择端的《金明池争标图》、元代王振鹏的《龙池竞渡图》等。在这些资料中，可以看出这一时期河洛地区水上运动的概貌。

《东京梦华录》卷七中也记载有很多水上项目，北宋的帝王经常在临水殿观看金明池内举行的龙舟竞渡。元代著名画家王振鹏所绘的《龙池竞渡图》中，以金明池三月三龙舟竞赛为背景，描绘了龙池竞渡、舞旗招引、观者如潮的热闹场面：龙舟龙头高昂，硕大有神，雕镂精美，龙尾高卷，龙身还有数层重檐楼阁。以上这些水上活动，在一定程度上促进了民间游泳运动的发展。

（六）养生类项目

随着社会经济、文化与科技的进一步发展，宋人不仅关注养生，而且越来越注重延年益寿的方法和养生理论。宋人利用发达的造纸术和印刷术，不断搜集整理前人的养生理论和方法，并将其应用到实践中。其中最著名的是《云笈七签》和《圣济总录》。二书收集和整理了的中国古代养生理论与方法，概括起来主要包括三个方面：①行气养生；②按摩养生；

---

① 〔宋〕高承撰，〔明〕李果修订，金圆等点校：《事物纪原・傍排》，北京，中华书局，1985，第506页。

② 〔宋〕李焘：《续资治通鉴长编》第51卷，北京，中华书局，1995，第1111页。

③导引养生。

1. 八段锦

八段锦是一套独立而完整的健身功法，至今已有八百多年的历史。八段锦的名字，最早出现于南宋洪迈所著《夷坚志》：“政和七年，李似矩为起居郎……尝以夜半时起坐，嘘吸按摩，行所谓八段锦者。”说明八段锦在北宋已流传于世，并有坐势和立势之分。

八段锦又有“文”“武”之分：文八段多为坐式，强调静思、集神与呼吸吐纳；武八段多为立式及骑马式，侧重肢体活动。宋代《道枢》所载属“武八段”，流传至今。武八段的养生功能是：①仰手上举所以治上焦；②左肝右肺如射雕；③东西单托所以安其脾胃；④返而复顾所以理其伤劳；⑤大小朝天所以通五脏；⑥咽津补气左右挑其手；⑦摆鲜之尾所以祛心疾；⑧左右攀足所以治其腰。

南宋始见八段锦口诀，明代配以图示，并在流传过程中逐渐分为“南派”“北派”。南派有立式、骑马式、坐式等，动作简易；北派多行骑马式，动作较为繁难。如今，国家体育总局主持创编的新编健身气功八段锦在很大程度上沿用了武八段的动作内容。

2. 十二月坐功

此功相传为五代末宋初道士陈抟编创，宋太宗赐陈抟号希夷先生，故又名“陈希夷坐功”。陈抟把黄老的清静无为思想、道教的修炼方术和儒家的修养、佛教的禅观汇集成一体，集大成为独具特色的养生理论体系，他的诸多养生理论与养生方法对后世影响颇深。陈抟“十二月坐功”载于明代高濂《遵生八笺》及王圻《三才图绘》中，两书所载除名称不同（后者题为“二十四气修真图”）外，各式要诀及配图几乎完全一样，大体与上述“文八段”同属一种类型。该类功法较适于体弱多病之人。

（七）益智类体育项目

1. 围棋

两宋时期，上至皇宫贵族下至平民百姓都喜欢围棋运动，对弈风气日浓。因此，该时期的围棋水平突飞猛进。这一时期围棋活动的军事价值已经弱化，人们更加看重的是围棋有助于增长智慧、愉悦身心和陶冶情操。

据《通志》《宋史·艺文志》《皇朝类苑》中的记载，宋太宗非常喜爱对弈围棋，还致力于研究围棋招数并著书立说，为后人留下了《棋图》一卷和《御制角局图势》数卷，遗憾的是这些围棋著作现已失传。但围棋的魅力可以在宋代政治家、文学家诗句中寻觅。例如，范仲淹的“一子重千金”，描绘了下围棋的规则与风度。另外，大文学家王安石、欧阳修、苏轼，著名科学家沈括、大哲学家陆九渊、民族英雄文天祥等皆在棋艺上有所建树，并留下不少有关围棋的诗篇和轶事。

值得一提的是，宋哲宗、徽宗时期，河洛地区出现了围棋奇才刘仲甫。刘仲甫，字甫之，籍贯不详。他在围棋发展史上的贡献非常大，后人称他是围棋史上承上启下的人物。刘仲甫居住和活动在汴梁一带，是翰林院棋待诏，人称其技艺较唐代王积薪高“两道”。据历史记载，刘仲甫在绍圣元年（1094 年）与杨中和、王珏、孙先会三位围棋名手在彭城市楼举行联棋，并著围棋理论著作《忘忧集》《棋势》《棋诀》《造微》《精理》等。但遗憾的是，目前存世的只有《棋诀》一书。

在现存的《棋诀》一书当中，刘仲甫对先人王积薪《十诀》中的围棋理论与技术进行了发展。他结合历代棋家的经验，把围棋的各种技艺在理论上进行了概括，基本上概括为“布置、侵凌、用战、取舍”四个方面，并在概括的基础上对各方面的要点作了深刻细致的阐释，把围棋从整体上提到了战略的高度。例如在《棋诀》中，他充分强调围棋布局的重要性，这也是围棋历史上第一次从战略的角度提出布局的问题，从而从整体上对围棋进行把握，为对弈的最终取胜奠定基础。另外，与前人的棋书相比较，刘仲甫的《棋诀》对围棋理论及围棋的一些规律性的总结显得更加全面、系统和深刻，对后人从事围棋理论研究和进行实战都具有一定的参考价值和实用价值。所以说刘仲甫是中国围棋发展史上又一个里程碑式的人物。

在围棋理论方面还出现了三部非常重要的棋书：《棋经十三篇》《忘忧清乐集》《玄玄集》。它们在围棋发展史上占有特殊的重要地位，并影响着后世围棋的发展。其中，真正建立起一个整体、系统的理论体系，还要属《棋经十三篇》，它包括《论局篇》《得算篇》《合战篇》《虚实篇》《自知篇》《审局篇》《度情篇》《斜正篇》《洞微篇》《品格篇》《杂说篇》等，共计 13 篇。它运用朴素的唯物主义哲学观点，总结了历代围棋高手的宝贵经验与理论，全面系统地继承和发扬了我国古典的围棋理论与方法。《棋经十三篇》标志着我国古典围棋理论发展到了一个新的高度。

另一部重要的棋书是李逸民编著的《忘忧清乐集》。该书的篇名来源于一首七绝诗的第一句。全诗是：“忘忧清乐在枰棋，坐隐吴图悟道机。乌鹭悠闲飞河洛，木狐藏野烂柯溪。”诗里面有众多围棋的别称，如忘忧、枰棋、坐隐、吴图、乌鹭、河洛等。该书总共分为四个既相互独立又相互联系的部分：①文字部分；②全局棋谱；③边角的着法；④棋势。其中文字部分包括《棋经十三篇》《棋诀》《论棋诀要杂说》等重要著作，全局棋谱部分包括著名的《孙策诏吕范弈棋局面》和《四仙子图》，边角的着法包括座子与无座子的着法，棋势包括每个势子的专用名等。

2. 象棋

两宋时期，象棋在河洛地区广泛流行，其形制也发生了很大变化（见图 7-1）。北宋时期，司马光（今山西运城人）著有《七国象戏》。司马光被贬谪西京河南府洛阳 19 年，常常以下象棋来排遣心中的抑郁，消磨时光。苏轼在诗中写他“樽酒乐余春，棋局消长夏”。[①] 为了将自己下棋的心得体会表达出来，司马光撰写了《七国象戏》[②] 一书。该书是我国现存最古老的象棋专著，对当时通行的象棋规则进行了改革。尹洙（今河南洛阳人）著有《象戏格》《棋势》等，对后来象棋的定型与发展起到了至关重要的作用。

图 7-1　宋代瓷胎象棋（洛阳市西工区省建三分公司院出土）

除了象棋，北宋时期民间还流行一种“大象戏”。“大象戏”是一种古代棋戏。程颢有咏象棋诗一首：

① 〔宋〕胡仔纂，廖德明校点：《苕溪渔隐丛话・前集・东坡七》，北京，人民文学出版社，1962，第 300 页。

② 〔宋〕晁公武：《郡斋读书志》//〔清〕永瑢等：《文渊阁四库全书本》，上海，上海古籍出版社，1987，第 675 页。

大都博弈皆戏剧，象戏翻能学用兵。
车马尚存周战法，偏裨兼备汉官名。
中军八面将军重，河外尖斜步卒轻。
却凭纹楸聊自笑，雄如刘项亦闲争。

经过近百年的实践，象棋于北宋末定型：32枚棋子，黑、红棋各有将（帅）1个，车、马、炮、象（相）、士（仕）各2个，卒（兵）5个。

三、宋朝时期河洛古都体育文化的特点及形成原因

概括而言，宋朝时期河洛古都体育文化的特点，主要体现在以下三个方面。

（一）创新了官办武学制度

宋朝虽然经济繁荣、科技发达，但周边安全环境非常不利，受到西夏、金、辽、蒙古威胁。基于这种危机四伏的安全环境，虽然“重文教，抑武事”的思想居于支配地位，但宋朝统治者并没有完全放弃强军思想。宋朝采取了两个比较先进的军事制度，一是募兵制，二是创办军事学校。募兵制是中国古代一项非常传统的兵制，它在宋朝时期得到了继承和发展；武学则培养了一批又一批文武兼备的军事人才。上述两项制度的实施和完善，保证了宋朝军队的整体规模（一百多万的常备军规模在当时世界上具于首位）、士兵的军事素质和战斗力。

（二）体育文化出现了商业化趋势，优化了大众消费结构

“兴文教，抑武事”，推动了体育文化事业的蓬勃发展。体育文化出现了前所未有的商业形态，主要表现在瓦舍的出现和兴盛。瓦舍作为一种大众文化娱乐的综合性活动场所，是一种有偿的体育表演模式。表演人员具有职业化特点，长期受到专业训练，技艺超群，节目不断翻新，极受观众追捧。据《东京梦华录》卷二的《东角楼东巷》中记载，北宋汴梁城的大小瓦舍共有50余座，最大的可容纳数千名观众；而在《武林旧事》中记载，南宋临安城也有瓦舍23座。这反映了市民审美情趣的需求和变化，促进了宋代体育文化的发展与繁荣，在某种程度上也改变了人们的生活方式。

体育运动的广泛开展，从经济角度看，也有利于优化市民的消费结

构，提高体育文化消费水平和提升生活质量。精神生活的健康活泼、业余生活的丰富多彩、社会关系的和谐融洽等，无不为宋代名人辈出、科学文化事业蓬勃发展提供了良好的社会条件。

（三）大众体育活动不断推陈出新

宋代，体育健身、休闲娱乐意识传播得非常广泛，深入人心。苏轼就主张劳逸结合、运动养生，他说："是故善养身者，使之能逸而能劳，步趋动作，使其四体狃于（习惯于）寒暑之变；然后可以刚健强力，涉险而不伤。"① 与唐代一样，宋朝民间的体育运动多与娱乐和节日世俗有关，许多民俗体育活动流传至今，为人们的日常生活增添了乐趣，陶冶了情操，调理了身心，比如荡秋千、放风筝、拔河、龙舟竞渡与踢毽子等。但宋代体育娱乐方式也有很多创新。比如荡秋千，宋朝发明了一种水上秋千运动，其玩法是待秋千荡到最高处时纵身跳入水中，与现代的跳水运动极为相似。水上秋千难度增加，具有强烈的刺激性，增强了游戏者的高峰体验。还有踢毽子，宋朝踢毽子"嫁接"了蹴鞠的许多踢法，有边跑边踢法，有用膝、腹、头耍弄毽子等。这些踢法流传至今，至今踢毽子仍是河洛地区民众十分喜爱并经常组织的体育活动之一。

（四）全面归纳总结了中华传统体育文化，体育专著丰硕

宋人对历朝历代的传统体育项目做了全面的研究、归纳和总结，并基本上形成了与现代中华传统体育十分接近的体制、形制和规则。由于前面已经作了比较详细的介绍，在这里就不再一一赘述。

概括而言，物质文明的高度发展，商业贸易的充分展开，有力地推进了市民阶层的崛起，市民文化从此诞生。体育文化是一种健康高雅、趣味横生的文化类别，市民生活方式的巨大转变，提升了体育事业在社会生活中的地位，这是之前中国几千年发展进程中不曾出现的历史现象。

四、宋朝时期河洛古都体育思想的发展

（一）宋明理学对河洛古都体育思想的影响

宋明理学思想兴起于两宋时期，在元、明时期达到鼎盛。理学思想作

① 魏刚：《传统体育养生思想史研究》，苏州，苏州大学，2013。

为中国封建社会后期的正统思想影响了当时社会的方方面面。周敦颐（1017～1073 年）是理学的创始人，而在河洛地区，程颢、程颐、邵雍则是哲学的集大成者。这些理学家的观点对后世的传统体育养生思想起到了重要的理论指导作用。

除了上述理学家，还有一位著名人物——陈抟（871～989 年），他对后世河洛地区的理学、武学方面的影响也十分突出。陈抟，五代宋初著名道教学者，亳州真源（今河南鹿邑）人，后隐居于武当山九室岩，之后又转移至华山云台观。他是宋初著名道教学者，字图南，号扶摇子，赐号希夷先生，所以后人尊称他为“陈抟老祖”或者是“希夷祖师”等。他的第三个弟子邵雍更是不凡，在研究先天易学 30 年的功底下，不畏严寒与酷暑，写出了惊世巨著《皇极经世》。

另外，陈抟还是中国太极文化第一人，因为他是我国历史上第一个创绘“太极图”“先天方圆图”“八卦生变图”等一系列《易》图的人，同时他还发表了《太极阴阳说》。这些成果共同构筑了他丰富的太极理论体系，也正是这些理论体系为邵雍、周敦颐、程颢、程颐和朱熹等一大批理学家的后续研究打下了坚实的理论基础，上述这些成果共同构成中华民族独特而又丰富的太极文化。

（二）武学思想的发展

1. 武学著述的繁荣

宋代轻视“武风”，重视“文风”，这种轻武重文的社会风气和政治策略以及消极防御的军事战略，奠定了“弱宋”的屈辱地位。

尽管两宋特别是南宋时期受到外族夷人的欺凌，但是武术典籍却如雨后春笋般涌现，这与宋人重文轻武思想极为有关。宋代人们比较重视整理古代军事理论典籍。宋朝初期就有调露子所著的关于角力和拳术的第一本专书《角力记》。《角力记》产生于 9 世纪后半期，是中国体育史方面最先完善的体育史论著。这些重要的军事谋略和训练学著作极大地推动了武术理论与实践的发展。

2. 武术的独立发展及其流派的形成

在宋以前，武术就是攻击与预防的军事行为。但是，自宋代开始武术逐渐从军事技术中分化出来，专门出现了健身、表演和娱乐性质的武术运动。

到宋代，已经形成了以基本动作为元素，以身手、步法等相配合组成不同的招式；再将若干招式间以腾挪、跳跃、滚翻、旋转之法加以连接、

好者，但他严禁军人和老百姓下围棋，担心围棋风气形成后会产生许多游手好闲之徒，败坏社会风气；尽管如此，却无法禁止围棋在民间的盛行，还涌现出了不少围棋国手，如过百龄、黄龙士、徐星友等。如今使用频率颇高的一些体育专有名词在明朝时就已出现，比如称弈棋名手为“国手”“国工”，还出现了“冠军”的称号。明朝的妇女也纷纷加入围棋的行列中，并且人才辈出。围棋的普及和流行使这一时期还出现了许多民间棋艺高手自己撰写的棋谱。明朝还形成了弈棋流派，如永嘉派、新安派等。

第三，象棋已经发展成熟。今天的象棋形式是宋代定下来的。元明清时期，象棋深受各阶层民众的喜爱，并出现了许多关于象棋的理论著作。如《金鹏十八变》，成书于嘉靖年间，系统阐述了象棋的棋局和战法，使象棋发展到了一个新的高度。

第四，明代传承了中国古代各项传统球戏并有所发展，如蹴鞠（包括女子踢鞠）、捶丸、击球、射柳等。

清朝，满族喜爱的传统体育项目被带入关内，受到清廷的重视。如骑射、狩猎、摔跤、滑冰等活动，出现了兴盛的局面。总体上看，清朝中国传统体育文化的发展呈现出以下几个特征：①中国传统体育文化发展偏重于满族自身喜爱的传统项目。比如，摔跤活动得到空前发展。清朝军中设有“善扑营”，人员是从“八旗精练”勇士中遴选出来。蒙古王公贝勒朝见皇帝时，常举行满蒙摔跤力士的竞技，并有赏赐。再比如骑射，清时骑射术备受重视，除军中强调骑射外，还令八旗子弟以骑射为本务，不得荒疏，甚至文人书生中也出现不少骑射强手。也正因为如此，其他传统体育项目的发展受到了抑制，比如球类运动。②武术出现了新的发展局面。因民族矛盾难以调和，清朝出现了许多反清民间组织，如天地会、白莲教等，拳术是必备的学习和训练项目，因此出现了许多拳种，如义和团的“义和拳”、洪门的“洪拳”“八卦拳”“梅花拳”等。清代武术中也开始出现“练气”的理论。如《六合拳谱》序言提到：所谓六合，其中之一便是“气与力合”。这一时期已经要求内外兼修。③身心合一、外修内养、返璞归真、行之有效的功法以及祛病延年、养生益寿等方面的学问是清人极其重视的内容，他们的这种思想和行为将自古流传下来的导引养生术继续发扬光大，并在此基础上将其扩展到了新的境界。无论是在养生理论还是实践上，都对现代中医学养生健身事业的发展起到了承前启后的重大作用。④由于历史原因，一些传统体育项目在清代也日益走向衰落，甚至销声匿迹。比如，清末中国围棋停滞不前，逐渐被日本赶超，两国棋手之间水平有了巨大落差；球类运动也进一步衰亡，民间的球类活动多在民俗节日中开展；随着西方体育的传入，投壶退出了历史舞台。⑤大部分在近代西方萌芽及发展起来的竞技运动项目从鸦片战争后开始传入中国，近两个世纪以来，这些自西方传来的体育项目与中华民族自古流传下来的传统体育项目一同发展。

二、元明清时期河洛古都体育文化的主要内容

（一）技艺类

1. 武术

中国武术在明清的发展主要表现在两个时期，这两个时期把武术推向了高峰。一是明末清初。满族入关后，受到了汉族的排斥和反抗，这一时期很多民间秘密组织为了反对清朝的统治，秘密习武。在这一过程中，中国武术达到第一个高峰。二是清末。清朝末年，朝政混乱，民不聊生，全国各地揭竿而起，尤其是在河北、山东、河南一带动荡不安。在河北地区爆发的义和团运动把中国武术推向了另一个高峰。义和团最初名为义和拳，是由信仰民间宗教的人以及民间练拳的人联合建立起来的。当时出现了很多拳种以及武术派别，包括小洪拳、大洪拳以及梅花拳等，在民间广为流传。正是这些民间武术团体，发动了历史上有名的义和团运动。随着清朝黑暗腐朽的政治统治的加剧，民族矛盾、阶级矛盾以及国家间的矛盾交织在一起并不断激化，加速推动了人们反抗清朝统治。各地纷纷出现了一些教派组织，如大刀会、义和拳等。

（1）武术套路的形成。宋朝，“打套子”盛行，明代按照“势势相承”的原则进行了发展。明清时期的武术家以此为基础，将前期武术的各种技术动作按照攻防技击的特性进行编排，形成了具有不同特点的技击性组合，从此中国历史上出现了成熟的武术套路。

此外，内家拳是由明朝张三丰编创，它的出现是中国武术史上一个里程碑，单思南、张松溪、王征南等人在内家拳的发展传播中也发挥了重要的作用。太极拳是明清时期武术发展的又一高峰。至于其起源何处，说法不一，但为大多数学者所认同的是太极拳产生于明朝末期的河南温县陈家沟，创始人是陈王廷。

（2）武术内功的形成。武术内功的形成是明末清初武术成熟的另一个标志。武术内功是受道家养生引导术的启发，通过武术家们不断的实践体

验发展而来。内功就是气功，根源于腹中丹田，是人体内在的一种天然而强大的能量；武术气功主张对内气进行控制和运用，达到心旷神怡、健康体魄的最佳效果。据相关资料记载，早在唐朝的《剧谈录》中，就有道士“富有膂力，扛鼎挟舟”的说法，还有高手通过重拳轰击“如叩木石”“略不微动”的记载。这些都说明了内功在这一时期已经形成。

2. 角抵

历史悠久的角抵是蒙古传统武术项目，盛行于元朝统治阶级中。在《元史》中有许多记载，叙述皇帝将众多恩赐奖赏给优秀的角抵武士。例如，《元史·塔塔统阿传》就记载元太宗召来一位名叫力浑的武士，要他在宫中与朝廷的武士角抵，结果他打败了宫里训练的武士。因此，元太宗将大量金银首饰赏赐给力浑，并命令他在夜间负责守卫自己的宫殿。《元史·武宗本纪》中亦有记载：元武宗重视曾多次在角抵战中获胜的武士马沙谋，并将其提拔为“平章政事”。后来，一个名叫阿里的武士在角抵中击败了马沙谋，阿里得到了一千两银子和四百两银锭的奖赏。这充分表明了元朝时角抵活动的极受重视和宏大规模。

除了皇帝时常欣赏宫廷内的角抵表演外，角抵表演还经常在元朝都城的皇宫外举行，每到有角抵表演之时，城中居民常会将街道围个水泄不通。元代诗人胡抵通在《相扑》诗中有“自古都人元尚气，摩肩累迹隘与康”，生动地描绘了元代上至皇室、下至老百姓都对角抵表演的喜爱。这不仅与元朝皇帝的个人喜好有关，还与朝廷设立了职业角抵队伍有关。元朝效仿唐宋的制度，建立了官方的相扑机构，并成立了专业的角抵团队。据《元史·仁宗本纪》记载，延祐六年（1319 年），朝廷决定设立勇校署，即专业的角抵团队，负责管理、培养和训练职业的角抵选手。虽然元代从制度设置和行政管辖上对唐宋的制度进行了仿效，但元代推崇的角抵与唐宋时期的角抵相比更有其自身的特点。从现存文献记载的内容来看，元代角抵武士穿的是无袖皮革摔跤褡裢，具有蒙古族特色，从穿着上就完全不同于唐宋时期的角抵选手。

角抵武术不仅受到元代皇室和都城百姓的喜爱，还广泛流传于其他各地。元朝拥有横跨欧亚大陆的广大领土，元朝皇帝多次组织来自全国各地的众多武士汇集都城，为了显示元朝的国威而进行角抵比赛。根据《多桑蒙古史》中的描述，元太宗热衷于观赏武艺表演和角抵比赛，恰好当时蒙古族和汉族都有许多角抵武士，又听说波斯人擅长角抵互斗，便挑选使者快马加鞭前往波斯挑选武士带至都城斗武，使者挑选了 30 多个波斯的角抵武士并将他们都安全送达大都，其中属比烈和摩诃末沙技术最好、声望最高。在波斯角抵武士从远方来到后的第二天，元太宗便迫不及待地召他们入宫，命令当时最优秀的伊勒赤歹与比烈角抵作战。比赛刚拉开序幕，伊勒赤歹便蓄力将比烈扑倒在地上，当众人以为比烈已经无计可施时，他在地上微笑着说："如果你不努力的话，我就要脱身了。"话刚说完，比烈便翻身将伊勒赤歹狠狠地摔在地上。伊勒赤歹的骨头撞击地面的声音清晰地传到了在场每一个人的耳中，使得元太宗和所有蒙古人无不为之惊叹。此次角抵比赛，全国各地高手云集，是古代武术交流史上罕见的事件，也展现了元朝角抵技艺的鲜明特征。

元代的角抵并未在性别上加以限制，无论男女都可以学习和操练。蒙古人世代在草原和大漠中生活，大部分女性身体同男性一般强壮有力，甚至还有不少女侠和女战士。举世闻名的《马可·波罗游记》中就有这样一则蒙古女子用摔跤来选择配偶的的故事：元世祖的孙辈中有一名为艾吉阿姆的女子，武功卓越，身形矫健，她向世人宣告自己只嫁武技高超之人，如果自己在角抵比试中被打败，那么获胜的人将成为她的丈夫，但未能在比赛中打败她的人则要献出百匹骏马。这则消息传出后，前来挑战的人络绎不绝，但都以失败告终。英俊而富有的帕玛尔土王子得知此事后也兴致勃勃地赶来参加比试。元王室本就欲与他联姻，随即授意艾吉阿姆作出让步，但艾吉阿姆在赛场上仍然毫不留情地把帕玛尔土王子放倒在众人眼前。这个故事充分展现了蒙古族女性的爽朗刚烈和英气勃发，也展现了元代角抵的高超水平。

3. 骑射

满族主要是以打鱼围猎为生，善骑射，尤其是作为皇室中人，个个善射。因此，骑射是当时清朝开拓疆土，用于战事的主要手段。从萨尔浒战争开始直到统治全国，清朝统治者从骑射中获益良多。清朝皇太极把骑射作为满洲贵族的传统体育、镇族之宝，是攻坚克城的重要手段。他强调族人必须勤于习射，严格要求，不定时地派出大臣进行检查，如有发现不能骑射者，就交由相关的部门进行惩罚。

其实，真正将骑射技术发扬光大的是乾隆皇帝。乾隆年间，科举制度进一步升级，把武科分为两场进行考试，分别是外、内两场，外场为先，内场为后。外场即考试军士技艺之类，包括骑射技术、弓马技术以及舞刀弄棒等。考生外场考试作为初试，外场考试不合格，不允许参加内场的考试。由清朝的科举考试可以看出，清政府非常重视骑射技术，轻视军事理论。

4. 骑术

清朝骑术和马术运动基本相似，都有一个共同的载体，那就是马匹。

清乾隆年间，清朝宫廷画家郎世宁曾画过一幅名画《马术图》，说明清代马术运动在宫廷已经成为一种时尚。从乾隆开始一直到鸦片战争前，清帝每年六月都会带上几位大臣到圆明园的皇家马厂检查马的饲养情况，这在当时称为“试验马”，试马的关键就是骑着御马的骑术比赛。比赛的规则很有意思，不是以速度快慢来决定输赢，而是以马与马之间的跳跃换马作为最终结果，在比赛中胜出的骑士会得到皇上优厚的奖励。这里提到的“跃换”是马术的一种形式，即每位骑士骑一匹马，此外还要手牵一匹马，先是用马鞭打手牵的马，马受惊狂奔后，再抽自己所骑的马，必须让自己骑着的马追上手牵马的马尾处，并在同时纵身一跃，跳到原来手牵的马上并控制住马，这时骑士就会受到赏赐，称为“上赏”；如果骑士追至与手牵的马平行位置才跃上马背并控制住马，被赐予“中赏”；如果骑士骑着马根本追不上手牵的马，或者在追逐的过程中失足落地，则被赐予“下赏”，以示安抚。因为御马厂在圆明园内，所以在圆明园的奇闻逸事中有相关内容。此外，清末有画家何元俊，曾作《安河试马图》，安河为御马厂所在的具体地理位置，所以此处每年都可以见到骑术比赛，图中能很直观地看到骑术比赛时的盛大场景。骑术比赛充满竞争，具有强烈的刺激性和很大的冒险性。清朝，此项运动一直被皇帝作为向外展示的表演项目之一，尤其是来清朝贺之人以及国主，抑或是一些外国人。当向众人展示骑术技艺时，骑士们被要求做更多的变换和表演，有时将整个身体向后仰卧在马背上，有时将身体偏向单侧俯趴在马上，甚至会在马上做旋转、单足站立、翻腾等动作。还有一些相对较为危险的马术表演，技巧性强，如骏马飞驰，骑士们在上面翻滚、倒立，或者背对马头倒着骑马等。这类马术运动表演在北宋时期就已出现，并在清代发展到高峰。随着朝代的更替和时间的推移，马术运动逐渐趋于成熟，技巧变得更加灵活，内容和形式表现也走向多元化。不管是为了比赛还是表演，骑马之术在清代宫廷中的风行都是一个不争的事实。

其实，除清代皇室外一些民间骑手也拥有非常高超的骑术技艺，马术运动在民间的受欢迎程度丝毫不逊色于皇家宫廷。古代相关的经典骑术书籍中，称民间的一些骑马之术为“走马卖解”，此种称呼一直沿用到清代。《汉书·张骞传》（颜师古注）将“截马之术”理解为“走马卖解”；还有一些相关记载是说来自山东兖州的乌三娘夫妻两人走马为生的事迹，在豫、湘、鄂地区广为传承。清代民间奔驰卖解的马匹不仅可在旅行之中牵拉车辆，还是马术竞技表演必需的坐骑。卖解者不只是依靠马来代步，更是通过马术与器具的结合来进行更高难度的精彩演出。《金瓶梅》当中就描写了一个片段，突出了一位名叫李贵的走马民间的骑术艺人。他在街上骑着一匹银鬃马，一手拿红色的杆，另一手抓住枪头，背插“令”字三角小旗，在马上表演各种骑术，引来围观路人的阵阵掌声，在清代《南亭笔记》中，李伯元还介绍了一对兄妹，描述了哥哥和妹妹走马卖解的情形：哥哥和妹妹骑马同向驰骋，两匹马相距超过十米，哥哥在马上向骑马飞奔的妹妹射箭，而妹妹就把哥哥射来的箭矢空手抓住。每一回合的展示中兄妹向对方射接十支箭矢，技术让人望而兴叹。由此可以看出骑马运动在清代和射箭技术高度整合，而且骑射技术达到前所未有的水平。

清朝，马术运动不仅是男子参与项目，也有女子专攻这项技艺。除了上述所提及的骑马相互射接箭矢的兄妹外，乾隆当政时期也有歌谣传颂，生动了描述了鹿邑地区一名女子的骑技和风采。只见其纵身跃之马上，附于马腹部，若惊鸿一现，在马上飞来飞去，像仙女意欲飞走，时而在马上旋转，时而倒立，姿势各异，一时间街头巷尾叫好声不断。

5. 球类运动

马球在明朝非常盛行，据记载，明成祖朱棣不仅自己喜欢看马球赛，还要求官员陪伴一起观看。《中国深宫实录》中就有此描述：“击球手均匀分成两队，身为广平侯的驸马都尉袁容带领大家在左朋，宁阳侯陈懋带着队员在右朋，从皇上的太孙，到诸王以及大臣按顺序依次击球，击中的人皇上就赐予彩帛布匹。”一些有学问的官员在陪同皇上一起看马球比赛后，抑制不住激动的心情，即兴写作。如诗人王绂作赋《端午赐观骑射击球侍宴》中有描述大臣听闻诏命分朋的场面：“马蹄四合云雾集，骊珠落地蛟龙争。”还有王直作的《端午日观打球应制》，描绘了端午节打马球的精彩场面：大家骑在马上，风驰电掣，当夺得第一筹时大家欢呼雀跃。从古诗词中都能感受到比赛场上那种扣人心弦、紧张刺激争魁夺冠的氛围。[①] 由此可见马球在当时广受欢迎。

6. 布库

布库，满语词，汉语意为摔跤，又称角抵。满人入关建立清王朝后，十分重视武艺，除了骑射外，摔跤也是锻炼军人力量和气魄、保持士兵彪悍体格和英勇善战精神的一种重要技艺。每次木兰秋弥之际，除了行猎外，蒙古宴会是皇帝在秋弥时的另一项重要活动，而在宴席上，必会进行四种极富观赏的表演，摔跤就是其中之一。《塞宴四事图》对此情景有所介绍，清朝的相扑分为两种：一种为布库，另一种是厄鲁特，两者在着装

① 胡家浩：《明朝休闲体育的文学管窥》，《体育文化导刊》2011年第1期。

和比赛要求上不一样。参加布库的参赛选手光头，上身穿白色短上衣，下蹬深色靴子，参赛者如果被对手掀倒在地即输，获胜者则赐赏酒喝；参加厄鲁特规则是赤身裸脚的相扑，选手需将对手摔倒并且按住头部直至对手的双肩触地，如此才能算作成功。清代的摔跤又被分为“官跤”和“私跤”。清朝宫廷设立的善扑营培养的职业摔跤手称为官跤，民间组织的摔跤手或个人摔跤手叫作私跤。在清朝的皇家竞技场上，行围涉猎的活动可以由业余选手一同参与，但皇家摔跤场上则必须都是专业的运动员。

善扑营是由康熙皇帝建立的一支清廷内卫部队，其职责一是保护皇帝的人身安全；二是针对摔跤、射箭、马术等军事技能进行培训和演练，培养专业人才；三是进行迎宾礼仪表演。这些武力高强的人培养出来后，在平时就负责给皇上助兴，表演体育娱乐节目；在皇帝外出时负责安保，与护卫军一起保证皇帝的安全。此外，边境少数民族首领朝觐时经常会携带摔跤手，这时善扑营的勇士们就要担任起比赛交流的角色。由此可见当时统治者对武艺的重视。

7. 冰嬉

冰嬉是在冰上滑出不同优美姿势的一种冰上运动，在明朝时就已盛行。明代宦官刘若愚曾著《明宫史》，描述道：“阳德门，冬至那天发生冰冻，人们用木板做成拖床，上面能坐两三个人，一个人在前面拉一个绳子，奔跑如飞。”[①] 由于北方地区极寒的生存环境，满族人更加擅长于冰嬉运动。最早满族人滑冰是用兽骨绑在脚下，便于在冰上长时间高速行进，今天的跑冰鞋的前身即是由此而来。满族人入关后，冰嬉运动也随之而来。冰嬉是满族人最喜欢的一个项目，也是八旗子弟必须练习的一项军事技术。冰上运动在清朝广为盛行、花样繁多，在当时就有速度滑冰、冰上玩球、花样滑冰等。冰嬉也是古代休闲项目的一种，乾隆皇帝《冰嬉赋序》对此有描述。

8. 投壶

明朝很多皇帝以及贵族都喜欢投壶运动，有史记载，明朝宣宗皇帝朱瞻基就是一位投壶高手，《明宣宗行乐图》中再现了其高超的技能。但到清朝末期，投壶销声匿迹。

（二）中原传统棋艺

明代是我国棋艺发展的鼎盛时期。明朝有才人相子先，诗书画，尤其

① 〔明〕刘若愚：《明宫史》，北京，北京古籍出版社，1980，第72页。

擅长棋奕。洪武中期，被燕王宣召入宫，与其下棋，后来燕王还送龙凤弈具作为赏赐。永乐初年，棋弈高手楼得达和相子先应召到京城，朱棣命他们二人对弈，胜者获得冠带，而楼得达则屡胜，夺得冠带①。弘治（1487～1505年）年间，有棋师名九成，棋艺高超，在京师经常与人对弈，屡屡获胜，无人能敌。明孝宗朱佑樘听说后，就召他入宫试验，果不其然，九成棋艺力压群雄，孝宗就封他为“国手”。②

看棋博弈在明朝广为盛行，明末清初更是有很多诗人涉猎其中，代表人物有钱谦益、吴伟业。钱谦益喜好诗词棋乐，仅描述观棋的诗词就有三十首。既然有观棋者，又有观棋的赞叹和咏吟，自然要有一套观棋理论，小说家李渔便是代表。李渔喜欢下棋，不仅如此，他还倡导女子学棋：“弃棋尽可消遣，似难借以行乐；弹琴是为了修身养性，追求内心的愉悦，而弹琴和下棋均要求坐姿端正，严阵以待，放松四肢百骸，心境平和，调整心态，置输赢于九霄之外。经常有一些达官贵人，观棋当中性情高涨，与他人进行赌棋，一着不肯相让，就有点像一个泱泱大国，财富五车，却去挣得别人的果腹之羹。因此喜欢弹琴不如喜欢听琴，善于下棋不若善于观棋，有人胜了我替他高兴，有人败了我也不必为他担心，这才是常胜之心也。”③ 在李渔看来，琴、棋、书、画是文人必须都得掌握的，但四项之中以棋弈最为重要。

下棋能让女子打发无聊的时间，消除各种欲望，避免妄想，故明朝很多女子对棋弈很是青睐。冯梦龙《警世言》卷24记载，正德时期，玉堂春缅怀王景隆，于是就登花楼，然后再不下来，终日烦闷，只好叫丫鬟陪同玩西洋双陆棋。在《金瓶梅词话》中也有记载，薛媒人给西门庆做媒，在描述孟玉楼时提到：“孟玉楼不仅持家懂事，还会女工针线，不仅会玩双陆棋，更能弹奏一手好乐曲。”④ 可以看出，在明代，不管社会地位高低，妇女在棋类活动中或多或少都有参加。

（三）民间信仰中的河洛古都体育活动

1. 爬竿

爬竿盛行于明朝，《日下旧闻考》描述，京师宴会有爬竿戏，艺人沿竿而上，如雄鹰在翱翔，如猿猴在纵跃。爬竿表演时，艺人赤裸上体，在三

① 宁波市地方志编纂委员会整理：《宁波府志》，宁波，宁波出版社，2014，第11页。

② 宁波市地方志编纂委员会整理：《宁波府志》，宁波，宁波出版社，2014，第11页。

③ 胡家浩：《明朝休闲体育的文学管窥》，《体育文化导刊》2011年第1期。

④ 〔明〕兰陵笑笑生：《金瓶梅词话》，台北，里仁书局，2007，第578页。

丈高的竿上，以手臂、胸腹或站在竿上做各种动作，时而舒臂按杆，整个身体悬于空中，做出各种各样的动作，“将竿夹于腹部”或“以口衔竿，身平横空”，技艺惊人。但是到了清朝后期，进入中华民国后，这种表演近乎失传，能做出以前动作的人少之又少，因此爬竿表演逐渐转变为杂技演出。

2. 杠子

杠子又称“盘龙木”，在清朝盛行。之所以叫作盘龙木，是因为杠子两侧都刻有龙头，一般的杠子表演团体叫作“盘龙会”或“杠子会”。走会大多是在一个很大的车上进行，大车上装一个木架，横着放一个木杠，分别装有上中下三个把手，上把手在杠上倒立，中把手是绕着杠子做回环运动，就像旋转的轱辘，而下把手做前压后压动作，就像旱鸭凫水，动作优雅。杠子不仅是正常人玩耍的技艺，在一些特殊群体中也有涉及。《增补都门杂咏》描述了清朝特殊人群表演杠子的情形：一个瘸脚艺人，练就了一身杠子功夫，技艺惊人，在杠子上忽然像旱鸭凫水一样头向下，又忽然抬起，上身功夫了得。但是，随着时间的推移，这种表演已很少见了。

3. 皮条

皮条也是清朝的一种民间体育活动，表现者多为青年或江湖艺人，是集力量和技巧为一身的活动。表演者要有强健的筋骨、良好的柔韧及灵活性。表演方式多是将皮条绑在梁柱或者是较高的木架上面，表演者用手握紧皮条或将皮条缠在手上，身体悬空，在空中完成升降、翻滚、静力支撑等动作，难度较大，类似于今天的体育运动——吊环。关于此也有相关记载：表演者在三条棍木搭建而成的场地上，手持绑在杠木上的皮条，一会像鸽子翻身，一会又像鸭子凫水，动作漂亮娴熟。民国年间，民间已经很少有人表演此类项目，仅在杂技团中还能看到。

4. 弹子

弹子也称打弹子。清朝，每逢清明节，就有弹弓表演，方式多样，有24种之多。有两人相弹，相遇则碎；也有将两三个弹丸抛向空中，在它们下落的过程中弹出，碰到一块就碎了；更有将弹丸置于儿童头顶，弹碎而不被儿童发现。清朝，弹子是一项很受欢迎的运动，但是发展到如今，传承下来的很少，民间会这项技术的人也很鲜见。

5. 中幡

中幡盛行于清朝，是人拿一个高达数丈、重达百十斤的大竹竿，竹竿上镶嵌一个大的缀有铜铃的长布旗帜，用头、肩膀或手臂做一些托举、接抛、绕身等花样动作，在行进中表演。表演过程中，姿势复杂多样，远远望去，好像冲天的古塔。这种活动需要较大的力量，耍幡之人多为民间摔跤手。新中国刚成立时，此项目仍是节日游园中人们最为喜爱的项目之一。

6. 翻筋斗

翻筋斗也是盛行于清朝的项目之一。它是一种技巧性主导的运动项目，有向前的“俯而翻”，也有向后的“仰翻”，在仰翻中可一翻、再折，至三折。在空翻的时候不停地连接两到三个空翻。从20世纪30年代起，翻筋斗转型为杂技表演。

7. 赛威乎

赛威乎是清朝满洲贵族的一种划船活动，但是到后来逐渐演变成一种在陆地上象征性划船的活动，在北京常见，类属儿童集体游戏。小朋友们手握竹竿赛跑，谁跑得快就算谁赢。这种活动现已少见。

8. 秋千

秋千是一种节日性活动，多在每年的清明节或是寒食节才有。所谓秋千，就是搭一个高达几丈、带横梁的高架子，用绳子绑在横梁上，下面有绳板，人坐在绳板上摇荡。每逢节令，男子在外踢球，而女子闲来无事就在庭院内或街道中荡秋千。《济南府志》记载：“清明时节的习俗，插柳和簪柳外，女子回娘家做秋千玩。”

9. 风筝

风筝在古代被称作飞鸢。明清时期，风筝盛行，在民间较为普遍，是一种历史悠久的传统体育项目。明清时期，留下了很多描述风筝的文学作品。如清朝戏剧家孔尚任写的《燕九竹枝词》，记录了儿童放风筝的情景：一群孩童穿着褶皱的红色裤子，手里还拿着红绳叫骂天公，大家都说你今年的春天来得比较早，可就是不给我们让风筝翱翔的风。又有《北京竹枝词》描写道：“风鸢放出万人看，千丈麻绳系竹竿。天下太平新样巧，一行飞上碧云端。”① 种种这些都体现了传统的风筝项目在民间广为流传、深受民众喜爱的特性。此外，在《金瓶梅》和《红楼梦》等小说中也能经常见到描述放风筝的场景。

三、元明清时期河洛古都体育文化的特点及形成原因

（一）元代以舞蹈为主要内容的体育发展特色

蒙古族具有粗犷、豪放的民族特征，历来在宴会婚礼、节日庆典以及

① 冯宏来:《北京竹枝词》,北京,大众文艺出版社,2010,第1页。

体育赛事中载歌载舞，歌舞同起，声声入耳。与古都体育文化相关的就是其中的舞蹈，有宫廷舞、宗教舞蹈以及民间舞蹈等，这些舞蹈或多或少都有些相似之处，并没有一个严格划分的标准。如蒙古宫廷里，在一些隆重的宴会上，就有一种即兴举行舞蹈的独特风格。《出使蒙古记》中记载了他们举行重要的宴请中，每个人都拍着手，伴随着音乐响声有节奏地舞动四肢，绕树踏歌。蒙古族舞蹈最早以氏族部落形式的集体舞为主导，至今广为流传的还有民间舞《踏歌》《酒盅舞》和《筷子舞》等，很受人们的欢迎。《蒙古秘史》记载：成吉思汗的叔祖——忽图剌成为部落的首领时，在当今的豁儿害纳黑川开办庆典，“蒙古之庆典则舞蹈筵宴以庆之”，即推举忽图剌为可汗，因此要围绕茂密蓬松的树进行起舞，直到他们把地皮踏破，踏烂杂草。[①] 古代蒙古族多以游牧部落为主，而且部落的帐篷居住形式总是首领居住在最中央，其他人以首领为核心层层围绕。正因为如此，古蒙古的舞蹈里面总是围成一个圆圈载歌载舞，或者驻足踏步，即使后来从大草原进入都市，元朝仍然保留着这种舞蹈风格，在巍峨的大厅，宴会上依然欢歌踏舞。时至今日，蒙古族民间流行的《安代》依然留存着古代的那种即兴踏歌的形式。虽然方式种类很多，但是所有的种类都有一个共同的特征，就是脚步随着音乐的韵律而移动。

元代的舞蹈种类繁多，广为流传的有《顶碗舞》《筷子舞》和宗教《珠腊》《灯舞》等，影响最为广泛的是《倒喇》（蒙古语是载歌载舞的意思）。元代的又歌又舞，一人弹奏胡琴、琵琶和古筝，又头顶瓷灯而跳舞，多处史书中均有记载。清朝吴长元的《宸垣识余抄》生动地描述了《倒喇》的场面，引用陆次云作的词《满庭芳》，将这个载歌载舞的舞蹈戏描述得美轮美奂，无与伦比。因为时代的发展和社会环境的变化，这一时期的体育舞蹈得到了快速发展。

除了广为流传的民俗舞蹈外，还有一些具有浓厚民族特色的舞蹈，也有从新疆地区流传过来的舞蹈，即“回回曲”。除了这些，图腾舞也是蒙古族一种较为特殊的舞蹈形式，如海青，是鹰类目的一种鸟，善抓天鹅，是成吉思汗部落的古老图腾，蒙古人喜欢放飞海青擒拿天鹅，也是一种古老的习俗，因此就出现了图腾舞——《海青拿天鹅》。此舞曲是由两人演绎的小歌舞，舞蹈中的碎步跑和顺拐都是模仿海青身姿的缩影。提到动物，除了类似海青的图腾外，还有描述既能控制天鹅，又能制服沙漠之地凶兽的白翎雀，如果此鸟雌雄结合，一起鸣叫，声音非常动听入耳。后来

① 余大钧译注:《蒙古秘史》,石家庄,河北人民出版社,2007,第9页。

由此还谱写了舞曲《白翎雀歌》，歌曲开始节奏较为缓慢，悦耳动听，到后来激昂急促，彰显“白草黄云日色薄”“啾啁百鸟纷参错”的朔漠景色，扣人心弦，这也是在云南丽江流传至今的元朝舞曲。

元朝的成立及发展，是在不断的征战四方中壮大起来的。在出征期间除了军事舞蹈的发展外，还有一些其他方面的舞蹈。1253 年，也是南宋最后一年，忽必烈南征，有丽江吐司阿良相助，帮助元世祖攻下大理，班师回朝时，为了感谢，忽必烈赠予阿良乐曲十章以及附属的乐工和乐谱，这就是历史上著名的“白沙细乐”。据记载，现在居住在丽江区域的纳西族依然留存有元代的音乐，并且还被纳为此族的古典乐舞。该曲舞共有十个章节，是一套大型的系列曲舞，但是目前仅存的只有乐曲《笃》了，其他已经难以寻觅。到 1264 年，忽必烈基本控制了岭北的局势，致使西域以及边疆地区乐舞盛行，至今还有当时新疆维吾尔族古老乐曲《木卡姆》的遗迹。

（二）明朝的体育文化活动

明朝初期，资本主义生产方式开始产生，商品经济开始萌芽，工商贸易得到发展，经济活跃，城市发展迅速，民众生存的手段具有更多的选择性，生活比较惬意，也比较注重调整呆板的生活方式，提升生活品质，因此带动了明朝体育文化迅速发展，休闲体育蔚然成风。参与的主体上至成人、下到小孩，上至皇亲贵族、下至黎民百姓，甚至青楼女子在内，都把体育休闲活动作为业余生活的重要组成部分。当时人们休闲体育的目的主要有两个：一个是通过休闲体育运动，使精神得到调剂和放松，亲近大自然，舒筋活血，健康长寿。另一个是热衷于观看激烈的比赛，获得感官和精神上的享受。人们总会根据自身的经济条件来选择自己不同的活动方式。

1. 掀起旅游热

明朝，旅游成了新风尚，各处风光景点、山水都留有人游历的足迹。在一些特别的节日里，人们更是走出家门，游山玩水，吟诗作赋，游走西湖，横穿秦淮河岸，攀越三山五岳，登高望远，抒发情怀，享受大自然之美，体味生活乐趣和人生价值。因此，流连于山水之间的徒步旅行就成了人们乐此不疲的一种休闲体育活动，很多诗人描述了人们游山玩水的场景。王士性描绘了人们游玩时指点苍山的画面，描述了草木葱绿，金碧辉煌，场面宏伟壮观。明代王瀛也有诗句描绘杭州西湖大自然的风光：黄莺鸣叫在烟柳之间，马蹄起落间风花紧随；还有对苏堤两岸景色优美、柳丝轻扬、红霞满地，长堤散发着郁郁清香、烟雾缭绕等的抒情描写。明人张宁在《苏堤春晓》中也描述了大自然中动植物的和谐美好，诗句描绘了游客走进自然、亲近自然，热爱山水的闲适心情。此外，除了游走山水外，还有一些民众与宗教活动融为一体，求仙拜佛，走遍三山五岳。小说《醒世姻缘传》中就有记载，侯道婆、张道婆两人组织了八十多人到泰山山顶烧香。这次的长途跋涉距离长达两百余里，烧香只是其目的之一，她们还有一个重要的目的，那就是游山玩水，看景怡情。此外，在泰山山顶，她们还遇见其他的妇女香客，于是就结社攒钱，登顶普陀山，攀爬武当，光顾峨嵋。妇女尚且如此，人文墨客更是依恋山水。受到社会大环境的影响，明朝出现了许多旅行家，也造就了很多旅游相关的文学作品，《徐霞客游记》便是其中之一。徐霞客穷其一生，不畏艰难，走遍山川五岳，给世人留下了经典之作。

2. 贵族阶层的休闲体育

明朝，皇族是休闲体育的主体。皇族是享有特权的有闲阶层，思想独立者不甘心就此随俗浮沉，创造了皇族独特的休闲体育形式。皇族休闲体育深受传统文化与道德的浸润，崇尚超越自我、解放精神、人与自然和谐相处之道。其休闲行为归属于精神休闲，方式注重个体身体感受，活动形式相对安静。即便与志趣相投的随从共同活动，明朝皇族也突出强调个体在其中的感受与情感。明朝皇族注重随时凸显自身社会地位与天人合一的品格，不论观赏马球运动、对决棋弈、雪橇溜冰还是投壶消遣。

3. 士大夫和文人墨客的休闲养生

明朝士大夫和文人墨客生活相对悠闲，与皇族相比，他们更喜欢外出旅游，寄情于山水之间。古代中国交通不便，交通工具落后，新官上任履职，需要跋山涉水旅行至任职地区；皇帝对于官员指派任务，官员受命前往指派地区巡查，履行职务，同样需要长途跋涉。旅行劳顿，沿路名山盛景，大好河山，自然风光引人入胜，官员难免通过登高望远、游山玩水享受旅途沿途乐趣。官员出行旅游的显著特点为记录沿途风光与自身感受。徐霞客 22 岁时，放弃仕途，游览记录了中国名山大川，写下千古奇书《徐霞客游记》。明争暗斗的官场生活，给官员带来精神方面的压力，使其多通过选择寄情山水来释放压力，寻求精神解脱。特别是文人墨客弃官之后寄情山水的情结更为强烈，王士性、雷何思、谭元春等就是其中的代表。[①] 这些文人墨客在遨游山水之间自得其乐，体会山水怡情通达之境，

① 胡家浩:《明朝休闲体育主体多元化研究》,《山东体育科技》2012 年第 6 期。

在与自然亲密接触过程中，体验天人合一，带来身心愉悦快感。

4. 市民阶层的民俗体育活动

市民阶层最早形成于明朝中后期的江南一带，随着这一地区雇佣与被雇佣关系的产生，市民阶层随之产生。市民从农业生产生活中脱离出来，凭借出卖劳动力与手艺谋生。市民阶层可从事的职业种类多样，主要职业类型有商贩、雇佣工人、拥有一技之长的人、无业游民、妓女等。市民阶层的生活水平、经济水平、所拥有的空闲时间，直接决定了其休闲体育参与的程度与类型。市民阶层与皇族、官员阶层差别显著，他们的活动更具普及性，节假日是市民调整身心、参与休闲体育活动的最佳时机。市民参与休闲体育活动的频率与种类，可以反映参与活动的市民自身的精神状态、情趣和追求。

四、元明清时期的哲学思想与河洛古都体育文化

理学是宋元明清时期哲学的代表，是以儒学为基础，融合道教、佛学理论而组建的一个较为完整的、新的理论体系。理学最初起源于北宋时期，成长于南宋，成熟于元明清时期，元明清时期，理学占据哲学的统治地位。北宋至明清时期，社会错综复杂，民族阶级矛盾日益显露，但科学和艺术方面却有了较大的发展，伴随着科学的发展，哲学学科也有了新的发展。在明朝出现资本主义萌芽之后，更是有所体现，发展到清朝末期理学思潮才逐渐衰退。这一阶段的哲学对古都体育的影响主要表现在理气、知行等方面，开创了哲学发展史上的高峰。

道器和理气的讨论归属于哲学范围，是挖掘大地根源的一对代名词。朱熹认为，存在形而上的东西是“理”，是万事万物的根本，他提倡气是理存在之由。北宋张载也认为气是世界万物的变化之本，他认为气是客观存在的，具有物质性，把气的运转称为“理”；程颢、程颐赞成此观点，他们对理的解释更加的详细，认为理不但是大自然运转规律的本源，还是社会道德准则的规范，具有双重意义。但是，明朝的罗钦顺不太赞成朱程的观点，他认为理在气中，气是本源，理是其变化规律的表象；与之观点相近的还有王廷相和戴震，他们也赞成“理载于气”，理是气运行的规律。从对理、气的关系可以看出，古人对哲学本源追求的探讨对后来哲学的发展有很大的启发意义，也为后来体育运动中的理气、气功等项目的开发奠定了基础。

心性与心物这对概念是理学思想的又一延伸，关于心性与心物的讨论最早源于先秦的哲学，受佛学影响较大。张载认为万物有本性，即“天地之性”，人的身体结构所反映出来的性可称之为“气质之性”。朱熹对此进一步阐述，指出天地之性即理，并且提出气质之性与天地之性的关系既是气与理的关系，还是心与理、性之间的关系，心中存性，理在于心。王守仁和心学代表人物陆九渊等人对心、性的观点更注重心，有当今唯心主义的缩影，否定客观规律的存在，认为心即是宇宙；而戴震则认为客观世界还是存在的，客观之理只不过是“心”认识表象。

1. 理学与明朝休闲体育主体的多元化

（1）明朝皇族、官僚休闲体育活动的精神动力来源于理学。宋朝理学萌芽时期，周敦颐、张载为代表的理学代表人物，主张人、宇宙之间融合，强调人与人的在社会之中和谐发展，认为万物皆朋友，自然亦为人类朋友。明朝皇族、官僚热衷于休闲体育活动锻炼，其追求即为人与自然共生，特别是人自我的身心的和谐。宋明理学深刻影响明朝休闲体育的多样化参与主体，是明朝皇族官僚阶层频繁参与休闲体育活动的精神驱动之力。周敦颐追求相遇即缘，喜与高僧翻山越岭，奔走于山水之间，饮酒作诗，流连于大自然之间。① 冯友兰在中国哲学史上，曾专门辟出部分谈到“幸福”的概念，认为新儒家的追求充满了浪漫的元素，在名教之中作乐，拥有超脱万物之上的“风流”心。皇族阶级，通过投壶竞赛的方式，逃离公务，在冰嬉、投壶的比赛之中拥有竞赛乐趣之时重回大自然之中，人与自然融合之中，以达到身心的彻底放松；马球竞赛、棋弈对决等休闲体育形式，超脱阶层，超脱物质，使皇族亲近下属，亲近民众，享受与民同乐与自乐乐，一定程度上促进了社会和谐共荣的局面。

（2）理学是明朝市民阶层投入休闲体育活动的精神动力。明朝皇族、官僚位于社会顶层积极，物质财富富裕，但是物质富裕与身心失衡形成对比，他们对于身心协调发展的需求旺盛。市民阶层长期遭受剥削，物资匮乏，同样面临身心失衡之境况，仅利用节日时间，通过放风筝、拔河、斗鸡、斗草、打球等休闲体育，实现暂时的人与自然合和谐相处，享受片刻的身心平衡。理学的形成与发展，在精神方面为明朝市民参与休闲体育活动带来驱动力。唯心主义理学家王阳明，主张“任心之自然，心为乐之本”；李贽童心学说主张不“学”不“虑”，保持“童心”，这些观点，在不同程度上对明朝市民阶层个人意识崛起，市民休闲体育的产生影响巨

① 谭松林等整理:《周敦颐集》,长沙,岳麓出版社,2002,第12页。

大。传统价值观念在明朝时期开始遭受质疑，自我意识萌芽崛起。中国传统女性被家庭拘束，承担家务，明朝时期，中国女性的地位有所改变。明朝女性出现关注自我内心，追求精神的舒适，不掩饰渴求男女平等趋势，主张男女平等和个性解放。表现为走出闺房，与男性同看蹴鞠，甚至与男性运动员蹴鞠对战。蹴鞠在明朝时期，在男女之间均为盛行，参与者男女皆有。明朝时期，女性喜爱荡秋千，此与李贽主张的童心学说相通。明朝女性享受秋千在空中自由飞扬的无拘无缚，像孩童一样乐得其所。荡秋体育活动使得女性的“童心”与天真展现出来，为真实状态的“自我”，换句话说，童心部分保留是成年女性渴望拥有自我舒适与自由状态的内心追求。可以说，理学思想的广为传播，使得明朝社会大环境比较宽松，原来足不出户的女性开始走出家庭，逐渐参与到社会休闲项目当中，促进了明朝休闲体育的发展，使休闲体育运动在当时成为了一种社会之风。

2. 理学对传统体育思想的不利影响

（1）理学重文轻武的思想不利于人的全面发展。朱熹是儒学思想的代表人物，继承了儒家的思想，认为世界万物都是有一定的命理，即天命观。除了独尊儒术外，朱熹把武艺看得很淡，认为学武无用，他认为如果人不学习知识就等于把自己完全封闭起来，断送了自己的将来，这种重文轻武的思想对当时影响很大。明朝末期的颜元颇为反对朱熹的观点，他认为当今世人，千百年来耗心竭力、病入膏肓、体弱多病等恶果均是拜朱熹理学主张所赐。

（2）程颐理学禁锢了女子体育运动。女子体育运动在隋唐时有了长足的发展，呈现出了一种全民健康的社会氛围。到了北宋时期，理学家程颐主张严厉治家，在家庭中一定要遵循男尊女卑的观念，强调女人天生要为男人服务，女从男是天地之大义。在他们眼里，妇女天生就应该扶持男人，主要任务是传宗接代，这直接把女人的地位放置到了一个很低的位置，也造就了妇女的奴隶地位。理学不止在精神上压迫妇女，在肉体上同样摧残，宋代“三寸金莲”已是普及，为了审美，妇女均应裹脚。关于裹脚的起源说法很多，有的说起源于先古，有的说起源于隋朝，也有说起源于宋朝。裹脚的历史原因说法很多，大多认为是为了一种美感，但是这种建立在痛苦之上的美感，在宋代来说绝不是偶然形成的，而是一种时代发展的结果，与当时的政治统治者的“理学”思想密切相关。从此，唐朝盛极一时的女子体育，在宋元后被理学的思潮所淹没。

明清时期，社会重文轻武思想更加严重，竞技对抗性的体育活动逐渐消失，很多体育项目都由原来的对抗转化为娱乐与休闲。

明清时期，加强了对女子思想的禁锢。中国古代体育的发展是随着社会的兴衰和社会文明的出现而产生的，不同的地域都有着不同的乡土特点，和其他文化一样，也是不断的积累，由简单到复杂，由粗犷到细腻，由杂乱无章到整体化一。我国古代体育也是历经坎坷，最初体育文化的产生是与社会的发展息息相关的，很多项目都跟古代战争有关，国家需要刚劲勇猛的战士来守卫疆土，所以古代人崇尚勇猛尚武的精神，尚武之风盛行。但是发展到汉代，儒家思想处在社会的主导地位，独尊儒术风气严重，他们反对这种激烈对抗的活动，崇尚静以修身的功法，这时古代体育的发展已经开始走向缓和。

第九章　河洛古都体育文化的保护与传承

龙马负图出于河，神龟背书出于洛，河洛文化是中华文明的重要源流之一。鉴于此，追溯五千年华夏文明的历史渊源，在丰富的历史文化表象背后，准确、科学地抽象概括出河洛文化的本质，深度挖掘河洛文化的内涵，对于河洛地区古都体育文化价值的再造，提升体育文化的强大魅力，增进国际间体育文化的广泛交流与合作，意义重大，影响深远。从另一个角度讲，河洛古都体育文化研究的深入对提升洛阳城市核心竞争力，拓展洛阳在国际上的知名度，增强洛阳旅游文化软实力，将洛阳打造为中原地区的示范城市和极具吸引力的旅游和宜居城市，具有十分重要的现实意义。

但是，伴随社会经济的发展变迁，加之西方体育文化强有力的冲击和渗透，中华民族传统体育文化面临生死存亡的挑战，一些富有民族特色、简单易行、趣味横生又具有一定健身功能的传统体育项目濒于消失。许多人对河洛古都体育文化曾经辉煌的历史，所蕴含的历史积淀、文化价值和精神内核，以及其在中国传统体育文化中的地位都不是很了解，甚至还存在某种误解，比如把不够发达的现代洛阳体育现状归结为原生态河洛体育文化的落后。因此，对河洛古都体育文化保护与传承展开深入的研究，提出相应的保护与传承对策迫在眉睫。

纵观体育文化发展的历史，体育文化的繁荣兴衰与历史阶段的繁荣兴衰如影随形、相互影响、相互制约。没有强大的经济技术基础和发达的商品经济，就没有繁荣的体育文化；反之，大众体育的深入发展，必然会带动体育经济的相应发展。所以说，河洛古都体育文化的保护和传承问题，与区域经济社会的发展密不可分。在体育现代化的过程中，河洛古都体育文化的魅力愈彰显，其在区域经济发展、对外交流等诸多方面愈发表现出强大的内驱力和推动力。只有这样才能够满足社会转型期的需求。学者们以往的研究以内容、形式为主，认为与旅游结合是当今发展重要方式的研究结论是片面的。不仅要探讨哲学、美学、军事、儒学、健身、娱乐等方面的相关关系，更应该从精神、制度、物质三个方面深入研究河洛古都体育文化的传承、演变规律、遗存与发展。

以古鉴今，我们认为，只有对河洛古都体育文化的遗存、传承、演变、发展及其与朝代兴衰的律动关系进行深入挖掘研究，并积极尝试推动河洛古都体育文化与区域经济、产业、行业实现良好互动发展，才能为河洛古都体育文化的保护与传承提供历史逻辑和现实路径的支持，实现河洛古都体育文化与新时期和谐社会发展之间的完美契合。

一、现代河洛古都体育文化概况

河洛古都体育文化保护与传承包含两个方面——历史流传项目和现代特色项目，具体包括活动项目类各主体文化，以及民间工艺类、商贸庙会类、饮食类等共生的相关非物质文化遗产。例如：各种舞蹈、摔跤、舞龙、舞狮、旱船、扭秧歌、高跷、二鬼扳跤、河洛大鼓、排鼓、盘鼓、腰鼓、抬阁跷、拔河、推铁环、风火轮、角斗士、套圈、弹弓、拉犟驴、霸王鞭、武术表演、游泳、长杆对拧、秋千、杂要、空竹、陀螺、毽球等。

始于2002年的中国新郑“炎黄文化节”始祖山拜祖大典，在2008年正式被确定为第一批国家级非物质文化遗产扩展项目，并更名为“黄帝故里拜祖大典”，其“以寻根拜祖为主题，缅怀始祖功德，弘扬优秀传统文化，象征炎黄子孙血脉相连、薪火相传”的理念，恰恰从一个方面反映了现代河洛古都体育文化的发展正从庙会、旅游文化的物质层面向着产业、文化价值等精神层面的转变。

此外，河南省政府在2012年的《中原经济区建设纲要（试行）》中提出“发挥中原的文化旅游优势，培育以根文化为重点的中原文化品牌。将古迹、功夫、杂技、民俗等资源与旅游相结合，打造各种文化基地，加快由观光向休闲度假体验转变，培育以郑州、洛阳、开封等为主体的中原古都群体验游……”的理念，为中原文化旅游业及体育旅游业的发展提供了前瞻性的指导。

通过对前述河洛古都体育文化的研究进行综合分析，不难看出，随着时代的发展，河洛古都体育文化顺应了时代的发展潮流，正在从单纯的演艺、游戏、活动类项目，向着文化使者、产业先锋的角色转变。现代河洛古都体育文化在牡丹国际文化节、黄帝故里拜祖大典、民族传统武术盛会等时代标志活动中扮演着越来越重要的角色，在区域经济发展与文化的互动中起着不可或缺的作用。

二、现代河洛古都体育文化的主要内容

现代河洛古都体育文化研究涉及河洛古都体育和现代体育两部分内容，对前者具有的结构属性、内容以及后者与前者的关联性要有一个清晰的认识。

河洛古都体育文化的发展受河洛文化的影响，随着河洛文化的改变而改变，是河洛文化的下位概念。河洛古都体育文化研究涉及河洛文化、区域体育文化、民族民间体育文化三个大的领域，其关系如图 9-1 所示。[①]

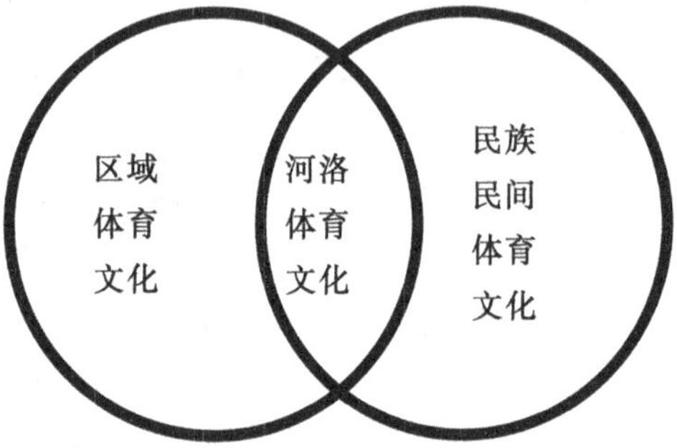

图 9-1　河洛古都体育文化属性结构

雷波、张春超对河南省体育旅游资源进行了分类，根据体育文化旅游可设项目起源、功能等的不同，划分为民俗节庆体育文化旅游、体育游戏文化旅游、武术养生体育文化旅游和古代军事体育文化旅游（见表 9-1）。

表 9-1　河南省体育文化旅游分类

旅游分类	可设项目
民俗节庆	嵩县高装、嵩县背装（背阁、背妆、背桩）、抬阁（独杆轿、闪竿轿、抬竿轿）、高跷皇杠、舞龙、舞狮、放风筝、龙舟竞渡、二鬼扳跤、九莲灯（新安）、锔缸舞（商丘）、火龙舞（商丘）、鱼灯舞、铜器舞、和尚顶灯舞（三门峡）、花挑（新乡）、皇杠、社旗黄河九曲连（九宫八卦阵）

① 安献周:《近 20 年来国内河洛体育文化研究综述》,《四川体育科学》2010 年第 3 期。

续表

旅游分类	可设项目
体育游戏	投壶、象棋、摆方、荡秋千、鞭陀螺、跳绳、踢毽子、斗鸡、斗蟋蟀、斗牛、斗狗、斗羊、逮猪比赛（商丘）、跳皮筋、打沙包、叨鸡（斗脚鸡）、滚桶箍
武术养生	少林武术（登封）、心意六和拳（洛阳）、宋氏通背拳（偃师）、太极拳（温县）、苌家拳、梅花拳、查拳、钓鱼、易筋经、五禽戏
古代军事	射箭、摔跤、蹴鞠、角抵（摔跤）、相扑（郑州）、舞剑（郑州）、马戏（郑州）、赛马、赛牛、游泳

资料来源：雷波等：《河南省体育文化旅游及其资源的分类研究》，《南阳师范学院学报》2010年第12期。

高松山在《河洛文化中民间民俗体育的开发与利用》① 中和董顺波在《河洛民俗体育研究》② 中，对依托形式、内容进行研究，指出其发展必须结合当地情况，要引起政府重视，旅游节庆搭台，开发代表性项目。从区域和性质来进行界定，河洛古都体育文化是指“河洛地区内与身体运动有关的相关物质与文化组成的体育活动项目”。综上所述，河洛古都体育文化所涉及项目如表9-2所示。

表9-2　河洛古都体育文化项目

朝代	分类及项目
远古	舞蹈和游戏：乐舞、武舞、消肿舞、击壤；远射类器械：弓箭、弩、弹弓、弋射；投掷类器械：石球（如“飞石索”等）、矛与标枪、鱼镖、鱼叉、技击；格斗类器械：棒、锤、斧、刀、戈、穿孔形器和星形穿孔器、锁、卫体；护体类器械：匕首、护臂；水上活动类器械：舟楫（桨）、游戏；娱乐类器械：垂钓（鱼钩）、陶响球、石球、陀螺等
先秦	六艺：射礼、御车、田猎、乐舞；军事：负重跑、角力、跳跃、攀爬、投掷、游泳；游戏：蹴鞠、象棋、围棋、投壶等
秦汉	百戏：角抵、履索、缘竿、飞丸弄剑、唐绨追人等；武艺：戈猎、射驭、刀剑技艺、戟和矛等兵械；棋类：六博棋、塞棋和围棋等；杂项：投壶、垂钓、放风筝、荡秋千、斗鸡、蹴鞠、马术、养生术等

① 高松山等:《河洛文化中民间民俗体育的开发与利用》,《体育文化导刊》2007年第10期。

② 董顺波:《河洛民俗体育文化研究》,《体育文化导刊》2009年第3期。

续表

朝代	分类及项目
魏晋南北朝	技击类：武术、摔跤、骑射、角抵戏；棋类：围棋、弹棋、樗蒲、握槊、双陆；斗戏：斗鸡、斗鹅、斗鸭、斗蟋蟀；游戏类：百戏、蹴鞠、相扑、博戏、竞渡、舞龙、射礼、投壶、导引养生等
隋唐	散乐百戏：戴竿、走绳、斛斗、旋盘、蹋球、顶碗、山车、旱船等；武举：举重、骑射、步射、马枪；宫廷体育：马球、步打球和白打、龙舟、骑射、大型舞蹈团体操、举重、弹棋、围棋、博戏等；民间体育：龙舟、拔河、赛马、散步、垂钓等；杂项：元宵观灯、春游、重九登高、角抵戏、舞龙、舞狮、龙灯、踩高跷、乐舞、养生、击鞠、双陆、投壶等
宋元明清	球类：蹴鞠、击鞠、驴鞠、马球、捶丸；武术类：射箭、武艺器械、拳术、相扑、摔跤；田径类："贵由赤"禁卫军长跑赛、军士跑步、跳跃、投掷；导引养生：八段锦、十二月坐功、易筋经；水上：龙舟竞渡、花样滑冰、冰上杂技、冰上蹴鞠；益智类：围棋、象棋；娱乐表演类：杂项：诸子百戏、乐舞、民间杂要、铜锣类、阁跷类、高跷、旱船、盘鼓、胡敲（今空竹）、舞狮、舞龙灯、扭秧歌、踏青、荡秋千、拔河、放风筝、上竿、相扑、踏跷、踏索、水秋千、研鼓等

除此之外，安献周认为："河洛古都体育文化的相关研究大部分集中在其内容、形式及其开发利用等应用性研究上，在此基础上，还应该以物质、制度和文化为切入点，全面分析河洛古都体育产生的历史背景、表现特征以及其所承载的健体、文化价值等。"①

三、现代河洛古都体育文化的转型

文化是人类物质文明与精神文明的总和。民族传统体育是以人类身体健康为研究对象，以增强身体机能为目的的活动现象；具有体用兼备，练养结合的总体特征；内容丰富多彩，表现形式多种多样。

随着社会政治、经济、文化、科技、教育的发展，民族传统体育的发展也面临两方面的问题：一是保护与继承，即如何保护，如何传承；二是民族传统体育的转型，即民族传统体育的发展与开发。民族的也是世界的，缺乏对民族传统体育文化的深入挖掘和保护，民族传统体育文化必然

① 安献周：《近20年来国内河洛体育文化研究综述》，《四川体育科学》2010年第3期。

会面临传承危机，从而丧失其文化个性和独立性，泯灭在漫长的历史长河中。“发展才是硬道理”，随着时代的变迁，愚昧守旧、故步自封会限制民族传统体育的发展，而革故鼎新、积极转型、适应社会发展的潮流和方向，则会使民族传统体育在新时代迸发出全新的生命力。

一些学者也深有同感，认为民族传统体育的继承与发展，关键是通过吸收整合培育面对未来的生长点，使其具有可持续发展的潜力，从而发扬光大。

从历史上看，因为受到客观条件的影响和限制，各民族发展状况出现巨大差异，极不均衡。一些民族发展较为迅速，经济文化先进，具有鲜明的时代特色，如领先的经济观念、超前的生活方式等；一些民族发展相对缓慢和滞后，如边远地区的一些少数民族，包括布朗族、苗族等；还有一些民族时至今日仍未有任何改观，相当闭塞和落后。

经济社会的发展滞后必然会导致其民族传统体育的发展与现代体育文化的发展出现断裂。相对发达，具有先进文化的民族必然会在文化观念和生活方式的转变上更好地适应时代发展，较容易转型；而相对落后的民族则会在转型中出现多种多样的问题，在如何保持本民族传统体育文化个性的同时，积极适应现代体育文化的发展潮流，成为这些民族面临的一个棘手的问题。

黄涛对民族传统体育文化未来转型方向的观点对河洛体育文化研究有着重要的引领意义。他认为民族传统体育文化具有两个特征，即多元性特征和世界性特征，这两个特征是其未来转型和发展的方向。他认为，在未来的发展中，民族传统体育将会摈弃和改变以往单一、孤立、纯正的文化本体意识，转而朝着更加包容、多元、多维的态势前进。在这个过程中，民族传统体育将会融通兼备，博采众长，体现出巨大的包容性、适应性和多样性。这些特性恰恰是当前及未来体育文化发展的原动力。

综上所述，我们对这一问题形成一定的认识。首先，民族传统体育文化的转型和发展，需要深度发掘与研究民族传统体育文化；同时，准确阐述与定位地域或民族传统体育文化对文化性格和精神血脉的关系。其次，要对区域或民族传统体育中的民俗、体育项目进行归类整理研究，寻求其与现代体育及其地域经济相融合的可能性，进行项目的改造或创新。最后，对区域特点、经济产业、体育市场等特征展开分析，推动区域或民族体育文化的繁荣，在创建和谐社会中，为全民健身开出具有民族特色的体育处方，将会更好地满足新时期和谐社会发展的需求，为地方经济建设提供新的发展思路。

四、现代河洛古都体育文化的保护与传承

（一）现代河洛古都体育文化保护与传承的范围及意义

河洛地区是中华文明的重要发源地之一，拥有大量璀璨的文化遗产。保护这些文化遗产，使其能够传承发扬，就是延续一种情感，这种情感将增进民族团结，维护世界文化的多样性。

文化遗产包括物质遗产与非物质文化遗产，前者是以不可移动物为代表的具有突出历史价值、艺术价值、科学价值的古建筑或自然景观；后者是以非物质形式存在的、世代相传的文化表现形式，包括传统艺术、武术、民俗活动、手工技艺等相关知识。

河洛古都体育文化保护与传承的主要内容包括活动项目类、民间工艺类、商贸庙会类、饮食类等多个方面非物质文化遗产。保护河洛古都体育文化非物质文化遗产应秉承“拯救为先，重在保护，理性开发，科学发展”的基本方针，统筹规划、按计划实施，将河洛古体育文化完整、真实地保存下来。

（二）河洛古都体育文化保护与传承的现状

河洛古都体育文化的主体元素，在当代旅游文化产业中占据重要地位，慢慢发展成为助推社会经济发展的不可或缺的重要因素。研究表明，近些年，河洛古都体育文化的项目焕发新的生机，在各类重要场合如庆典、会展的开幕式和闭幕式等活动现场出现。值得一提的是，2004 年至今的洛阳河洛文化旅游节，每一届都会出现以少林武术、舞龙、舞狮、杂技、排鼓、毽球等为代表的河洛古都体育文化，对主体节日活动画龙点睛，同时也将传统体育文化再次在世人面前展示，受到大众普遍欢迎与喜爱。

调查显示，河洛古都体育文化在当今学术界面临的主要问题是不太受学者和学术界关注、研究覆盖面窄、河洛古都体育文化研究人群集中分布于豫西高等院校体育部门，同时还存在基础理论研究、实证研究不足，全面系统、深入研究匮乏等一系列问题。此种境况，使河洛古都体育文化的传承创新以及可持续发展陷入“无源之水，无米之炊”之境。

河洛古都体育文化活动项目类主体文化与民间工艺类、商贸庙会类、

饮食类等共生文化存在“内容混杂、管理混乱、经营偏泛”现象，在一定程度上阻碍了文化旅游等相关产业在社会中的良好口碑与形象的建立。2012年，河南省政府发布《中原经济区建设纲要（试行）》，倡导“大力发展文化体验，努力发展为现代休闲度假体验旅游”。

河洛地区的节日庆祝活动主要形式为庙会，庙会中经常出现的传统体育游戏项目有套圈、投壶、扔沙包、弹弓、射击、射箭、荡秋千等，但是庙会游戏发展过程中，存在趣味性和创新不足的问题。研究显示，庙会上此类体育游戏的经营数量在3～5个，体育游戏的经营不合理，创新趣味缺乏。其一，难度在于河洛古都体育文化的传承和保护，其二，制约性在于一定程度上会阻碍其提升层次发展为高层次体育盛典。

综上所述，河洛古都体育文化的保护与传承任重而道远，应受到世人重视的问题，应是关注民族文化与地区特色失传消失的状况，着力点和重点关注方面进行文化遗产保护的相关制度和管理体系创建，争取全面而更加有效地保护河洛古都体育文化遗产，努力改善河洛地区传统体育文化遗产的传承现状，促使自觉保护传统文化遗产成为全民的自觉行为。

（三）河洛古都体育文化保护与传承中存在的问题

1. 缺乏全面系统的研究

要进行河洛古都体育文化传承与保护，首先要普查家底，全面掌握其发展历程中存在的问题。只有对于河洛古都体育文化开展全面系统的科学研究，河洛古都体育文化内在的无穷魅力才能展现到世人面前。

当今社会人们可以了解传统体育文化的方式多种多样，如文献资料法、视频观看法、媒体宣传与报道和实地体验等。文献资料法为世人了解传统体育文化的最主要方式，通过学术机构、高等院校等学者对河洛古都体育文化进行资料搜集、整理、分析，从历史和理性的角度将其以严谨规范的科研形式表述出来供人们参考学习。

安献周认为，有关河洛文化的相关研究表明，学者关注的重点是河洛古都体育文化的艺术形式、文学内涵、人文底蕴，关注非物质文化遗产的开发和经济效益，缺乏全面、系统的整理和深入的剖析。通过资料的查阅，有关河洛古都体育文化直接研究的期刊资料有高松山（2007）、董顺波（2009）、万会珍（2013）、安献周（2010）、张笑莉（2010）三篇，而且研究者都集中于洛阳师范学院体育学院。

登陆中国知网查询河洛古都体育文化相关研究，以“河洛文化”为篇名研究的有173篇，其中171篇为期刊论文，2篇为硕士学位论文；以

“河洛”且含“体育”为篇名的研究12篇，均与河洛民俗、庙会、文化旅游相关；未见以“河洛”和“古都体育”为篇名的研究（见表9-3）。

表9-3 河洛古都体育文化相关研究现状 单位：篇

篇名	频次
河洛文化	173
河洛，体育	12
河洛，古都体育	0

注：时间截至2014年6月26日。

由此可见，河洛古都体育文化的确缺乏全面深入的研究。尽管洛阳师范学院体育学院近年来在领导的组织努力下，就河洛古都体育文化的相关研究积极进行了课题的申报，但是由于诸多因素的影响，尚未成功申报较高层级的课题。一枝独秀，不如全面开花，如果关注河洛古都体育文化的研究者分布范围过窄，必然会使该研究陷入更加窘迫的境地。

河洛古都体育文化研究不够全面深入，关注度较低，对河洛古都体育文化的保护与传承必然会造成严重的影响。首先，人们对河洛古都体育文化不能从文化视角、精神层面来了解，信息多来自口头相传、形态动作模仿，获取的信息具有碎片化的特点。其次，深入研究挖掘的程度不够，使人们难以站在一定的高度来对河洛古都体育文化进行研究，使河洛古都体育文化的文化价值、精神血脉为世人所熟知和传承。最后，倘若研究之基不牢，河洛古都体育文化与区域经济产业协调发展难免陷入只见局部而忽视整体的境遇，被其他文化同化替代也不无可能。

2. 宣传重视不够

河洛古都体育文化若想引发社会各界重视，宣传必不可少。河洛古都体育文化在现阶段的传承与保护，可以选取合适的宣传渠道，将河洛古都体育文化进行要素分解或者合理组合，用合适方式呈现在大众面前，在合适的节庆、会展以及各类活动的台前幕后注入相关元素，采用有趣的形式，激发民众对传统体育文化的热情和参与的积极性。

在河洛古都体育文化活动的开展中，应该注重加大宣传力度，积极评估并改进措施，善于总结归纳，从而逐渐形成良好的宣传方式。特别是现代社会体育观念被广泛认可，传统文化回归，传统文化在宣传方面要积极结合文艺、娱乐、餐饮等产业联合宣传，使人们自觉不自觉地投入传统河洛古都体育文化的相关活动中，形成良好的河洛古都体育文化发展环境，促进河洛古都体育文化产业得到更好的保护与传承。

3. 制度建设匮乏

河洛古都体育文化保护与传承的关键就是制度建设。

“木直中绳，輮以为轮，其曲中规”，从这个意义上讲，规矩就是约束，也就是规章制度，是合乎法度，合乎规律的良好秩序。合理的规章制度能够保证事情自始至终朝正确的方向发展，事情合理的发展反过来也规束制度的动态建设。因此，制度没有“最好”，只有“更好”。制度建设匮乏，不仅表现为相关政策的缺少，还表现为制度改进的消极。这也要求我们在实践中积极检验，以“勤政”促“发展”。

根据制度的可实施性和影响范围，将其简单分为三类。第一，刚性制度，是长期以来行之有效的、广泛认同的管理制度和办法，保障管理系统的基本利益。第二，柔性制度，是近期实施的，小范围的适用政策，往往在组织内部局部的、阶段的工作中做出系列规定。第三，中性制度，是具有较强针对性、特殊意义的、适用较窄、适用性较强的操作步骤。

由研究可知，当前河洛古都体育文化在保护与传承方面制度尚未完善。中华民族的传统项目深受大众喜爱，但是舞龙、舞狮等代表项目，却仅仅只是学校体育教学中的体育表演课程，尚未与政府相关部门建立良好的联系，形成合作共建关系，更谈不上制定规范的制度来保障其保护与传承。河洛古都体育文化的相关餐饮业中的吹糖人、旱船、社火以及新安九连灯、高跷、推犟驴、盘鼓、荡秋千，还有开封、郑州、三门峡、焦作等地市的民俗休闲体育活动，也仅仅是节庆时出来赚点零花钱，或者是出于兴趣和健身的目的。

应对河洛古都体育文化的相关元素进行数量统计，建立名录，甚至初拟排名榜单，并列入非物质文化遗产，如同裁判员注册制度一样，能随时调用不同等级的传承人。较为兴盛的行业，可以通过制定竞争和扶持制度，促使其技艺水平不断提高，形成良性的循环，使其具备自我造血的能力，成为时代发展的新宠。对于没落的行业，应该对其传承现状有清晰的记载，以资料库或博物馆实物的形式留存，如豫西三门峡市卢氏县农村地区的童戏“打枱”，就由于游戏场地不断萎缩和现代体育文化的冲击而濒于消失。

综上所述，在河洛古都体育文化的保护与传承中，部门、环节的工作执行细则、工作条例、管理渠道、相关规定，形成稳定的管理制度，才能在此基础上使河洛古都体育文化的保护与传承有据可依，有章可循。

4. 文化传承“有形无神”

河洛古都体育文化在传承方面主要是在民间，主要表现形式为民俗体育。但是，以河南省三门峡市卢氏县杜关镇荆彰村为例，30 年来，春节和正月十五期间表演的社火节目其形式和内容变化巨大。从走访调查结果来看，其传承的状况并不容乐观，在一定程度上可以用“有形无神”来形容。

30年前，旱船、扭秧歌、抬阁跷、河洛大鼓等节日庆祝的体育娱乐项目，常常日夜不息，表演者穿行于大街小巷，有时会组建队伍来到乡里参加集会表演，热衷戏曲的老年人是表演的主力军。通过活动使参与者和旁观者能够极大程度地体会到节日的欢乐氛围，村庄节后一段都洋溢着幸福的余音，农村区域的业余体育也由此获得大幅度的完善。

近些年传统的体育节庆活动遭遇停演的局面，仅在每年初一、初五等节日河洛红皮大鼓才会被请出来敲上一阵子，围观的年轻人跟着中年人半生不熟的鼓点凑热闹似的学习击鼓。正月十五期间的扭秧歌等表演也已经简单得使人们忘记了这些节目原来的面目，而表演的目的大部分也是挨家挨户送点热闹和吉祥，很难与原有的农耕生活构建联系。其主要原因有二：一是老一辈河洛地区传统体育文化项目传承人多已年迈，技艺无人可传，年轻一辈志趣不在传承传统体育文化，大部分过年期间才会务工返乡，平日耳闻目染的都是当代体育及其与其相关的元素，缺少戏曲、社火、古韵情节的河洛古都体育文化，在传承环节表现为文化断层；二是政府对传统文化关注、保护与引导不够，一定程度上使地方古代传统民俗体育项目衰落进度加快。

5. 与地方经济社会发展融合度较低

深入研究河洛古都体育文化在节日庆祝以及大型活动的表现可知，河洛古都体育文化在地方经济和产业发展中不受重视。其一，在合作层面，合作程度浅；其二，处境尴尬，可以随时被替换。

以始于2004年，一年举办一届，截至2013年已连续举办了10届的中国洛阳河洛文化旅游节为例，每一年庆典期间，都吸引不计其数的国内外游客寻根于此处，并在河洛地区进行朝圣，和不定期的学术交流。河洛文化旅游节的指导思想是“以节为媒，广交朋友，宣传洛阳，发展旅游”，谨守“节会与政府搭台、旅游与企业唱戏，拓展参与的宽度与广度，使市民与企业受益”的指导方针，办会坚守原则为“隆重、热烈、节俭、求实”，以旅游营收为主要内容，致力于将河洛文化旅游节办成洛阳人民、游客的盛大庆典，打造成促进中外文化交流与客家文化交流的重要平台。2011年中国洛阳河洛文化旅游节除开幕式、世界风情大巡游等活动外，还有国际旅行商采购大会、关林国际朝圣大典暨海峡两岸关公文化论坛、中外游客双层观光巴士古都行、花果山红叶节、第三届荆紫仙山杯登高节等一系列丰富多彩的旅游文化活动。2012年中国洛阳河洛文化旅游节共安排了世界风情大巡游、全国自驾车俱乐部踩线大会、海峡两岸关公文化论坛、河洛文化高峰论坛等9项大型主体活动，11项专题活动，充满法国、美国、德国、俄罗斯、比利时、孟加拉、乌克兰、非洲等传统民间舞蹈等欧洲元素，唯一的中国体育文化元素是涧西区东方一小的独轮车团体舞蹈表演。2013年，世界风情巡游活动仍然是开幕式的重头戏，共有来自波兰、俄罗斯、西班牙、比利时的30个表演节目，其中有舞龙、盘鼓（见图9-2）等7个洛阳地方特色的节目。但是，从近三年来的活动主体内容来看，除了舞龙、舞狮、盘鼓等标志性的民俗项目，河洛古都体育文化元素尚不突出。

图9-2　2013年洛阳河洛文化旅游节盘鼓表演

“体育搭台，牡丹为媒，经济唱戏”的思路没错，但是河洛古都体育文化把台子搭起来了吗？回答显然是否定的，体育文化并没有成为节会中不可或缺的元素，而是歌舞、餐饮、展览、展销、摄影等一系列元素组成了节会庆典的主体。

此外，从地方节庆期间的一些主会场的娱乐项目来看，投壶、套圈、秋千、扔沙包等一些带有游戏性质的河洛古都体育文化相关项目泛滥，并没有给人们留下回味深长的文化记忆和精神享受。

（四）河洛古都体育文化保护与传承的模式与对策

1. 河洛古都体育文化保护与传承的模式

中外学者对模式一词的界定不尽相同。中国学者将模式定义为某事物的标准形式或是人们可以照着做的标准形式。美国学者沃纳和赛福林等认为模式是现实重现的一种简化理论形式。而英国学者丹尼斯·麦奎尔和瑞典学者斯文·温德尔从传播学角度对模式进行解读，指出模式是通过简化的图像来表述某一事物结构或过程，或来体现构成某一事物或过程的各个部分之间的相互联系。

上述两种定义实际上从不同角度强调了模式的重要特征，即简洁性和现实重现性。因此，以模式论为视角，精确界定和准确把握模式的概念非常有必要，可作如下探讨：

由此可见，河洛古都体育文化的保护与传承模式指“河洛古都体育物质和非物质文化遗产学说和实践的传递和传承过程中，依据某些规范从而创建的模式和操作范式，具有规范的系统性的特征”①。河洛古都体育文化保护与传承模式应该遵循上一节中所提到的方针、指导思想和总体目标，并形成一定的范式。

教育部、财政部《关于实施高等学校创新能力提升计划的意见》（教技［2012］6号）指出，遵循需求导向、全面开放、深度融合、创新引领的原则，以现有的条件为基础，利用社会各方面资源，深度促进高校之间、行业之间、科研院所之间、行业之间以及国与国之间的交流与合作。“以工程技术学科为主体，面向行业产业”协同创新体需求的“中心”模式。深度融合、汇聚资源、协同创新的发展思路和模式，能够对河洛古都体育文化保护与传承模式的构建提供有益的启发。

我们可以将河洛古都体育文化放置于社会环境之中，进行保护与传承，形成以政府为主导，以大专院校、学术机构、社会团体为具体执行单位，政府与社会各单位联动，齐心协力、共同进行文化遗产的保护与传承模式（见图9-3）。②

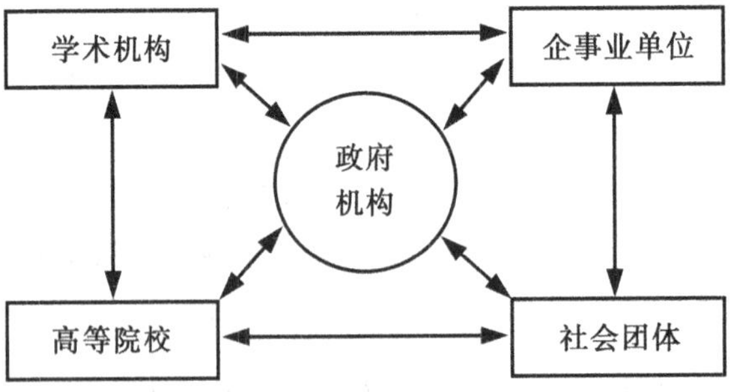

图9-3 河洛古都体育文化保护与传承“五位一体”协同联动模式

① 董翠香：《高师体育教育专业体育教师培养模式初探》，《中国体育科技》1998年第10期。

② 孙庆彬：《民族传统体育文化保护与传承的基本理论问题》，《西安体育学院学报》2012年第1期。

以上模式中，河洛古都体育文化的保护与传承，围绕政府机构这个中心，与学校机构、企事业单位、高等院校和社会团体建立紧密联系，建立筹备保护与传承机构、建立健全相关法律、合理宣传、认真调研、承办活动、评价总结、激励与反馈并重的工作机制，坚持把关监督，合理利用资金，一步一步落实工作进度，建立适合河洛古都体育文化保护与传承的独特实施方案（见表 9-4）。①

表 9-4　河洛古都体育文化保护与传承实施方案要素

序号	1	2	3	4	5	6	7	8	9	10
要素	指导思想	组织机构	实施目标	组织原则	活动时间	活动主题	实施内容	保障措施	活动要求	注意事项

注：表中各项传承因素要有所保障，必须制定与其相关的规章制度，使各项内容能很好地执行下去。

目前，河南省非物质文化遗产已经有三批名录，许多传承人已经获批。同时，在省群艺馆和洛阳市群艺馆，已经建立省市两级非物质文化遗产保护中心，并且已经建立了非遗的四级长效保护体系。因此，相对于其他非遗文化的保护机制和体系而言，河洛古都体育文化在传承与保护方面还有很长的路要走。只有保障充分调研与考察，才能重点保护河洛古都体育文化的别具一格的地区特色和文化价值，有计划有步骤地开展工作。②

首先，对非物质文化遗产进行普查。各级地方非物质文化遗产保护单位应全面普查本地区的非物质文化遗产，明确界定非物质文化遗产归属类别，认真分析非物质文化遗产的保存数量、地域分布情况以及生态环境因素，翔实记录非物质文化遗产保护现状，按时定期公示普查工作进度。

其次，进一步明确非物质文化遗产保护范围，部署长期目标与短期计划相结合，国家与地区相协调，科学论证与地方特色相统一的、有效的、多层级的非物质文化遗产保护方案，从而保证非物质文化遗产保护工作开展的导向性、连续性和统一性。

再次，建立长期、高效和完备的非物质文化遗产实物和相关资料的征集和保护体系。征集对象主要为具有历史、文化、艺术和科学价值的非物质文化遗产。各地区的保护体系应因地制宜，如条件成熟，可建成非物质文化遗产博物馆或者资料数据中心。

---

① 高松山等:《后奥运时期我国中小学阳光体育运动开展的长效机制研究》,《西安体育学院学报》2012 年第 1 期。

② 刘晖:《我国非物质文化遗产之传统体育文化的保护与传承》,《体育与科学》2007 年第 6 期。

最后，发展和创建国家和省、市、县等各个层级的非物质文化遗产名录制度和相应的保护组织。在实地考察的基础上，认真做好非物质文化遗产的认定工作，不断完善非物质文化遗产的评定和审核规范。对于已经通过评审并记录在册的非物质文化遗产，要详细备案，明晰保护工作的责任人员和主要职责，部署科学、有效、系统的保护政策，建立相应的保护或展示中心。对于非物质文化遗产传承人，要定期开展回访工作，及时了解、指导和鼓励其进行传承和研习，并为其提供必要的、有效的资金或技术支持，从而对非物质文化遗产的保护、传承和发扬提供有力保障。

由政府主导，相关部门协助河洛古都体育文化传承和保护，充分利用“五位一体”的联动发展模式。

第一，启动学术机构、高等院所等智库联动，积极利用高素质人才，联合专家学者，对河洛古都体育文化进行全面、系统、深入研究，重心转移至河洛古都体育文化精神力量与文化价值的发掘，同时进行形式内容方面的创新尝试，与新时期社会经济产业相融合，从而使其以全新的面貌为各年龄群体所接纳。

第二，注重高等院培养专门性人才，培养愿意投身于河洛古都体育文化保护与传承工作和致力于传统文化研究的高素质人才，例如，开设与体育、管理、商贸、法律、考古、历史、服饰设计、食品等行业相关和融合发展的人才。

第三，组织开展的过程中，选取简单、趣味性强、民族民俗色彩突出的体育项目，在中小学校的初中高等院校、社会群体、单位团体等进行宣传和普及，重点从初中等学校抓起，使一些学生喜闻乐见，能引起学生共鸣的项目列入教学大纲，弘扬和传承民族地域特色体育文化，从而避免文化传承的断层。

第四，最大限度地发挥社会团体、协会的力量，传承并开发河洛古都体育文化系列活动与项目。融入河洛古都体育文化元素，在群众喜闻乐见的广场舞、节庆等活动与方式之中，创造条件保留河洛古都体育文化元素，在社会变迁的进程中尽可能留存其特色与精髓，及时剔除过滤不利于社会发展的要素。例如，演绎表演服装、搭配餐饮产业，民俗运动会等组合类项目。[①]

第五，与事业单位进行沟通，使其定期承接承办河洛古都体育文化相关项目和活动，并引入竞争、准入、评估、激励等先进的管理手段，给予

① 段伟:《开封非物质文化遗产保护与传承》,《传承》2013 年第 6 期。

承办举办单位最大的自主权，根据情况给予一定的经费支持，允许其通过融资、投资等方式进行创收。

第六，与企业进行洽谈，通过政策倾斜，使其积极关注河洛古都体育文化相关项目和活动，单独承办或举办，或者是与企业的发展、文化塑造、项目开发等结合起来，使河洛古都体育文化的相关元素成为企业和地方经济发展产业化过程中的特色标志，能够为企业的发展助力，为经济社会进步添彩。

综上所述，政府部门除建立河洛古都体育文化保护与传承的组织、实施、监督、评估、反馈、激励长效可持续发展机制，并做好遗产普查、保护规划、遗产抢救、建立名录等相关保护与传承本职工作外，还要积极与初中高等院校、企事业单位、社会团体、学术机构进行横向协作，取得全社会的支持和参与，只有充分利用河洛古都体育文化保护与传承“五位一体”模式的体系优势，在相关活动和项目的开展中实现联动，形成合力，河洛古都体育文化的保护以及新时期现代河洛古都体育的“萌芽、开花、结果”才指日可待。

2. 河洛古都体育文化保护与传承措施

（1）落实责任。

第一，将河洛古都体育文化遗产保护与传承纳入经济和社会发展计划是各级地方政府的重要责任。地方政府与有关部门要建立公众监督、专家咨询、定期通报等一系列相关制度，确保科学民主地推进保护工作（见图 9-4）。

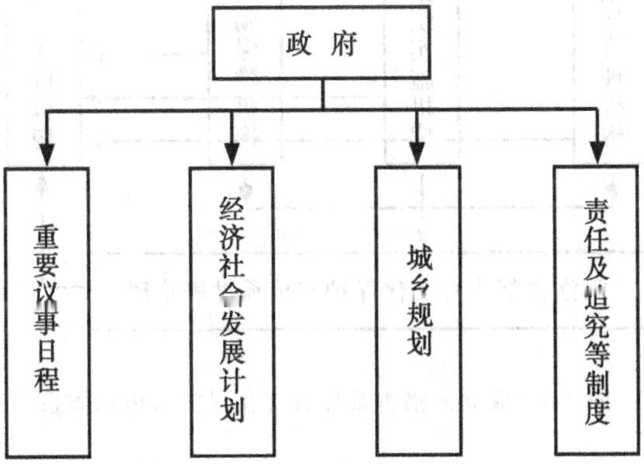

图 9-4　建立河洛古都体育文化保护与传承制度

从考察和调查结果来看，河洛古都体育文化对洛阳的地方经济社会发展产生了重要影响，并在文化旅游中扮演着越来越重要的角色。在洛阳市的重大文化活动中，都能够感受到河洛古都体育文化的影响，如牡丹国际文化节开闭幕式、会展中心的各类会展庆典、河洛文化旅游节、庙会、灯会等传统重要节庆日中的各类演艺类活动。一些传统河洛古都体育类游戏也成为人们喜闻乐见、积极参与其中的项目，如投壶、荡秋千、打沙包、滚桶箍、射箭、套圈、弹弓等。

第一，政府在体育文化事业中起主导作用。洛阳市政府应该积极加以引导，使河洛古都体育文化从文化层面的研究外化到具体的实际操作层面，将群众喜闻乐见、参与度高的内容列入议事日程，在城乡、经济社会发展计划和规划中加以体现并落实具体责任。成立监督小组，并制定责任追究制度，使河洛古都体育文化由民间的散落状态，到形成有计划、有组织、有总结、有管理的长效可持续发展机制和制度。

第二，建立河洛古都体育文化非物质文化遗产管理与领导小组，协调人力资源，开发旅游资源，提高文化实力，注重开发，研究保护，并加快推动地方各级人民政府建立保护机构，如领导管理机构、组织实施机构、后勤保障机构、监督评价机构等（见图 9-5）。

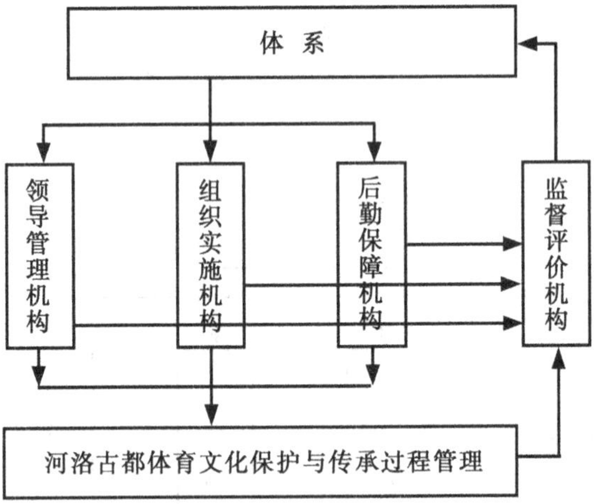

图 9-5　成立河洛古都体育文化保护与传承体系

调查显示，洛阳市在河洛古都体育文化的保护与传承体系中存在“虎头蛇尾”的问题，即有领导组织管理机构，组织实施过程也井然有序，但缺乏政府部门的后勤保障和监督评价机构，使节庆中的河洛古都体育文化给人以“商业气息浓厚，文化品位不高”的感觉。政府的引导，能够使河洛古都体育文化在健身、娱乐的基础上更好地彰显其文化价值，在物质文化、制度文化、精神文化三个层面更好地处理保护传承与发展开发的关系①。

（2）加强执法。以《历史文化名城和历史文化街区、村镇保护条例》《非物质文化遗产保护法》为准则，使河洛体育文化遗产保护有法可依，在实践过程中根据各地实际情况制定相关的规章制度和文物保护法规。

同时，要尽早对文化遗产所有人、非物质文化遗产传承人进行界定，各地各级部门依据这些制度，要做到违法必究，执法必严，用法律的武器保证河洛文化遗产的完整与纯正。

在执法过程中，要从严、从重，在执行法规过程中不放松、不走样，做到严厉、公平、公正。对因懈怠、玩忽职守造成遗产不可挽回损失或恶劣影响的，要追究相关责任人的责任。

调查结果显示，河洛古都体育文化中活动类项目规范化程度不高，如荡秋千、舞狮、舞龙、高跷、摔跤等项目存在一定的运动伤害风险，而相关体育保险法规制度建设的缺失将会成为河洛古都体育文化保护与传承的潜在制约因素；民间工艺文化中的"同质化"问题较严重，缺乏一定的规范和约束，造成产品的多重标准、价格恶意竞争等负面问题；饮食文化缺乏地方特色，没有相应的准入和评估制度，使饮食文化产业难以向特色、健康、高端方向发展。

（3）队伍建设。省市各级人民政府要充分认识到保护文化遗产的重要性，为文化遗产保护提供相应的经费支持，增加重点优秀文化遗产保护的资金投入。同时，不断改进和完善文化遗产保护资金管理和监督政策，尤其是社会团体和个人捐助的相关法规，激发社会全员参与文化遗产保护的热情和信心。

提升文化遗产保护管理队伍的整体认识和专业水平，重点栽培与文化遗产保护相关专业或领域内的专门人才和后备力量，加大文化遗产的实际应用、推广力度，切实增强文化遗产保护的有效性和可行性。

就河洛古都体育文化而言，应加强和学术机构、大专院校、企事业单位、社会团体的合作共建，对河洛古都体育文化的保护传承、发展开发进行全面系统的研究，从理论上对河洛古都文化所蕴含的强身健体、文化价值和传统学科如哲学、儒家思想、美学理论等方面之间的相互联系进行横向和纵向分析，主要着眼于河洛古都文化的产生背景、阶段特征、类型划

① 汤洁娟：《论全球化视域中我国非物质文化遗产的传承与保护》，《河南师范大学学报》（哲学社会科学版）2013年第5期。

分和表现形式等，从而为河洛古都体育文化的保护、传承和开发提供理论依据和现实参考。如洛阳师范学院的“河洛文化中心”和“体育文化基地”就能够为河洛古都体育文化研究提供专业人才队伍，并为河洛古都体育文化的研究、运用和推广提供学术支持。其骨干成员的有关河洛文化、河洛体育文化、河洛民俗体育文化的系统研究，能够为牡丹国际文化节、河洛文化旅游节等重要节庆向着“体育搭台，文化唱戏为媒，经济唱戏”的方向坚实迈进提供支持，使古迹、人文、景观实现完美融合。

(4) 加强宣传。努力创造文化遗产保护的生态环境。定期、有序开展一系列与文化遗产保护有关的活动，如举办文化遗产节、文化遗产展览，邀请文化遗产方面专家进行讲座，组织文化遗产论坛等。在全社会范围内向人民群众大力宣传保护文化遗产的重要意义，深化公众对文化遗产内涵的认识，努力提高大家文化遗产保护的自觉意识，充分调动大家保护文化遗产的参与性和积极性。

教育部门应在文化遗产保护方面发挥自身优势和更大作用，应将优秀的文化遗产介绍和与文化遗产保护相关知识列入教学大纲，作为常规教学内容写进教科书，并定期到文化遗产保护基地开展参观、讲座、访谈等学习活动，加强青少年对文化遗产丰富内涵的热爱，激发他们保护传统文化的热情和决心。同时，新闻媒体充分利用平台优势和发挥舆论监督作用，以专题或专栏的形式，深入宣传和普及文化遗产的基础知识和保护意识，尤其是重点报道在保护文化遗产中涌现出的先进人物事迹，及时揭露破坏文化遗产的反面事件及违法行为，引导全社会形成统一力量，共同打造文化遗产保护的坚实壁垒。

河洛古都体育文化的发源地洛阳，有着深厚的历史和文化底蕴，文化旅游业是其发展的重要方向之一。近年来，洛阳积极申报“国际级文明城市”，在交通、环境、产业、文化等各方面都取得了巨大的进步，洛阳玻璃厂、洛阳轴承厂、洛阳拖拉机厂等一些传统重型企业的转型，更凸显了洛阳作为中原历史文化名城的地位，同时也促进了房地产、餐饮、住宿、交通等产业链的发展，拉动了区域经济社会的协调可持续发展。

因此，如何在龙门石窟、白马寺、关林等古迹，天子驾六、天堂、明堂、博物馆等景观的基础上，在群众体育、学校体育中积极开展河洛古都体育文化中的可行性项目，如河洛大鼓、排鼓、舞狮、舞龙、高跷、影戏、杂耍舞蹈、摔跤、拔河、武术表演、长杆对拧等具有代表性的项目，从而使河洛古都体育文化在新时期更好地契合现代体育文化的发展，使河洛古都体育文化的文化风格、精神血脉和特色在新时期焕发出崭新的生命力。

第十章 河洛古都体育文化的现代发展

本书对河洛古都体育文化的考察起于新石器中期的“三皇五帝”时期，讫于元明清，其间河洛古都体育文化经历了一个由简单到复杂，由无规无矩到制定游戏规则，由包罗万象到专业化发展的过程，我们看到了河洛古都体育文化十分清晰的发展脉络：①由自发的生存和军事功能向自觉的体育健身功能延伸；②由宫廷贵族垄断向平民大众体育传播；③由节令游戏向竞技体育发展；④由体育技能的经验指导到体育理论体系日臻完善。直到今天，形成了种类繁多、门类齐全、手段科学、学理成熟的现代体育文化系统。基于前面的分析研究，可以说古代河洛地区是中华传统体育文化发展的沃土。如何客观公正地定位河洛地区古都体育文化的历史地位？随着对河洛地区古代体育文化纵向研究的不断深入，我们认为，河洛古都体育文化是中国现代体育的源流，具有相当的说服力。

一、河洛古都体育文化是现代体育的源流

何为源流？即发端于此，分支于此。体育文化广泛渗透在宗教、哲学、文学艺术、风俗习惯、文化娱乐等方面，具有相对独立的体系结构和文化价值。把河洛地区和体育文化联系在一起的载体是人，是自古及今生活在河洛地区的远古部落、政治集团、国家政权和各民族劳动人民。体育文化现象反映的是生活在（或曾经生活在）这片土地的人们，对于健硕的身体、强大的力量、坚定的意志和愉悦的精神的一种现实的审美要求。体育文化的丰硕成果被浓缩在了历朝历代的体育专著和历史文献中，被传承到了今天的人们各类身体运动、体育活动、体育竞技和养生理念之中。4000多年的历史研究，较为清晰地显示了河洛地区古都体育在中国体育文化发展历史上的源流地位。

第一，河洛地区作为天下之中，不是今人的看法，而是来自西周时

期。在第一章我们就明确界定了河洛地区这个重要的概念。陕西宝鸡县出土的举世瞩目的文物“何尊”上面记载了一段铭文，大意是说四月丙戌日，大王前来占卜，想亲自来洛邑治理天下。周公旦首次提到“中国”二字，即“余其宅兹中国，自之乂（治）民”，就是说要大王建造洛邑，在此实施德政，配合天地之法治理下民。① 在当时最高统治者的眼里，以洛阳为中心的河洛地区就是九州的中心地带，这里河流纵横、山川锦绣、物华天宝，具有优越的军事地理优势。

第二，中国的九大古都，位于河南的就有四个。学术界最早一致的观点是中国历史上有四大古都：西安、洛阳、南京、北京。随着考古学以及相关学科的发展，到 20 世纪 20 年代，学者们又将开封纳入古都的行列，至此形成了五大古都的格局。20 世纪 30 年代，杭州又加入其中，形成了中国六大古都的观点，但一些学者并不认同。直到 20 世纪 80 年代，著名历史地理学家陈桥驿教授主编了《中国六大古都》一书，用大量的史实充分论证了这六大古都的历史变迁，六大古都才得到学术界一致的认可。时隔五年，著名地理学家谭其骧先生提议，安阳历史上有七个朝代在此建都，是殷墟、甲骨文的出土之地，素有“七朝古都”之称，所以河南安阳也应定为古都，至此七大古都正式形成。直到 2004 年，郑州作为第八个古都被我国古都学会认可。2010 年，山西大同成为目前最后一个进入古都行列的城市。直至今日，九大古都的概念深入人心。

从地理位置上看，洛阳无疑是八大古都围绕的中心地带。它坐落在天下之中（有古代文献记载为证），是沟通东西、南北的桥梁和通道，在西汉凿通西域后，异域文化涌入，相互交融，形成了古代河洛地区独有的文化特色——既有东方文化的深厚底蕴，也有西方文化的绚烂色彩，既有南方文化的细腻风格，亦不失北方文化的粗犷勇猛的特点。所以，研究河洛古都体育文化，实质上就是回到中华文明的源头，探寻中国传统体育文化的踪迹和发展脉络，梳理和展示其博大精深的体育文化精神，充分挖掘河洛地区古都体育文化这个宝藏。

第三，河洛地区古都体育有一部分最先是被皇室贵族垄断，并得到皇帝和朝廷的鼓励和大力扶持，比如角抵、蹴鞠、投壶、马球、相扑等。虽然后来逐渐传播到民间，但受到开展条件的限制，流行范围相对狭窄，流传下来的比较少。还有一些来自民间的传统游戏类体育活动，具有悠久的历史，不拘于年龄，男女老少皆宜，具有鲜明的民族文化符号，比如荡秋

① 杨海中:《图说河洛文化》,郑州,河南人民出版社,2008,第 12 页。

千、踢毽子、龙舟竞渡、拔河等。由于这些活动简单易行、妙趣横生，又能够调剂精神、锻炼体质，深受老百姓的喜爱，因此具有强大的生命力，经久不衰，历久弥新。由此可见，现代体育项目的选择和保留、活动开展的规则和形式等，多是依据古代民间文化的习俗和深层的民族心理而形成的。偏离了这些文化因素，有可能会繁荣一时，但最终是昙花一现，消失在历史的长河中。

第四，还有一段历史我们不能忘记，那就是洛阳悲惨的落难史。历史上，由于战乱和自然灾害，洛阳地区有过三次大规模的移民。第一次是在西晋永嘉年间（307～313 年），匈奴人攻破首都洛阳，西晋政权被迫南迁至建康（今江苏南京），建立了东晋政权。大量北方汉人不堪忍受异族的统治，也纷纷举家南迁，形成了中国历史上第一次人口大迁徙，客观上促进了南北体育文化的交流。第二次是发生在“安史之乱”时期（755～763 年）。约有 100 万人南迁，中原地区“人烟断绝，千里萧条”，官方统计人口锐减了 60%多。这不仅改变了中国人口分布以黄河流域为重心的格局，也把中原腹地的传统体育文化带到了所到之处。第三次是发生在公元 1127 年即“靖康之变”时期，金朝灭辽后开始南下攻取北宋都城东京，黄河流域成为主要战场，该地区大量居民离开中原，迁居至四川、湖北、江苏、浙江等南方地区，这是北宋末年一次最大规模的人口迁移。我们知道，唐朝、西晋、宋朝都是统一的中央政权，尤其是唐朝和宋朝，堪称中国体育发展史上的高峰。时任全国政协副主席罗豪才在全国河洛文化研究会成立的大会上讲过这样一番话：“河洛地区的文化主要是立足于洛阳，以其为中心向四周扩散，是我国中原大地文化心脏，包含洛水与古黄河交叉区域所有的精神文明和物质文明，它是我国传统文化的精髓。”① 此言不虚。

还有重要的一点那就是古代体育运动不仅体现在看得见的体育运动形态上，而且取决于民族的思维方式、价值观、审美情趣和行为方式等文化因素。在这方面，以洛阳为中心的古河洛地区更是当之无愧的中华文明发源地，它必然会以儒释道文化思想的形态积淀为一种体育文化的遗传因子，在世界上形成独树一帜的体育文化精神。

总的来讲，我国幅员辽阔、民族众多、历史悠久、文化积淀深厚，各民族、各地区人们在不同的自然环境和思想意识作用下，日积月累、代际相传，分别形成了独具地方特色的体育文化。在社会局势动荡变迁或对外

① 王永宽：《河图洛书探秘》，郑州，河南人民出版社，2006，第 1 页。

频繁交流的历史背景下，它就像水中的涟漪，向外逐步传播扩散，最后交织在一起，民族特色被部分消融，体育本质逐渐凸显出来，并伴随着科学的体育健身和体育领域的发展，形成了当今比较定型的现代体育文化系统框架和内在要素系统，成为中国现代体育文化体系发展和完善的重要基础。

二、河洛古都体育文化是当代中国体育文化发展的宝藏

中华文明源远流长，其中有很多的体育形式和体育文化，它们相互依存，共同发展。河洛文化作为中华文化的根文化，自古以来就在中原大地上发出耀眼的光辉，体育文化作为其中最重要的一部分，为河洛人理解、融合和觞扬。

河洛地区古都体育文化是我国非物质文化的子文化，更应该重点保护与发展。联合国《保护非物质文化遗产公约》指出：必须持有去粗存精、剔除糟粕的精神，符合当前世界文化相关政策，又能实现社会群体之间的相互需求与尊重，且具备可持续发展的特性，这样才能称得上是健康的文化遗产。挖掘和保留本民族的传统体育文化，不仅有利于增强与展示中国人民的身体素质和精神风貌，也有利于加强与世界人民的友好交往与合作。从整个人类体育事业的角度来看，没有各国独具特色的体育文化的发展，世界奥林匹克事业就是无源之水、无本之木。日本东京获得 2020 年奥运会主办权，按照规定，每个获得奥运会主办权的国家都会将自己国内最传统的体育运动项目列入奥运会比赛项目，有人推测日本人民喜闻乐见的传统体育项目相扑很有可能入选。而相扑就是古代中国的角抵，早在唐代就传入日本，日本把这项运动发扬光大，目前许多国家开始热衷于相扑运动。当然，在融入世界体育文化的过程中，河洛古都体育文化既不能因保持传统而拒绝变化，也不能在繁杂的国际文化中迷失自己，更不能在西方体育强势的大环境中无所作为，要充分挖掘、归纳分析整理河洛地区古都体育文化，让河洛地区古都体育文化以崭新的风貌再次呈现在世人眼中。

三、河洛古都体育文化发展中存在的问题

（一）社会环境变迁中河洛古都体育文化的基础环境受到损害

独特的生活方式、宗教信仰以及价值观等是古都体育文化存在与发展

的基础和源泉，独特的地理环境是体育文化成长发展的沃土。而社会环境的变迁是河洛古都体育文化发展面临的不利因素之一。

我国的传统社会是典型的农业社会，其文化发展是以家庭、村庄为基础的，这种社会结构有利于传统文化代代相承，薪火相传。然而，随着社会经济的迅速发展，交通与信息传递方式日益发达，快节奏生活方式的形成和追求捷径的社会心理，传承河洛古都体育文化的社会环境因素被逐渐消解，需要知识、信念、耐心、毅力和技能来传承古都体育文化的人也急剧减少。人们生活观念的变化和生活方式的革新，间接地造成了许多有价值的传统体育文化流失，对之进行抢救性挖掘是非常必要的。如跳竹竿是由古代农耕活动发展而来，斗牛、荡秋千、踢毽子等也来源于生活，来源于人们的社会生产实践和对愉悦的美好生活的追求。但是在快速发展的当今社会，很多古代传统体育项目难以生存。像高脚马，在古代用来雨天代步，但是今天却基本绝迹，偶有艺人传承，也难以为继；民俗活动和戏曲杂技，必然有存在的价值。怎样在现有的客观环境下让古老的河洛传统体育发扬光大、重放异彩，是我们需要思考和解决的问题。

（二）经济体制变革下导致河洛古都体育文化非正常发展

受到市场经济发展的影响，河洛古都体育文化呈非正常发展趋势，主要表现在以下三个方面：首先，人们不再追求古都体育文化的内涵，只注重一些肤浅的、具有商品利益的体育项目，导致那些真正具有意义的河洛古都体育文化濒临失传，极大地压缩了河洛古都体育文化的生存空间。其次，受商业利益的驱使，很多开发商把眼光投注在非物质文化遗产上，把申报非遗作为一种商业营销的手段，生搬硬套地拉扯一些不符合体育文化发展的项目，违背了河洛古都体育文化发展的规律，不利于体育文化的正常发展。最后，河洛古都体育文化的过度开发与其传承和保护相互矛盾。知识产权制度的引入加速了河洛古都体育文化开发的步伐，而开发过度势必造成体育文化的枯竭。如何避免这种不利局面，是我们亟待解决的现实问题。

（三）河洛古都体育文化屡屡遭遇侵权行为

河洛古都体育文化发展至今，很多古都体育项目不但具有深厚的文化底蕴，而且还具有广泛的影响力。正因为如此，这些体育文化屡遭侵权。如河洛地区的少林寺武术闻名于天下，但在我国已注册使用“少林”商标的企业就有上百家，涉及的行业五花八门，包括药品、建材、五金、酒品等，他们利用少林寺这一优秀的历史文化遗产，借助其深远的影响力和深厚的文化底蕴来赢得商机和利润。这些行为已经侵占了中国的武术资源，侵蚀了河洛古都体育文化的知识产权及名誉，对河洛古都体育文化产生了极其不好的影响。对于这种侵犯传统历史文化的行为，联合国教科文组织在 2003 年于法国巴黎召开了第 32 届联合国会议，此次会议拟订了一项与非物质文化遗产有关的著名公约，旨在保护全球的非物质文化遗产，使其免遭破坏和消亡。紧随其后，国务院办公厅印发了《关于加强我国非物质文化遗产保护工作的意见》，这意味着非遗保护工作在我国正式展开，但实际效果与预想差距较大，这主要归因于我国在非遗立法保护方面的空缺。时至今日，我国仅有一部与之相关的专门性法规，即《中华人民共和国非物质文化遗产法》，它于 2011 年颁布，体育非遗专门性保护法还没有提到议事日程。由此可见，我国关于非物质文化的保护还不够完善。所以，加强和巩固古都体育文化遗产保护立法，修订并完善与之相关的法律法规是现阶段必须尽快完成的任务。

（四）面临外来竞技体育文化的严重冲击和异化

如今我们能够见识并参与传统体育的时机和场景越来越稀缺，举国上下流行的是足球、篮球、跆拳道等源自国外的竞技运动项目，各种规模、大小不一的足球场、篮球场、跆拳道馆等屡见不鲜，我国本土的民族体育则显得十分沉寂萧条，太极馆、武术馆、象棋馆、围棋馆等场地设施愈发少见，学习和参与的人数也在大幅度减少。除了有一部分退休后的中老年人偶尔练习太极拳以外，青少年群体的体育运动都受到西方竞技体育的吸引，在我们的平时生活中也很难遇到几个练习武术、舞龙舞狮、传统式摔跤的普通人甚至是运动员，只有在部分学校中才有特意学习民族传统体育专业的学生，但他们中很少有人能真正地领悟到中国传统体育文化的精粹。在世界体育一体化趋势明显加速的今天，现代体育对各民族传统体育的冲击已是一个不争的事实。① 在世界体育大舞台上表现和比拼的，是西方竞技体育已经被商业化、操控化的竞技套路，对我们本土体育文化的内涵和风貌毫无展现，对我们民族文化的精神实质毫无承载。

---

① 白晋湘:《民族传统体育的现代化与现代化中的民族传统体育》,《体育科学》2004 年第 1 期。

四、河洛古都体育文化发展的困境

（一）民众健身意识的不足和责任心的缺失

2010 年，在国家总理温家宝的努力下，全民健身事业迅速发展，他在政府工作报告中强调，“一定要大力发展公共体育事业，广泛开展全民健身运动，提高人民的身体素质”。① 这说明服务于群众生活体育的一系列问题已经引起政府部门的高度重视，尤其是农村群众性体育活动十分落后的问题。2008 年北京奥运会成功举办后，我国体育工作的战略重点有所转移，国家把体育事业由少部分人的竞技体育转为大范围、大领域的全民健身，伴随的是一系列体育工程的实施。毋庸置疑，随着“雪炭工程”“农民体育建设工程”等开展，我国农村地区居民能够参与体育活动的场地及基础设施等方面得到了显著改善，但仅靠体育基础设施的变化并不能完全促进大众体育和全民健身的发展，公共体育服务更多的是要落实在软件上，没有软件的宣传和人才推广与指导，广大农民体育锻炼的观念得不到深入与强化。而在一些经济发达和体育基础设施建设相对完善的地区，体育锻炼和健身活动的参与度也并未有较大提高；除了在地区性民俗文化节日中有一部分具有较强民俗性的体育活动得到开展外，其他的一些健身性和娱乐性质的体育游戏逐渐淡出群众体育。对于此类问题，要从根本上解决，提高和加强河洛地区大众的体育参与意识和健身意识，多组织一些富有乐趣的竞技性体育活动，才是抓好河洛古都体育文化建设的根本手段。

如今虽然人民群众生活水平得到了提高，但很多竞技游戏已经取代了原有的体育项目，人们对传统体育的参与态度也从过去的漫无目的“模仿”发展为现在主观意识十分明显的消极。② 总体上看，大众的体育健身意识比较落后，没有把体育项目当作一种强身健体、放松精神、休闲娱乐、和谐社会关系的活动方式去主动参与，更没有把我国的传统体育项目当作一种文化形态和财富去自觉地加以维护，更有甚者还以赚钱盈利为目的来诱导体育文化消费者。以这种态度去对待河洛古都传统体育文化，不

① 温家宝：《政府工作报告（第十一届全国人民代表大会第三次会议）》，中国政府网，2010，http://www.gov.cn/2010lh/content_1555767.htm。

② 郑国华：《理性选择与社区体育行为》，《北京体育大学学报》2006 年第 9 期。

利于实现体育文化应有的价值。所以，如何转变大众的体育消费观念，有效改善公众的体育参与意识，是一个亟须高度重视和解决的问题。

（二）城市文化多元化发展的影响

随着更高速、更深化、更全面的全球化进程以及现代科技的迅猛发展，城市文化已呈现出多元的格局，各种形式和内容的外来文化以及伴随时代进步应运而生的网络文化冲击着城市生活，并对我国青少年一代的身心成长和生活方式产生了深远的影响，诸如拳击、街舞、跑酷、攀岩以及各种形式的网络游戏等受到年轻人的狂热追捧和热情参与。这些来自西方的体育运动文化在我国城市文化多元化发展中所占的比重越来越大，分量越来越重，对我国传统体育运动项目的开展造成了极大的威胁和挑战。尤其需要我们关注的是，由于现代社会的转型发展，有一部分市民已经不满足于原来的传统精神娱乐，转而追求现代感官刺激娱乐，特别是对于这一时期与社会同步成长的青少年群体。相对于心智成熟的成年人，青少年更加注重对自我的感官刺激而轻视精神享受。在这绚丽多姿、令人炫目的众多体育项目中，青少年更钟情于那些更够给予他们感官刺激的体育文化项目，而对蕴含着精神文明、成本低廉又有利于健身的传统体育游戏等越来越冷落。而中华民族传统体育项目在中国的传承和发展，需要一代又一代青少年群体积极参与，为弘扬优秀传统文化做出贡献。在城市文化多元化的发展形势下，如何让更多的青少年关注、认识并乐于参与这些优秀的传统体育游戏活动，是我们传承民族体育文化应考虑的重大问题。

五、河洛古都体育文化发展的对策

（一）河洛古都体育文化发展的对策

1. 营造良好的社会环境，推广河洛古都体育文化

体育对促进公众的身心素质健康、活跃业余文化生活、增加审美情趣、净化社会风气以及树立健康、和谐、文明的生活方式等，起着非常重要的作用。人们的生活方式以及风俗习惯是社会文化发展赖以生存的土壤，河洛古都体育文化同样与人们生活的原生环境息息相关。我们应大力推广河洛古都体育文化，尽最大力量维护好节庆民俗传统、娱乐体育赖以生存的土壤，力争为河洛古都体育文化发展营造良好的社会氛围，以重新

焕发河洛古都体育的活力。在不影响生产生活的情况下，政府部门应通过开展运动会、组织春游活动、传授传统体育健身技能等，吸引市民积极参与。只有通过广泛动员、认真组织和积极参与行动，才能让河洛古都体育文化在狭小的时代空间中常盛不衰，使传统的古都体育项目得到可持续传承和发展。为此，我们提出以下五个方面的对策。

第一，提高并加强认知程度是保证河洛古都体育文化可持续发展的根本措施。强化河洛地区群众的文化自觉意识，加强和完善对古都体育文化的认识。只有强化了公众的自觉意识，河洛古都体育文化才能得以继承和发展，才能不断改革创新、持续发展，在社会的不断前进中适时且自觉地进行调动，保持充沛的活力。

第二，加强对河洛古都体育文化的宣传和推广。可以借助各种形式的媒介和手段广为传播，引导大众科学全面地进行体育锻炼，使河洛古都体育项目为群众所了解，由了解发展到喜欢，由喜欢再发展到亲身实践、积极参与，从而使河洛古都体育文化深入人心。

第三，加大河洛古都体育项目开发力度。积极组织并逐步提升河洛古都体育的发展层面，选择合适的时机将社会、群体和个人结合起来，大力开展各项体育比赛和健身活动，大力推广和普及河洛古都体育，不仅要突出河洛地区体育的文化特色和民族风尚，也要跟上时代发展的脚步。

第四，建立科学合理的指导制度，强化落实国家体育文化政策，严密组织体育文化相关活动，加大经济上的扶持力度。

第五，采取科学的社会干预措施和建立行之有效的评价体系，将会有力促进河洛古都体育文化在人们日常体育生活中的推广。

2. 完善河洛古都体育文化管理体制

社会的迅猛发展使体育文化在河洛古都地区的功能也开始发生变化，由早先的娱神为主转变为当今的为人娱乐，由原始的民间文化习俗向当今的观光旅游和修身养性的文化转变。[①] 经济在发展，文化功能也随之转变。所以，适应体育文化的发展，与之相适应的管理机制也应该不断发展与创新，只要体育文化强体健身的本位理念不变，适度地开发其经济价值，增添时代的文化特征，河洛古都体育文化面貌就会焕然一新，但相关部门必须适当加以有效管理。

政府在体育方面的核心职责是为全民提供相关服务并保证基础体育设施及产品的健全。因此，首先要建立完善的管理机构，发挥政府主导功

① 彭金山:《关于实施非物质文化遗产保护工程的若干思考》,《民间文化青年论坛》2006 年第 3 期。

能，凸显古都体育文化的功能和作用。其次，要构建古都体育文化法制保护机制。就当前来说，专门性的古都体育文化遗产保护条例还未出台，专门针对河洛古都地区的地方性法规更是缺乏，仅有的只是部分不完善的条文，散乱地分布在各级地市的体育法规中。所以，地方政府应在古都体育非遗申请方面进行总体规划，收集现有的相关条文，进一步进行分析，找出相关保护法中的空缺，合理统筹、完善对其立法工作，重点强调落实效果，依法办事，对违反保护法的行为坚决予以制裁。河洛古都体育文化相关法规的出台必须由专业部门及人员参与，体育相关部门或单位也要踊跃地参与体育文化非遗保护法的编撰工作，政府负责顶层设计和宏观掌控，专业部门负责细节和落实，上下配合，确保河洛古都体育文化遗产立法的水平与层次。[①] 同时，还可以号召社会企业加入，共同举办一些官方或者民间的传统体育项目运动会，并关注城乡的整体发展。这样既能促进体育文化对周边地区的辐射，又能规范河洛古都体育的发展路线及方向，有利于丰富人民的文化生活，提高人民的健康水平，促进社会的和谐稳定。

3. 全球化背景下建设河洛地区独特的古都体育文化

随着经济的全球化，体育全球化紧随其后，体育无国界思想逐渐被人们接受，河洛地区古都体育也应随着时代的发展而发展。河洛古都体育文化的发展促进了体育文化全球化，体育文化的全球化为河洛古都体育文化的发展搭建了平台。世界体育文化的本质是追求身体健康和生命价值的回归，实现奥林匹克精神和东西方体育文化的有机融合，这为河洛古都体育文化的发展提供了广阔的天地。[②] 我国的体育文化应当顺应这个时代潮流。

构建一个全新又符合全球化体育性质且不失民族特色的河洛古都体育文化，必须做到以下几点。首先，要把古都体育文化的软实力提到战略高度。要发展体育，硬件是基础，相对容易达到标准，但是体育相关的宣传指导以及法律法规等软实力却很难落实，这是中国体育文化发展的短板，应当加以重视。其次，大力弘扬本土体育文化，向世界展示中国改革开放的成果，向世界传递文明、开放、自信、和谐的中国形象。我们可以利用世界级体育明星宣传中国文化，通过体育达人向世界宣传中国的传统体育。此外，中华武术闻名世界、博大精深，为西方所普遍喜爱，这也是宣

---

① 刘梅英等：《体育强国视域下我国群众体育发展对策探索》，《武汉体育学院学报》2009 年第 7 期。

② 黄咏：《论中华民族传统体育文化特性》，《贵州民族学院学报》（哲学社会科学版）2007 年第 5 期。

传体育文化的一个有效手段。

4. 让河洛古都体育文化真正走进校园体育课堂

教育是通过某些科学的方法和手段使人获得知识、技能的过程，而体育是人类教育最古老的方式之一，同时，体育只有融入教育过程中，才能更好地发展。[①] 所以，河洛古都体育文化的传承与发展需从两个方面进行。一方面，融入学校教育。必须结合体育课标和当地实际情况，充分挖掘和利用河洛古都体育现存的资源，做好本土教程。另一方面，加强社会体育教育和指导的传承。可以选择合适人员作为河洛古都体育社会指导员进行培训，或是将河洛古都体育内容融入日常的社会体育指导员培训，从社会体育指导与服务层面入手，以实现良好的社会教育传承。同时，还应重视民间的民族传统体育艺人这一群体，引导并帮助他们充分发挥在社会教育传承中的带领、核心和骨干作用。

（二）河洛古都体育文化发展的战略

1. 积极申报非物质文化遗产

文化主要是由精神文化、制度文化和物质文化三大主体构成，每一种文化又是一个整体，内部又分为多个子系统，正是这种复杂的组织结构，组成了一个完整统一的文化体系。从层次上划分，可分为表、中、深层文化。表层文化主要是物质及其相关形态所表现出来的文化；中层文化主要是用制度或方法规范人们的行为中所表现出来的文化；而观念、思想等方式展现的精神文化是一种深层的文化，即文化的核心，它是物质文化遗产中最重要的内容。否则，非物质体育文化难以获得国际认可。如起源于中国的“中秋节”，现在已经成为了韩国独特的世界文化遗产，起源于中原文化的中医和风水学却归属于日本，这些都给我们敲醒了警钟。所以，及时申报文化遗产，不但是保护自己文化产权的一种手段，还能在很大程度上激发民族自豪感、自信心和增强民族凝聚力。因此，申报非物质文化遗产势在必行。首先，要强化国民的非遗知识教育，从家庭开始扩散到社区，再以学校为媒介拓展到社会，使大家树立规范的价值观和文化观，意识到文化遗产的不可再生性，唤醒民众的文化自觉，形成自觉保护文化遗产的意识。我们要充分认识到河洛古都体育文化是一种非物质文化遗产，但在非遗申报中分散在各个门类，没有形成专门性的保护范围，不利于河洛古都体育文化的发展。

---

① 倪依克等:《论民族传统体育文化遗产保护》,《体育科学》2006 年第 8 期。

2. 设立河洛古都体育文化保护协会

相比之下，日本在文化遗产保护方面做得比较好。在日本，全国各地均成立有自己当地文化遗产的民间组织或协会，如花祭保存会等，它们在保护日本的历史文化遗产中起到了关键的作用。① 我们可以从这些已经在文化遗产保护方面取得成效的案例中吸取宝贵的经验。例如，我们可以效仿日本，在河洛各地建立空竹、拔河、捶丸、陀螺、舞龙舞狮保护协会等各项传统体育项目的独立保护协会。在取得各级政府部门及体育管理单位的许可后，还可以允许各单项体育保护协会挂牌上市，获得批准的协会每年可以定期举办活动，大力宣传，激发民众的积极性，使河洛古都体育文化健康发展。

3. 恢复古老的节令民俗体育活动

河洛地区居民的生产生活方式和风俗民情促成了河洛古都体育的产生、存在和发展，河洛古都体育形成于河洛人的世俗生活中，渗透着河洛地区人民的风俗习惯。例如每年的传统节庆活动，具有鲜明的地域色彩，传统节日也逐渐演变成为传承和传播河洛体育文化的重要载体。但是随着娱乐项目的增多，人们节令传统体育活动的观念逐渐淡薄，导致很多传统体育项目淡出节日庆典，这对河洛古都体育文化的传承是十分不利的。因此，恢复民族传统节日的传承是河洛古都体育发展的必要途径。

4. 保护河洛古都体育文化的传承者

我们把精通一项甚至多项河洛古都传统体育项目的民间体育高手称作河洛古都体育文化传承者。他们的技艺一般是通过手耳相传而习得的，但是他们掌握的体育项目确实是河洛古都体育文化的重要组成部分。如少林拳、心意拳等一些拳种。此外，很多濒临失传的民间杂技类项目也应受到重视。对于这样的河洛古都体育文化传承者，政府部门和体育机构要尽快建立和完善河洛古都体育文化传承人档案，并赋予他们合法的身份去加以保护，不断提高他们的社会认同感和价值感，并使他们成为当地体育文化传承的生力军。

5. 依附旅游业，积极开展河洛古都体育文化节活动

旅游是一种休闲活动，有利于经济的发展和社会的和谐。同时，又能通过不同旅游景点之间的文化交流共同促进和实现文化之间的发展与传承。因此，我们可以结合河洛古都体育文化的特点，在适当的时间和地点举办展示河洛古都体育的文化节。结合节日传承，可开展各种民间娱乐活

---

① 廖明君、周星:《非物质文化遗产保护的日本经验》,《民族艺术》2007 年第 1 期。

动，如洛阳关林庙会的舞龙、舞狮、踩高跷等，已成为河洛地区著名且重要的体育文化活动和旅游项目。还可以加强对现存生态村落的保护和开发，借此突出原始的古都体育文化，开创河洛古都体育生态旅游。与此同时，应依据河洛地区的具体风俗民情、社会观念、价值标准等制定相应的规章制度，以规范各种活动形式，更好地促进河洛古都体育优化发展。如今的河洛地区社会环境已经发生了巨大变化，对河洛古都体育文化的传承和发展提出了挑战。为此我们认为：第一，在保持河洛古都体育文化特性的基础上，对一些不合生理常规和身体结构的运动项目加以改造，促进一些古代项目的生存与发展。第二，开创一种新型的古都体育文化活动方式。经济中有融资，文化上也应该有交融的地方，在快速发展的新型社会，与古都体育相关的各种文化形态都可以参与进来，实现空前的体育文化交融，使古都体育、旅游以及体育相关产业的多重发展。第三，在国际关系相对紧张的今天，赋予河洛古都体育文化以新的使命。在尊重各国文化的前提下，以体育文化为契合点，赋予其国家礼仪的新使命，必将有利于增进国与国之间的信任，彰显中华民族礼仪之邦、文化之邦的国际形象。

参考文献

[1]〔周〕姬昌：《周易・系辞下传》//〔宋〕朱熹：《四书五经・周易本义》，北京，中国书店，1994。

[2]〔战国〕吕不韦等编，陆玖译：《吕氏春秋・荡兵》//国学整理社辑：《诸子集成》第六册，北京，中华书局，2011。

[3]〔汉〕刘歆著，〔晋〕葛洪编：《西京杂记》，北京，中华书局，2019。

[4]〔汉〕班固：《汉书》，北京，中华书局，1962。

[5]〔汉〕袁康等：《越绝书》第十一卷//王云五：《丛书集成初编》第三千六百九十七卷，北京，中华书局，2010。

[6]〔晋〕王嘉：《拾遗记》//扫叶山房辑：《百子全书》第七册，杭州，浙江人民出版社，1984，第398页。

[7]〔南北朝〕梁宗懔：《荆楚岁时记》//中华书局编：《四部备要》，北京，中华书局，1989。

[8]〔南北朝〕颜之推：《颜氏家训》，昆明，云南人民出版社，2011。

[9]〔唐〕欧阳询：《世本・艺文类聚》第六十卷//王云五：《丛书集成初编》第三千六百九十九卷，北京，中华书局，2010。

[10]〔宋〕朱熹撰，李衡校正：《宋名臣言行录》，台北，文海出版社，1967。

[11]〔宋〕欧阳修：《新唐书》，北京，中华书局，1975。

[12]〔宋〕王辟之等撰：《渑水燕谈录》，北京，中华书局，1981。

[13]〔宋〕徐梦莘：《三朝北盟会编》//〔清〕永瑢等：《文渊阁四库全书本》，上海，上海古籍出版社，1987。

[14]〔宋〕欧阳修等：《旧唐书》，北京，中华书局，1987。

[15]〔宋〕李焘：《续资治通鉴长编》，北京，中华书局，1995。

[16]〔宋〕邵伯温撰，李剑雄等点校：《邵氏闻见录》第八卷，北京，中华书局，1997。

[17]〔宋〕王明清：《挥麈录・后录》第七卷，上海，上海书店出版

社，2001。

[18]〔宋〕高承：《洞穴论·事物纪原》第九卷//王云五：《丛书集成初编》第一千二百零九卷，北京，中华书局，2010。

[19]〔宋〕曾公亮等：《武经总要》，北京，商务印书馆，2017。

[20]〔元〕脱脱等：《宋史》，北京，中华书局，2000。

[21]〔明〕杨士奇等：《明太宗实录》，中研院历史语言研究所校印本，1962。

[22]〔明〕宋濂等：《元史》，北京，中华书局，1989。

[23]〔明〕张溥：《汉魏六朝百三家集·第十五卷·鞠城铭》//〔清〕永瑢等：《文渊阁四库全书本》，上海，上海古籍出版社，2014。

[24]〔清〕董诰等：《全唐文》，北京，中华书局，1983。

[25] 刘师培：《左盦集》，中华民国十七年北京修绠堂刻本，1928。

[26] 常任侠：《中国古典艺术》，上海，上海出版公司，1954。

[27] 中华人民共和国体育运动委员会运动技术委员会：《中国体育史参考资料》第五辑，北京，人民体育出版社，1958。

[28] 李季芳等：《中国古代体育简史》，北京，北京人民体育出版社 1984。

[29] 南阳汉代画像石编辑委员会：《南阳汉代画像石》，北京，文物出版社，1985。

[30] 周到：《郑州汉画像砖》，郑州，河南美术出版社，1985。

[31]（释）布顿：《佛教史大宝藏论》，北京，民族出版社，1986。

[32] 达仓宗巴·班觉桑布：《汉藏史集》，拉萨：西藏人民出版社，1986。

[33] 闪修山等：《南阳汉画像石》，郑州，河南美术出版社，1989。

[34] 洛阳市体育运动委员会体育志编纂领导小组：《洛阳体育志》，北京，学苑出版社，1990。

[35] 洛珠加措·俄东瓦拉译：《莲花生大师本生传》，西宁：青海人民出版社，1990。

[36] 王辅仁：《西藏佛教史略》，西宁，青海人民出版社，1991。

[37] 杜斗城：《敦煌五台山文献校录研究》，太原，山西人民出版社，1991。

[38] 马哈亚那、毕如札那藏文翻译：《月王药诊》，兰州，甘肃民族出版社，1993。

[39] 崔高维校点：《周礼·仪礼》，沈阳：辽宁教育出版社，1997。

［40］王森：《西藏佛教发展史略》，北京，中国社会科学出版社，1997。

［41］崔正森：《五台山佛教史・上册》，太原：山西人民出版社，2000。

［42］席焕久：《体育人类学》，北京，北京体育大学出版社，2002。

［43］何本方等：《中国古代生活辞典》，沈阳，沈阳出版社，2003。

［44］白云翔：《足球起源地探索》，北京，中华书局，2004。

［45］王岗等：《民族传统体育发展的文化审视》，北京，北京体育大学出版社，2005。

［46］谭华：《体育史》，北京，高等教育出版社，2005。

［47］河北省河北佛教协会编：《新修大正大藏经》第四十八卷，石家庄，河北佛教协会，2005。

［48］吴少珉等：《河洛文化通论》上卷，北京，光明日报出版社，2006。

［49］周纬：《中国兵器史稿》，天津：百花文艺出版社，2006。

［50］陈邦贤：《中国医学史》，北京，团结出版社，2006。

［51］陈义初：《河洛文化与殷商文明》，郑州，河南人民出版社，2007。

［52］李大明：《中国传统武术保护与发展的思考》//国家民委文化宣传司、国家体育总局群众体育司：《民族传统体育论集——第八届全国少数民族传统体育运动会民族体育科学论文报告会获奖论文集》，北京，民族出版社，2007。

［53］杨向东等：《中国体育思想史・古代卷》，北京，首都师范大学出版社，2008。

［54］王俊奇：《中国古代体育文化》，北京，人民体育出版社，2009。

［55］王赛时：《古代的握槊与双陆》，《体育文化导刊》1991 年第 5 期。

［56］乔瑞明：《谈谈五台山金刚舞》，《五台山研究》1992 年第 1 期。

［57］有为等：《根在河洛 功存华夏》，《史学月刊》1994 年第 1 期。

［58］黄伟：《隋唐民间体育活动述论》，《唐都学刊》1997 年第 2 期。

［59］张承媛：《两汉游乐体育文化初探》，《武汉体育学院学报》1998 年第 4 期。

［60］汪伟信：《论中国古代体育的特征》，《沈阳体育学院学报》1999 年第 3 期。

［61］白晋湘：《从高脚运动演变历程到传统体育现代化》，《北京体育大学学报》2004 年第 27 期。

［62］黄涛：《论民族传统体育文化的变迁、转型与未来走向》，《体育文化导刊》2006 年第 12 期。

[63] 郑莉等：《汉代百戏的兴盛和禁毁》，《西安文理学院学报》（社会科学版）2008 年第 2 期。

[64] 刘欣然等：《古希腊城邦体育运动的文化探析》，《西安体育学院学报》2009 年第 5 期。

[65] 肖焕禹等：《体育强国内涵的阐释》，《体育科研》2009 年第 30 期。

[66] 胡勇则：《中西体育文化的差异及深层意蕴下的竞技观》，《武汉体育学院学报》2009 年第 43 期。

[67] 王俊奇：《“边缘文化”语境下民俗体育发展的思考》，《西安体育学院学报》2009 年第 26 期。

[68] 牛苗苗：《宋代蹴鞠发展之研究》，《广西师范大学学报》2010 年第 7 期。

[69] 高松山等：《河洛体育发展研究》，《体育文化导刊》2011 年第 11 期。

[70] 刘媛媛：《先秦身体观语境下的中国古代》，《体育科学》2012 年第 1 期。

[71] 桂海荣：《关于先秦弓箭体育文化内涵的思考》，《兰台世界》2012 年第 12 期。

[72] 苗福盛等：《魏晋南北朝军事武艺的综述》，《文体用品与科技》2013 年第 10 期。

[73] 张波等：《中国古代体育竞赛的历史文化研究——以先秦射礼竞赛为例》，《体育科学》2014 年第 3 期。

[74] 李兴仁：《刍议魏晋南北朝时期宗教文化与体育运动的关系》，《兰台世界》2014 年第 15 期。